suhrkamp taschenbuch
wissenschaft 1064

W0100400

Ein neuer Begriff wird inflationär gebraucht und zum Aggressionsobjekt des neuen Populismus: die politische Klasse. Welche Unterscheidungen gibt es zum wissenschaftlichen Begriff der Elite? Die Klammer, welche die politische Klasse zusammenhält, ist der Parteienstaat. Der Autor geht in diesem Versuch, den Ausdruck »politische Klasse« für die Forschung nutzbar zu machen, den Prozessen nach, welche die Parteieliten von ihrer Basis entfernen, und den Kompensationen, die sich die politische Klasse für diese Distanz verschafft.

Die Angleichung des sozialen Hintergrunds und der Lebensstile, die Privilegien der politischen Klasse und ihre Diäten, die Professionalisierung der Politiker, die Kommerzialisierung der Wahlkämpfe und die Selbstbedienungsmentalität der politischen Klasse gegenüber dem Staatshaushalt bei der Parteienfinanzierung sind Gegenstände der Analyse. Die Übertreibungen der neopopulistischen Welle, die Parteienschelte des Bundespräsidenten und die Probleme eines Kampfes gegen den Moloch Staat, die mit dieser Kampagne gemeint sind, werden in dieser Analyse kritisch aufs Korn genommen.

Klaus von Beyme ist seit 1974 Professor für Politikwissenschaft an der Universität Heidelberg. Im Suhrkamp Verlag hat er bereits veröffentlicht: *Hauptstadtsuche. Hauptstadtfunktionen im Interessenkonflikt zwischen Bonn und Berlin* (es 1709); *Theorie der Politik im 20. Jahrhundert. Von der Moderne zur Postmoderne* (stw 969).

Klaus von Beyme
Die politische Klasse
im Parteienstaat

Suhrkamp

Die Deutsche Bibliothek – CIP-Einheitsaufnahme
Beyme, Klaus von:
Die politische Klasse im Parteienstaat /
Klaus von Beyme. –
1. Aufl. – Frankfurt am Main :
Suhrkamp, 1993
(Suhrkamp-Taschenbuch Wissenschaft ; 1064)
ISBN 3-518-28664-1
NE: GT

suhrkamp taschenbuch wissenschaft 1064
Erste Auflage 1993
© Suhrkamp Verlag Frankfurt am Main 1993
Suhrkamp Taschenbuch Verlag.
Alle Rechte vorbehalten, insbesondere das
des öffentlichen Vortrags, der Übertragung
durch Rundfunk und Fernsehen
sowie der Übersetzung, auch einzelner Teile.
Satz und Druck: Wagner GmbH, Nördlingen
Printed in Germany
Umschlag nach Entwürfen von
Willy Fleckhaus und Rolf Staudt

1 2 3 4 5 6 – 98 97 96 95 94 93

Inhalt

Einleitung   7

1. Die politische Klasse – ein neuer Begriff
   der Elitenforschung?   11

1. Politische Klasse als dynamisiertes Konzept
   der Elitenforschung   11
2. Die Operationalisierung des Begriffes politische Klasse   25

II. Der neue Leviathan: der Parteienstaat   39

1. Die ideologische Rechtfertigung des Parteienstaats . .   39
2. Der Parteienstaat als Kompensation der politischen
   Klasse für die Lockerung des Verhältnisses zwischen
   Parteiführung und Wählerschaft   44
3. Die »Kolonialisierung« der Gesellschaft durch den
   Parteienstaat   58
   a) Die Verwaltung   60
   b) Die öffentlich-rechtlichen Medien   75
   c) Das Erziehungssystem   86
   d) Die Wirtschaft der öffentlichen Hand   87
4. Die umgekehrte Kolonialisierung: Korruption
   im Parteienstaat   89

III. Was ist die politische Klasse?   99

1. Der Verfall der Parteiideologien   99
2. Angleichungen des sozialen Hintergrundes, des
   Bildungsstandes und des Lebensstils der
   politischen Klasse   105
3. Die Professionalisierung der Politiker   120
4. Die Einkommen der politischen Klasse   131
   a) Die Nebeneinkünfte der politischen Klasse
      und die Verhaltensregeln für die Abgeordneten . . .   134
   b) Die Skandalchronik der Diätendebatte   136

c) Kriterien für die Angemessenheit des Soldes
der Politiker 138
d) Karrieresteuerungsfunktionen der Diäten 147

IV. Was tut die politische Klasse? 156

1. Die politischen Unternehmer und die Integration
der Gegeneliten im System 157
2. Die Kommerzialisierung der Wahlkämpfe 162
3. Die Kosten des Parteienstaats: Die Subventionierung
der Parteien aus dem Staatshaushalt 168
4. Netzwerke der politischen Entscheidung und
der kooperative Parlamentarismus 183

Resümee: Die politische Klasse im Parteienstaat . . 188

1. Die politische Klasse als Netzwerk 188
2. Das Prestige der politischen Klasse 190
3. Populismus von oben und von unten: Die Kampagne
gegen die Privilegien der politischen Klasse 195

Verzeichnis der Tabellen 210
Bibliographie 211

Einleitung

Bis vor wenigen Jahren war der Begriff der politischen Klasse im Deutschen nicht geläufig. Inzwischen hat der Wissenschaftliche Dienst des Deutschen Bundestages es für nötig befunden, der politischen Klasse den Begriff für ihre eigene Benennung unter dem Titel »Der aktuelle Begriff« (1992: 82 ff.) zu erläutern. Damit wurde der Terminus von einer Mode in den Medien in den Rang eines Konzeptes erhoben, das nicht mehr nur der populären »Politiker-Schmäh« dient.*

Aus dem Gebrauch des Wortes politische Klasse, den die Medien anbieten, ist kein eindeutiges Konzept herauszufiltern. Die politische Klasse wird hier vielfach kaum präziser definiert als am Stammtisch, wenn man »die da oben« kritisiert.

In neueren Publikationen der Wissenschaft bleibt der Begriff politische Klasse weitgehend austauschbar mit dem bisher gebräuchlicheren Terminus »politische Elite«. Meist steht er für die Summe der Funktionseliten im Bereich der Politik. Dahrendorf hatte einst von einem »Kartell der Angst« gesprochen. Diese Angst ist verflogen, da keine gefährliche Gegenelite mehr in Sicht ist. Dennoch hat sich ein »Kartell der Sorge um den Parteienstaat« gebildet, das politische Klasse genannt werden kann. Die Netzwerke der Parteieliten verdichteten sich, je mehr die Parteiorganisationen hinsichtlich ihrer Verankerung in den Massen in eine Krise gerieten.

Der Begriff der politischen Klasse sollte im wissenschaftlichen Kontext möglichst wertneutral gebraucht werden. Gerade dies erscheint jedoch bei den Medien nicht als gesichert.

»Ist die politische Klasse dieses Landes denkfaul?«, fragte Norbert Kostede (1991: 12) in einem *Zeit*-Artikel über den Politologenkongreß. Der »mangelnden Selbstreflexion der politischen Klasse«, die den »Leviathan« drohe erblinden zu lassen, wurde die Notwendigkeit entgegengestellt, eben diese Selbstreflexion der Sozialwissenschaften zur Kenntnis zu nehmen. Die Frage, ob die politische Klasse sich säuberlich von den politiknahen Wissen-

---

* Dem Wissenschaftszentrum Berlin habe ich für die Möglichkeit zu danken, an diesem Thema weiterzuarbeiten, auf das ein erster Ausblick in der *Politischen Vierteljahresschrift* 1992 erschienen ist.

schaften unterscheiden läßt, tauchte nicht auf. Dies ist um so verwunderlicher, als der Autor – selbst ein Fachpolitikwissenschaftler – zugab, daß alle führenden Fachvertreter fest in die Politikberatung eingebunden seien.

Dieser Kritik an der politischen Klasse, die eher von links kam, steht die rechte Kritik gegenüber. Enno von Loewenstern (1991:2) beklagte in der *Welt*, daß die Mauer in den Köpfen nicht bei den Normalbürgern zu finden sei, sondern »in denen ihrer politischen Klasse«. Dabei wurde ein weiterer Begriff dieser Klasse zugrundegelegt. Er umfaßte all »jene Politiker, Publizisten, Intellektuellen und sonstigen Geistesmachthaber, die den Untergang des Sozialismus noch nicht verkraftet haben«. Die politische Klasse sind nach dieser Definition eher die Linken. Der Wortgebrauch »Geistesmachthaber« kann nicht darüber hinwegtäuschen, daß es der eher machtlose Teil der Führung eines Landes ist.

Der Begriffsnominalist wird an dieser Sprachverwirrung weniger leiden als der Normativist, der noch feste Vorstellungen eines adäquaten Sprachgebrauchs bewahrt hat. Pareto (1916, § 2031) wischte den Streit um den Begriff »Elite« mit der Erklärung vom Tisch, daß man – wie ein Mathematiker – zur Vermeidung von Mißverständnissen auch X einsetzen könne: »Bilden wir also eine Klasse aus den Menschen mit der höchsten Meßzahl in ihrem Tätigkeitszweig und geben dieser Klasse den Namen Elite. Jeder andere Name und selbst ein einfacher Buchstabe wären für unseren Zweck ebenso geeignet.«

Normative Denker hingegen mögen den Begriffsrealismus bekämpfen, verfallen ihm aber nicht selten doch, wenigstens in historisierender Form. Hermann Lübbe (1965: 13 f.) hat einst die Begriffsgeschichte gleichsam als Schutzinstanz politischer Begriffe aufgefaßt. Der begriffsgeschichtlichen Forschung wuchs seiner Ansicht nach die Aufgabe zu, »in einen sozusagen verluderten philosophischen Wortgebrauch korrigierend einzugreifen, damit der Begriff wieder praktikabel werde. Sie tut das, indem sie in historischer Aufarbeitung seiner Genesis ihn auf diejenige Definition festzulegen empfiehlt, die durch die Plausibilität und Stringenz jener Genesis am stärksten beglaubigt ist«. Die Gefahr einer Festschreibung der Begriffe, die so gegen jede kreative Weiterentwicklung abgeschottet werden, liegt bei diesem Verfahren auf der Hand. Meinungsverschiedenheiten über den Gebrauch eines Begriffes, wie sie am Beispiel der Publizistik über »politische

Klasse« exemplifiziert wurden, sind nicht *eo ipso* von Übel. Fortentwicklungen von Begriffen sind nicht notwendigerweise »verluderter Sprachgebrauch«.

Dennoch ist die Begriffsgeschichte nicht unnütz, wie manche Nur-Empiriker zu glauben scheinen. Ohne Sichtung der Entwicklung von Begriffen kann die politische Theorie Begriffe nicht »praktikabel« machen und verfällt dem ersten besten alltäglichen Sprachgebrauch; begriffsgeschichtliche Ableitungen allein reichen aber auch noch nicht aus, um einen Begriff »praktikabel« zu machen. Der Begriff der politischen Klasse ist schon bei seinen Schöpfern zu vage, um ihn auf diese »beglaubigte Genesis« festzulegen. »Praktikabel machen« heißt, neben der begriffstheoretischen Anstrengung den Begriff im Hinblick auf das empirische Material zu operationalisieren. Daher bietet sich für diesen Versuch ein Vorgehen in zwei Schritten an: Im ersten Schritt werden der Begriff der politischen Klasse und seine Äquivalente in der Theorie der Politik erörtert. Im zweiten wird ein Versuch gemacht, den Begriff der politischen Klasse analytisch so aufzuschlüsseln, daß es der empirischen Forschung ermöglicht wird festzustellen, ob es sich nur um einen Modebegriff handelt, der von den Medien hochgespielt wurde, oder ob ihm ein soziales Substrat zugrunde liegt. Die These des vorliegenden Bandes lautet, daß die politische Klasse von der politischen Elite abgrenzbar ist, obwohl die Personen, die mit beiden Termini bezeichnet werden, zum Teil identisch sind. Die politische Klasse ist ein Kartell der Parteieliten; sie tritt hauptsächlich durch den Ausbau des Parteienstaats in der modernen Demokratie in Erscheinung.

1. Die politische Klasse –
ein neuer Begriff der Elitenforschung?

1. Politische Klasse als dynamisiertes Konzept
der Elitenforschung

Gaetano Mosca hat den Begriff der politischen Klasse, der im Italienischen schon länger gebräuchlich war, international bekannt gemacht. Der Terminus besaß den Vorteil, nicht als Fremdwort zu wirken, wie der Begriff der »élite«, der aus dem Französischen eingeführt worden war und der in den Sozialwissenschaften aller Sprachen ungleich einflußreicher werden sollte. Das lag schwerlich nur daran, daß Pareto, der den Elitenbegriff in der italienischen Soziologie übernommen hatte, ein stringenterer Denker war als Mosca.

Der Streit der beiden Klassiker der Elitenforschung darüber, wer das den Begriffen zugrundeliegende Phänomen zuerst entdeckt hat, ist für die Begriffsgeschichte von zweitrangiger Bedeutung. Mosca (1949: 116 ff.) erhob gegen »den Marchese«, wie er herablassend formulierte, den Vorwurf des Plagiats. Pareto konterte mit der Bemerkung, daß es eine alte Tradition des Denkens in Schichten der Macht gebe, die man bis auf Dante zurückführen könne (Belege der Kontroverse bei Eisermann 1987: 241 ff.). Pareto hielt seinen Elitenbegriff für wertfreier als den Sprachgebrauch Moscas, den er nicht völlig ausschloß. Aber das lag weniger an der Wahl des Wortes als an dem bewußten Bemühen um wertfreie Wissenschaft bei Pareto.

Es läßt sich also kaum nachweisen, daß Pareto durch den Gebrauch eines anderen Wortes die Priorität, die Mosca in der Diskussion der Sache zweifellos hatte, verdunkeln wollte. Größere Wertfreiheit beanspruchten beide für ihren Begriff. Mosca (1950: 363) stellte klar, daß diejenigen, die in einem Lande »am besten zum Herrschen geeignet« seien, nicht auch die »intellektuell und vor allem moralisch ›besten‹ Elemente« seien. In einer Fußnote fügte er hinzu: »Aus diesem Grunde halten wir den von Pareto gewählten Ausdruck ›Elite‹ zur Bezeichnung unserer ›politischen Klasse‹ für ungenau.« Gerade im Anspruch auf Wertfreiheit konnte Mosca aber Pareto kaum übertreffen, was nicht bedeutet, daß dieser Anspruch in allen Teilen seines Werkes eingelöst worden ist (vgl. v. Beyme 1992: 52 ff.). Aber auch Pareto (1916, § 2031, 2033) hatte klargestellt, daß er keine normativ definierten Substanzeliten im Auge hatte. Als Elite ihres Metiers konnten auch Schachspieler und Mätressen angesehen werden.

Während bei Mosca – wie bei den oben zitierten Äußerungen der Publizisten – unklar blieb, wer alles zur »politischen Klasse« gehörte, hatte Pareto von vornherein ein klares pluralistisches Konzept der Eliten. Dies zwang ihn dazu, die *classe dirigente* (1916: § 2034, 2044) von anderen Elitensektoren gelegentlich begrifflich zu sondern.

Den Pionieren der Elitenforschung war die Hoffnung gemeinsam, die altmodischen Klassifikationen von Herrschaftsformen zu überwinden, welche die Staatslehre und politische Theorie ihrer Zeit beherrschten. Das Kriterium der Zahl der Herrscher schien im Lichte einer Theorie der Herrschaft der Minderheit irrelevant. Für Mosca (1950: 54) war die Form der Regierung zweitrangig. Autokratien wie Rußland und die Türkei hatten wenig Gemeinsames, denn der Stand ihrer Kultur und die Struktur ihrer politischen Klassen waren grundverschieden. Das monarchische Italien schien der französischen Republik verwandter als Großbritannien, das mit Italien zusammen in der Rubrik »konstitutionelle Monarchie« subsumiert wurde.

Paretos Theorie der Minderheitsherrschaft verriet eine stärkere Abhängigkeit von Marx als die Theorie Moscas. Paretos (1916, § 2053) Konzeption der Geschichte als »eines Friedhofs von Aristokratien« wurde mit Recht als eine Variation von Marxens Konzeption der Geschichte als einer Geschichte von Klassenkämpfen aufgefaßt. Aber Moscas Zentralbegriff der »politischen Klasse« hatte vor allem in Nordeuropa darunter zu leiden, daß der Klassenbegriff auch von Nichtmarxisten in der Nähe der Marxschen Definition angesiedelt wurde. Klasse suggerierte mehr sozialen Zusammenhalt als der Ausdruck Elite. Eliten ließen sich der »Polyarchie« stärker anpassen als der Klassenbegriff. Der Theoretiker der Polyarchie, Robert Dahl (1989: 272), hat die elitistische Interpretation der Demokratie als nicht verifizierbar verworfen, aber gerade wegen ihres, manchmal die dichotomischen Machtverhältnisse beschönigenden Pluralismus hatte die amerikanische Theorie der Politik eine Vorliebe für den Begriff »Elite«. Während

Moscas Theorie mit dem generalisierenden Wortgebrauch »herrschende Klasse« vielfach unspezifisch blieb, hat Pareto (1916, § 2034) seine Elite in eine regierende und eine nichtregierende Schicht eingeteilt. Die »classe dirigente« wurde vielfach zum Synonym der »politischen Elite«. Mosca hat vielfach von »herrschender Clique«, »organisierter Minderheit« oder »regierender Minderheit« gesprochen (1953, 1: 49, 153, 78, 34, 80), als ob die Begriffe Synonyme seien. Selbst Dahl (1989: 269), in dessen pluralistisches Konzept die Vorstellung einer »herrschenden Klasse« nicht paßte, war manchmal nahe an Moscas Sprachgebrauch, wenn er von »dominant minority« sprach. Politische Klasse im späteren Sprachgebrauch wurde vielfach der Bedeutung einer geschlossenen Schicht beraubt, und als *cluster* der Familien, Berufe und Institutionen definiert, aus dem jene Personen stammten, die wichtige Wahl- oder ernannte Ämter innehatten.

Pareto betonte in seiner Kreislauftheorie vor allem die Dynamik der Elitenzirkulation. Mosca behielt – trotz der bei ihm noch breiter als bei Pareto eingestreuten historischen Beispiele – ein mehr statisches Bild der Klasse und ihrer Rekrutierungsmuster. Der Ökonom Pareto (1916, § 2044) hatte eine klare Sicht für die Ökonomie des Elitenbedarfs. Der Untergang vieler Aristokratien wurde von Pareto gerade damit erklärt, daß sie »am Elitenbedarf« vorbeiproduzierten, etwa zuviele Soldaten in der herrschenden Klasse, wenn diese nicht gebraucht wurden.

Das eher statische Bild der politischen Klasse, das Mosca zeichnete, trägt stärker als Paretos dynamisches Zirkulationsmodell die Züge seiner Zeit. Die politische Klasse Moscas ist geprägt durch die Eigenart des konstitutionellen Regimes mit stark oligarchischen Strukturen und unklaren Parteienverhältnissen in einem cliquenhaft organisierten Frühparlamentarismus, wie er die Ära Depretis bis zu Giolitti in Italien kennzeichnete. Ein begrenztes Wahlrecht sorgte damals für die Abgehobenheit der politischen Klasse.

Ist das Bild der politischen Klasse, das aus einem zwar parlamentarisierten, aber vordemokratischen Regime gewonnen wurde, noch gültig für die entwickelte Demokratie gegen Ende des 20. Jahrhunderts? Die prämodernen Züge der Gesellschaft, in der sich die politische Klasse so klar von der Masse des zum Teil noch nicht politisch mündigen und wahlberechtigten Volkes abhob, schienen sich in der zweiten Hälfte des 20. Jahrhunderts weniger in den westlichen Demokratien zu finden als in den realsozialistischen Systemen. Das Nomenklatura-System, mit fixierten Regeln der Elitenkooptation hat dazu eingeladen, über »Moskau und Mosca« zu kalauern (Harasymiw 1982). Die sowjetische Ideologie hat zwar am marxistischen Klassenbegriff festgehalten, für ihre politische Führung haben, aber vor allem enttäuschte Marxisten immer wieder den Klassenbegriff eingesetzt, wie die Trotzkisten, die von »neuer Klasse« (Djilas) oder »bürokratischer Klasse« sprachen.

In bezug auf westliche Demokratien kam unter radikalen Demokraten – nicht ohne vermittelte marxistische Einflüsse – eher der Begriff *Machtelite* auf, wie ihn C. Wright Mills (1956) in Amerika populär gemacht hat. Wo der Begriff nicht pauschal für ein Konglomerat aus Politikern, Wirtschaftsleuten und Militärs gebraucht wurde, wie bei Mills, ist er – ganz im Sinne vieler italienischer Studien – meist auf den Kongreß angewandt worden, vor allem auf die Verfestigungen der Senatselite mit ihren rigiden Senioritätsregeln (Shils 1982: 20). Mit dieser Entwicklung wurde ein alter Vorwurf gegen Mosca und Pareto korrigiert, daß sie in ihrem Eifer der Überwindung des alten Institutionalismus der Staatslehre zu weit gegangen seien und in der Theorie der Eliten wie der Theorie der politischen Klasse der institutionellen Seite des politischen Systems zuwenig Aufmerksamkeit geschenkt hätten (Cotta 1982: 158). Der neue Institutionalismus konnte freilich in bester Absicht wiederum über das Ziel hinausschießen und die politische Klasse allzusehr mit einer Institution identifizieren. In Italien war dies – wie in den USA – das Parlament (Cotta 1979; Cotta 1982: 160). Das Konzept der politischen Klasse wurde aus dem Kampf gegen einen beengenden Institutionalismus geboren. Es drohte erneut in eine Duplizierung institutioneller Befunde einzumünden. Bisher blieb der Begriff »politische Klasse« jedoch der Sehnsuchtsanker einer Theorie der Führungsgruppen, die »analytisch aus ihrer institutionellen Verankerung« gelöst und »als eigenständiger Faktor im politischen Prozeß konzipiert« wurden (Klingemann u. a. 1991: 27).

Der Einsatz des Begriffs der politischen Klasse stand unter der Notwendigkeit, eine Kohärenz des Denkens und Handelns dieser Gruppe nachzuweisen. Je kleiner und institutioneller die politische Klasse definiert wurde, um so leichter schien dies. Weder Mosca noch Pareto hatten ihre Gruppe je klar abgegrenzt und quantifiziert, aber sie arbeiteten schließlich nicht an Laswells behavioralistischem Projekt über Eliten! Ein italienischer Forscher wie Guido Dorso (1986: 115 ff.), der sich auf Mosca berief, hatte die institutionelle Eingrenzung bereits vollzogen. Er reservierte den Begriff *classe politica* für die Regierungspositionen im engeren Sinne. Ein weiterer Begriff von *classe dirigente* wurde – umgekehrt wie bei Pareto – für eine politische Elite im weiteren Sinne eingesetzt. Moscas unklare Begriffsbildung zwang seine Anhänger immer wieder zu neuen Abgrenzungen. Moscas Errungenschaft war die Einsicht in die Herrschaft »organisierter Minderheiten« (Bobbio in: Treves u. a. 1961: 58). Aber die Art der Organisation blieb angesichts der vielen Beispiele aus unterschiedlichen Gesellschaften, die Mosca reichlich wahllos nebeneinanderstellte, unklarer als bei Pareto.

Angesichts der Herrschaft von Parlamentseliten – den »kleinen Helden des allgemeinen Wahlrechts«, wie ein italienischer Kritiker des Parlamentarismus zur Zeit Moscas bissig formulierte – schien sich die Organisationsform relativ einfach aufspüren zu lassen. Mosca hat dies aber nicht systematisch versucht. Als sich die Herrschaft der Minderheit demokratisierte, mußte der Begriff der politischen Klasse institutionell weiter gefaßt werden. Die Theorie der politischen Klasse zur Zeit Moscas nahm mehr und mehr Züge einer konservativen Abwehrideologie gegen den sich demokratisierenden Parlamentarismus an, der die nicht erwünschte Elitenrekrutierung produzierte. Die Polemik gegen den Parlamentarismus jener Zeit hat nach dem Zweiten Weltkrieg kaum noch Nachahmer gefunden. Auch die Schmittianer haben das parlamentarische System akzeptiert und versuchten lediglich noch, seiner Insuffizienz die Meriten einer wohlfahrtsstaatlich gestimmten Verwaltungselite entgegenzusetzen, die »den Staat« stärker zur Geltung bringen könne als die von Interessengruppen zerrissene parlamentarische Elite (vgl. v. Beyme 1992: 101 f.). Der Pessimismus der ersten, vom Parlamentarismus enttäuschten früheren Liberalen wie Mosca wich einem neuen Optimismus. Es wurde wieder entdeckt, daß die Theorie der herrschenden Klasse einst auch optimistische Aspekte besessen hatte. War sie nicht Rechtfertigungslehre einer aufstrebenden meritokratisch gestimmten Bourgeoisie gegen das alte Regime einer kaum noch funktionierenden aristokratischen Kooptation der Herrschenden? Von Burnhams Theorie der Manager bis zu Gouldners

Theorie der neuen Klasse der Intellektuellen hatte diese neuere Theorie der Eliten nicht nur den Aspekt einer Depravationstheorie.

Der Begriff der politischen Klasse war – auch ohne direkte Anleihen beim Marxschen Zweiklassenmodell – von einer dichotomischen Sichtweise geprägt. Überall schien es Eliten und Nichteliten zu geben. Die frühe Literatur schwelgte seit Le Bon in Theorien der Massen. Sighele und andere taten das auch in Italien. Mosca und Pareto hingegen haben sich von einem vordergründig abwertenden Begriff der Nichteliten freizuhalten versucht, auch wenn Paretos (1916, § 2034) Bezeichnung der Beherrschten als »niedere, elitenfremde Schicht« nicht eben wohlwollend klang. Die spätere Literatur, vor allem in Amerika, hat strikter von »Nichteliten« gesprochen, um keinen diskriminierenden Massenbegriff aufkommen zu lassen, wie er bei Kornhauser und anderen noch anklang. Die Demokratisierung der Systeme hatte den Blick dafür geschärft, daß die Nichteliten keine dumpfe, politisch handlungsunfähige Masse darstellten. Demokratietheorie mußte wenigstens von der Fiktion eines Einflusses der Nichteliten auf die Eliten per Delegation ausgehen. Die älteren Repräsentationstheorien mit der strikten Abkoppelung der Repräsentanten von einem Mandat des Volkes hatten die Beziehung von Eliten und Nichteliten wesentlich lockerer gesehen. Die Nichteliten waren mit der politischen Erstarkung der Arbeiterklasse auch keine politische Einheit mehr. Sie wurden in Mittelklassen und Arbeiterklasse unterteilt. Während der frühe Mosca noch eine strikt hierarchische Beziehung zwischen der politischen Klasse und den Massen annahm, hat der spätere Mosca die Verbindung von politischer Klasse und Beherrschten durch das Band der Ideen stärker in den Blick gerückt. Der Zusammenhalt zwischen politischer Klasse und der Masse der Bürger wurde für Mosca (1950: 69) in einer kulturellen Gemeinsamkeit und in einer Ideologie gesehen. Er übernahm von Herbert Spencer – gegen dessen Vision einer sich entmilitarisierenden und friedlicheren Handelsgesellschaft er ansonsten fleißig polemisierte – den Begriff des »großen Aberglaubens« für seine »politische Formel«. Gramscis Vorstellungen der kulturellen Hegemonie zeigten später den Einfluß der Elitentheorien auch auf das Denken der italienischen Linken.

Die politische Klasse war für Mosca mehr als der Produzent von Ideologien – eine Vorstellung, die bei rechten Kritikern der politischen Klasse noch nicht ausgestorben ist. Die moderne politische Klasse wird nicht mehr von Priesterkönigen gestellt, auch wenn Schelsky und andere dies im Eifer des Gefechts gegen die linke Welle in den 70er Jahren noch einmal suggerierten. Politische Systeme bedürfen der Mobilisierung von Werten, Glaubenshaltungen, Ritualen und institutionellen Spielregeln, um die Tatsache zu begründen, daß einige in der Gesellschaft davon mehr profitieren als andere.

Die organisatorische Seite der Bildung politischer Klassen wurde von Mosca mehr beschworen als belegt. Die Hauptschwäche seiner Theorie der politischen Klasse war die Vernachlässigung der Parteien und der Bürokratie. Parallel zum Streit zwischen Mosca und Pareto gab es eine Tradition des Denkens von Ostrogorski bis Max Weber, die gerade die parteiorganisatorischen Aspekte von moderner Herrschaft herausarbeiteten, ohne jedoch zu einer globalen Theorie der politischen Klasse oder der politischen Elite vorzustoßen. Für Ostrogorski (1964, Bd. 2: 346) war der *Caucus* der Parteien ein »Virus, stark genug, um das Blut der Gemeinschaft zu vergiften«. Ostrogorski – wie Mosca für kurze Zeit Abgeordneter, wenn auch in der parlamentarisch noch unterentwickelten russischen Duma – war ähnlich wie dieser angewidert von dem Betrieb der politischen Klasse seiner Zeit. Im Gegensatz zu Mosca sah er jedoch die parteiorganisatorischen Grundlagen der Macht der politischen Klasse im parlamentarischen System klarer. Er war andererseits theoretisch nicht breit genug orientiert und soziologisch nicht interessiert genug, um die Unerläßlichkeit von Parteistrukturen zur Überwindung des cliquenhaften Oligarchismus im frühen Parlemantarismus zu erkennen. In einer wohlmeinenden Antiparteienstimmung, wie sie im russischen Klima der Narodniki herrschte – die Bolschewiken haben daraus nicht wenige Vorteile gegenüber den eigentlich stärkeren linken Gruppierungen gezogen –, kam er zur Ablehnung des Partei-Caucus. Er hatte richtig beschrieben, daß diese Organisationsform vom Mittel zum Ziel zu werden drohte. Aber sein Schlachtruf: »Nieder mit den Parteien, es leben die Ligen«, klang damals so utopisch wie später so manche grüne Vision von einer Partei, die keine Partei im etablierten Sinne sein sollte.

Erst Max Weber kam zu einer klaren Sicht der politischen Führung. Einerseits war sein Blick auf die modernen politischen Unternehmer gerichtet, andererseits auf die Bürokraten. Auch er benutzte den Begriff Caucus für organisatorische Machtzentren im Bereich der Parteien. Trotz seiner Tendenz, abstrakte Begriffe als Idealtypen unnötig wissenschaftstheoretisch zu überhöhen, hat er keinen Idealtyp »Elite« oder »politische Klasse« gebildet. Mit der Ablösung der alten Honoratiorenorganisation entwickelte sich eine Gruppe, für die Weber (1958: 522) den Terminus *Berufspolitikerschicht* wählte. Die Eigenart des Deutschen, drei Substantive harmonisch zu einem Begriff verschmelzen zu können, war in andere Sprachen kaum übertragbar. So hat Webers Begriff als Terminus technicus keine Karriere gemacht wie die Begriffe »politische Klasse« oder gar das noch knappere Wort »Elite«. Dabei hätte die Ersetzung des angreifbaren Klassenbegriffs durch das Wort Schicht durchaus attraktiv sein können. Da Weber weder der Bürokratie noch dem Kapitalismus in gleicher Weise fremd gegenüberstand wie viele seiner Zeitgenossen im damals weniger entwickelten Italien, war für ihn selbst die ältere Parteiorganisation – »halb Honoratiorenwirtschaft, halb bereits Angestellten- und Unternehmerbetrieb« – weniger negativ besetzt als für Mosca oder Ostrogorski. Weber hatte mehr Verständnis für die Entwicklung von »Politik als Beruf«, in der der Politiker nicht nur *für* die Politik, sondern auch *von* der Politik lebt.

Auch bei Pareto – einem Ökonomen, der größere Beiträge zur Theorie der kapitalistischen Wirtschaft im volkswirtschaftlichen Sinne leistete als Max Weber – war das Verständnis für Kapitalisierung, Monetarisierung und Bürokratisierung der politischen Klasse geringer als bei Weber. In seinen Gelegenheitsschriften hat Pareto (1946: 87ff.) den »plutokratischen Zyklus« schärfer gegeißelt als in seinem »Trattato«. Manche Äußerung klang wie ein Rückfall in ältere sozialistische Theorien – die Pareto so scharfsinnig in zwei Bänden zerpflückte –, welche immer wieder politische Führung und kapitalistische Klasse identifizierten. Max Weber hatte einen schärferen Blick als selbst Pareto für die Ausdifferenzierung der Sphären der Gesellschaft. Deutlicher als die italienischen Zeitgenossen in einem Lande, in dem der Kapitalismus regional begrenzt und im ganzen noch in den Kinderschuhen steckte, sah Weber, daß die Politik in einer sich ausdifferenzierenden Gesellschaft nicht mehr Leitungszentrum der ganzen Gesellschaft sein kann. Im Gegensatz zu Pareto sprach er vom gesellschaftlichen Ganzen noch nicht als dem »System«. Das wurde ihm erst später von Parsons unterstellt, in seinem Versuch, die drei

Großen der modernen Sozialtheorie, Durkheim, Weber und Pareto, einiger erscheinen zu lassen, als sie waren.

Im Gegensatz zu dem Plutokratie-Vorwurf, der in Italien populär war, wurden Politiker in ihrer Unabhängigkeit von der kapitalistischen Klasse gesehen. Andererseits sah Weber schärfer, daß, je stärker die gesellschaftlichen Sphären sich ausdifferenzierten – auch von Subsystemen sprach er natürlich noch nicht –, äquivalente Strukturen in Politik und Wirtschaft sich ausbreiteten. Plutokratische Herrschaft war für ihn eher eine archaische Form von Herrschaft noch ohne Rollendifferenzierung. Einige Andeutungen Webers (1958: 502) scheinen die Vereinigten Staaten in diesen archaischen Typ einzuordnen, bei dem die »Leitung eines Staates« in der Hand von Leuten, »welche (im ökonomischen Sinn des Wortes) ausschließlich für die Politik und nicht von der Politik leben«, liegt. Klarer als viele Zeitgenossen sah Weber jedoch, daß auch plutokratische Leitung zugleich bedeutete, »daß die *politisch herrschende Schicht*« – hier kam Weber dem Begriff der »classe dirigente« am nächsten – »nicht auch ›von‹ der Politik zu leben trachtete«. Aber selbst in Amerika waren die »wirtschaftlichen« und »politischen Bosse« keine einheitliche Schicht. Er übersah nicht, daß auch dort das archaische Beutesystem zunehmend von Bürokraten und geschulten »leitenden Politikern« abgelöst wurde (Weber 1958: 505).

Ließ Max Weber mit seinen manchmal altväterlich anmutenden Komposita-Begriffen eine zündende Formel wie die politische Klasse oder die Elite vermissen, so war seine Analyse, was die Einsicht in die Differenziertheit moderner Führungsauslese anbelangt, ungleich differenzierter als die der Theoretiker, welche als Väter der Elitentheorie gelten. Er hat den Aspekt der Parteiorganisation berücksichtigt, der bei Ostrogorski und Michels überschätzt wurde. Aber er vernachlässigte nicht die Sphären der wirtschaftlichen Eliten und der Staatsbürokratie, wie es selbst Michels tat, der in vielen Punkten von Webers Ansichten abhängig war.

Robert Michels' Haß auf die SPD – die seine Karrierewünsche enttäuscht hatte – war allzu groß, als daß er hätte erkennen können, daß die SPD – gleichsam als die am besten organisierte »Urpartei« der Welt – auch in ihren negativen Seiten einen unvermeidbaren Trend der Moderne verkörperte. Max Weber (1958: 530) sah die SPD von »Beamteninstinkten« beherrscht. Michels (1989: 161 ff.) hatte genug von Max Weber gelernt, um die Bedeutung der

Bürokratie nicht zu unterschätzen. Dem »Bürokratismus und Zentralismus im Parteiwesen« widmete er ein ganzes Kapitel. Die Parteien müssen ihrer Parteiregierung eine möglichst breite Basis verleihen, um möglichst viele Elemente auch finanziell an sich zu fesseln. Dazu bedurften sie der Bürokratie.

Schärfer als Weber sah Michels das Problem der aufstiegswilligen Intellektuellen, die in immer größerer Zahl an die »Staatskrippe« drängten. Der Staat muß daher nach seiner Ansicht die Schleusen der bürokratischen Kanäle weiter öffnen, um »Tausende von Postulanten unterzubringen und aus gefährlichen Gegnern in eifrige Beschützer und Verteidiger zu verwandeln«. So entstehen nach Michels (1989: 161) zwei Klassen von Intellektuellen. Die Ingroup findet in der Bürokratie ihr Auskommen. Die andere Gruppe »belagert die Festung, ohne in sie einzudringen«. Das Bild wurde von dem italienischen Massenpsychologen Scipio Sighele entliehen. Es erscheint als kein Zufall, daß Michels sich in der Brandmarkung der Parteibürokratie nicht auf Max Weber, sondern auf seinen impulsiven Bruder Alfred Weber berief, der auf dem Wiener Kongreß des »Vereins für Socialpolitik« 1909 einseitig die Freiheitsverluste, die durch Bürokratisierung entstanden waren, herausstrich. »Gesinnungslumperei« als Resultat der Bürokratie klang sehr nach normativer Bewertung und paßte weniger zu Max Webers Analysen, die auch sprachlich die Leidenschaft zu bändigen versuchten. Max Webers Terminus »Anstaltsbetrieb« ließ eine neutralere Bewertung der Tendenzen im modernen Parteiwesen zu.

Die unterschiedlichen Ansätze könnten in einer Vierfeldermatrix anschaulich gemacht werden: Auf der X-Achse lassen sich *sozialstrukturelle* von *handlungsorientierten* Ansätzen unterscheiden, auf der Y-Achse wird der Unterschied von Theorien, welche die Elite als *lose Gruppe* oder als *in Institutionen gut organisiert* auffassen, dargestellt.

Ein *handlungsorientierter Ansatz* erhebt höhere Anforderungen an den Nachweis einer relativ homogenen handlungsfähigen Gruppe als sozialstrukturelle Konzeptionen, vor allem wenn sie nicht an Institutionen anknüpfen. *Sozialstrukturelle Ansätze* müssen vielfach mit der Unterstellung arbeiten, daß die von ihnen festgestellte »Elite«, die Gesellschaft oder die Politik auch steuere. Handlungsorientierte Ansätze bedürfen eines größeren Glaubens an die Steuerungsfähigkeit des politischen Systems.

Matrix 1: Elitentheoretische Ansätze

	Sozialstrukturell (Was ist die organisierte Minderheit?)	Handlungsorientiert (Was tut die organisierte Minderheit?)
Organisierte Minderheit als lose Gruppe	Elite (Pareto) Kapitalistenklasse und ihre politischen Agenten (Stamokap-Theorien) Plutokratie, Demo-Plutokratie (Pareto) Intellektuelle (Gouldner)	Politische Klasse (Mosca) Führung (Welsh u.a. Behavioralisten)
Organisierte Minderheit fest in einer Institution verankert	Classe dirigente (Pareto) Caucus (Ostrogorski, Weber) Berufspolitikerschicht (Weber) Parteibürokraten (Michels) Manager (Burnham)	Machtelite (Mills) Non-Decision-Vetogruppe (Bachrach, Therborn, Offe)

Sozialstrukturelle Ansätze haben es leichter, sich von der Analyse der Folgen politischen Handelns in die Unterstellung eines gleichgewichtigen Pluralismus zurückzuziehen, der durch die sozialstrukturellen und organisatorischen Daten garantiert zu werden scheint. Die Wiederbelebung des Konzepts der politischen Klasse in der empirischen Sozialforschung war Ausfluß der Sehnsucht der Detailforscher, die fragmentierten Befunde zusammenzuführen und einen »eigenständigen Faktor im politischen Prozeß zu entdecken ... beispielsweise als politische Klasse« (Klingemann 1991: 27).

Es hat schon früher solche integrativen Konzepte gegeben, etwa das durch den Terminus »Elitenformation« umrissene (Herzog 1975), aber dieser wurde nicht sehr gebräuchlich. Der Begriff der politischen Klasse sollte nach dieser Konzeption den Elitenbegriff nicht verdrängen. Er war gegen die Mystifikation einer »Machtelite« gerichtet. Als der Klassenbegriff entmystifiziert wurde und marxistische Theorien an Überzeugungskraft einbüßten, ließ er sich mit dem Feld politischer Machtstrukturen verbinden. Klasse war auch in der Schichtungslehre kein »ehernes Gehäuse« und »unausweichliches Schicksal« mehr. Der Begriff wurde somit vereinbar mit der Vorstellung von Klasse als losem Netzwerk. Die Entökonomisierung des Klassenbegriffs und die Verwendung für politische Führungsgruppen hatte bereits eine gewisse Tradition. Dahrendorfs Begriff der *Dienstklasse* konnte als Vorläufer in Anspruch genommen werden.

Die Reste ganzheitlicher Sehnsucht des Detailforschers können nicht in operationalisierbare Größen übersetzt werden, wenn man nur mit der Netzwerk- und Entscheidungsanalyse an den Gegenstand herangeht, weil das pluralistische Bild häufig einen politischen Klassenbegriff reichlich aufgesetzt erscheinen läßt. Daher gibt es eigentlich nur zwei Wege zu einem Begriff der politischen Klasse vorzustoßen:

– durch die Analyse aller Prozesse, die es erlaubt nachzuweisen, daß eine organisierte Minderheit trotz aller demokratischen Postulate als von ihren Wählern *abgehoben* erscheint,

– oder durch die begriffliche Abstraktion einer Gruppe, die bei einer Theorie des *generalisierten Tausches* als Hilfskonstruktion politische Klasse genannt werden kann, auch wenn einzelne Elitensektoren in diesem politischen Tauschgeschäft empirisch gar nicht als Handelnde nachzuweisen sind.

Der erste Ansatz hat den Nachteil, daß die politische Elite gleichsam additiv aus einzelnen Prozessen herausgefiltert wird. Das Verfahren ist zwar noch empirisch, aber gleichsam software-empirisch: Zu viele der Prozesse sind nicht recht quantifizierbar. Selbst wenn genügend quantifizierbare Belege für die Existenz einer politischen Klasse gefunden werden können, erheben sich Zweifel an der additiven Gewinnung eines Begriffs der politischen Theorie. »Wer viele Gründe nennt, hat keinen zureichenden Grund«, hat Kant gesagt. Eine Theoriebildung, die jedoch den altmodernen Drang nach abgeleiteten holistischen Konzepten verloren hat, geht bei der Generalisierung von Fakten und Prozessen in einer fragmentierten Gesellschaft nicht anders vor.

Wer eine Errungenschaft der Moderne ernst nimmt, wird freilich die Addition immer durch die Gegenrechnung ergänzen und die Prozesse nicht übersehen, die gegen die Benutzbarkeit eines generalisierten Begriffes wie desjenigen der »politischen Klasse« sprechen. In der Gegenrechnung darf nicht unterschlagen werden, daß die Kohäsion der politischen Klasse im modernen Parteienstaat im Vergleich zur organisierten Minderheit vordemokratischer oligarchischer Systeme eher ab- als zugenommen hat. Die Kluft zwischen Eliten und Nichteliten ist durch die moderne Policy-Orientierung, welche der politischen Klasse größere Responsivität gegenüber den Aspirationen der Nichteliten abverlangt, nicht größer, sondern eher kleiner geworden. Ein weiteres Paradoxon tut sich auf: Die Prozesse, in denen die politische Klasse ihre Abgehobenheit von den Wählern stabilisiert, sind nötig geworden, gerade weil die Rückbindung an Wählerwünsche und die Druckmöglichkeiten von in Bürgerinitiativen *ad hoc* organisierten Minderheiten unter den Nichteliten größer geworden sind. Funktionalistisch ausgedrückt: Ohne ein Minimum an Abgehobenheit der politischen Klasse gegenüber ihrem Volkssouverän könnte diese ihren Handlungsspielraum nicht erhalten und damit langfristig die Erwartungen ihrer Auftraggeber nicht erfüllen.

Die nichtadditive Alternative in der Begriffsbildung wäre an zahlreiche Voraussetzungen der Einschätzung eines politischen Systems gebunden, die von der nachmodernen politischen Theorie mehr und mehr angezweifelt werden (vgl. v. Beyme 1992).

Der zweite Ansatz, der mehr Aussicht hat, als Theorie gewürdigt zu werden, ohne – wegen seines Abstraktheitsgrades – der Wertschätzung der Empiriker sicher sein zu können, wäre an den Nachweis eines *steuernden Zentrums* gebunden. Netzwerkanalysen haben die Existenz eines solchen Zentrums meist nicht ausgeschlossen, konkrete Entscheidungsanalysen erbrachten – vor allem in Amerika –, daß das Zentrum vielfach »hohl« war. Die Theorie des *Korporatismus* hat bisher von dem Begriff politische Klasse keinen Gebrauch gemacht. Paretos wegwerfendes Wort über Eliten, als eine Art Gleichgewicht von Arbeiterbewegungen und Bourgeoisie »Demo-Plutokratie« genannt, wird schwer wiederzubeleben sein. Eine Theorie der politischen Klasse auf der Grundlage triangulärer Einflußbeziehungen im Korporatismus stößt auf Schwierigkeiten, weil Korporatismusforscher – nach der ersten Rezession ihres einstigen geistigen Wachstumssektors – einzusehen beginnen, daß auch in korporatistischen Gesellschaften viele Arenen eher statuspolitisch oder archaisch-pluralistisch organisiert sind.

Der etatistische Ansatz des Korporatismus ist mehr und mehr von einem allgemeineren Modell des politischen Tausches abgelöst worden. *Generalized political exchanges* wurden unabhängig von den Institutionen entdeckt. Sie unterscheiden sich von den klientelistischen Austauschsystemen, die zu der Zeit vorherrschten, als

Mosca die »politische Klasse« entdeckte. Verhandlungssysteme herkömmlicher Art sind nicht ausgestorben, erklären aber nicht alle Tauschgeschäfte auf dem politischen Markt. Politischer Austausch wird so genannt, nicht nur weil politische Akteure involviert sind, sondern weil die Ressourcen bei diesem Tausch nicht-ökonomischer Art sind. Es handelt sich nicht um dyadische Tauschstrukturen, sondern um trianguläre (wie beim Korporatismus) oder noch komplexere Systeme (Marin 1990: 64).

Bei einem so weiten Tauschkonzept könnte der Terminus politische Klasse schon als zu vordergründig-substantiell wirken. Dennoch ließen sich alle Akteure über den generalisierten politischen Tausch als eine politische Klasse und als Begünstigte definieren. Austauschbeziehungen im weitesten Sinne können empirisch selbst dort nachgewiesen werden, wo eine Netzwerkanalyse keine direkten Kommunikationsbeziehungen aufzufinden vermag. Die politische Klasse käme damit einerseits aus ihrer institutionellen Verdinglichung, andererseits aus der mystifizierenden Form des Abstraktums heraus, das empirisch nicht nachgewiesen werden kann. Auch der Theorie des generalisierten Tausches bekäme es nicht schlecht, sich in diese Richtung hin zu operationalisieren.

Ein solcher Begriff der politischen Klasse hätte mit dem handfesten Terminus von Mosca kaum noch etwas gemeinsam. Politische Klasse ist weniger eine konkret einheitlich handelnde Akteursgemeinschaft, sondern die Abstraktion von gewissen Entwicklungstendenzen moderner Gesellschaften. Die allgemeinste Entwicklungstendenz beruht auf dem Paradoxon, das weder Mosca noch Pareto, der allerdings schon über einen – wenn auch wenig komplexen und eher an naturwissenschaftlichen Modellen gewonnenen – Systembegriff verfügte, gekannt hatten: das Paradoxon, daß die Elitensektoren mit Fortschreiten der Ausdifferenzierung und Professionalisierung der Eliten vordergründig immer verschiedener werden und immer weniger Intervention von anderen Subsystemen erlauben. Andererseits werden die Kooperationsbeziehungen der Elitenangehörigen enger, und die Suche nach Lösungen zur Koevolution der Subsysteme wird gestärkt. Denkt man dieses Paradoxon zu Ende, löst der Begriff der politischen Klasse sich auf, weil er eigentlich die Eliten vieler Sektoren umfaßt, die sich den Terminus politisch verbitten würden.

2. Die Operationalisierung des Begriffs der politischen Klasse

Der Rückblick auf die Klassiker der Moderne legt nahe, den Terminus politische Klasse nur unter zwei Kautelen zu übernehmen:

(1) Eine zeitgenössische Analyse muß die *Differenzierung der Sphären der Gesellschaft* stärker akzeptieren, als es die älteren Theorien der »politischen Klasse« taten. Die politische Klasse ist weder identisch mit der Plutokratie – wie einige Traditionalisten wähnten – noch nur Agent des Kapitals, wie die Theoretiker der marxistischen Staatsableitungen in verschiedenen Schattierungen unterstellten. Seit Max Weber wächst die Einsicht, daß die politische Klasse der wirtschaftlichen Elite in einigen Charakteristika ähnlicher wird und daß der Unternehmeraspekt von Führung berücksichtigt werden muß. Von Max Weber ist in diesem Punkt mehr zu lernen als von den italienischen Elitentheoretikern.

(2) Der Ausdruck »politische Klasse« muß im Gegensatz zu Mosca und Pareto den Aspekt der *Parteiorganisation* ins Zentrum stellen. Dies kann jedoch nicht mit wertenden Begriffen wie »Verschwörung« geschehen, durch die eine im »Caucus« organisierte Minderheit die ignoranten Massen zu unterjochen trachtet. Andererseits darf der Aspekt der Parteibürokratie nicht so übertrieben werden wie bei Michels. Die empirische Parteienforschung hat den Aufstieg der Parteibürokraten im Sinne Michels' nicht bestätigt (vgl. v. Beyme 1984: 296 ff.). Das Gemisch von Dilettantenverwaltung und bürokratisiertem Anstaltsbetrieb, das Weber einst konstatierte, blieb auch für spätere Phasen der Entwicklung der Parteiendemokratie relevanter als Michels' polemische Überhöhung des Prügelknaben »Parteibürokrat«.

Die Herrschaft der organisierten Minderheit bei Mosca hat zudem das Phänomen der alternierenden Regierung zuwenig in die Betrachtung einbezogen. Das Konzept der politischen Klasse wurde am Ende des 19. Jahrhunderts weitgehend aufgrund von Erfahrungen in Italien und Frankreich gewonnen. Dort haben große diffuse und wenig organisierte Fraktionen den parlamentarischen Betrieb beherrscht. Die »chorégraphie ministerielle« hat jahrzehntelang trotz aller Regierungsinstabilität immer die gleichen Cliquen an der Macht gehalten. Im *trasformismo* Depretis wurde das rudimentäre Zweiparteiensystem von starken Ministerpräsidenten, die sich Mehrheiten notfalls durch Korruption beschafften, sogar planmäßig verwischt (vgl. v. Beyme 1973: 183 ff.). Regierung und Opposition hatten sich nicht in gleichem Maße entwickelt, wie in demokratisierten parlamentarischen Systemen. Sie sind bis heute in einigen Ländern nicht auf dem Stand angelangt, wie es eine sehr abstrakte Code-Idee Luhmanns (1981: 210 ff.) unterstellt, die etwa ab der Französischen Revolution eine Verdoppelung der Selbstperzeption des politischen Systems in Opposition und Regierung entstehen sah. In vielen fragmentierten Systemen ist diese dualistische Sicht, ein gleichsam gebändigtes Freund-Feind-Denken, das seine Schmittianische Bürgerkriegsmentalität abgelegt hat, noch immer eine starke Vereinfachung der Realität.

Wo die alternierende Regierungsweise funktioniert – und das ist nicht nurmehr in den britisch geprägten Systemen in einigen Ländern der Fall –, wäre es eine grobe Vereinfachung, Regierung und Opposition unterschiedslos als eine politische Klasse anzusehen, so stark ritualisiert der Konfliktaustrag auch erscheinen mag. Der binäre Code funktioniert allenfalls in Ländern, die von einem latenten ideologischen Bürgerkrieg bedroht sind und in denen *coup d'état* oder gar Revolution nicht als ausgeschlossen gelten. Für gefestigte Demokratien hat die Elitenforschung von einer *konsensuell geeinten Elite* gesprochen (Highley u. a. 1976: 87). In ihr sind alle einflußreichen Personen im Fall eines Konflikts fundamentaler Interessen bereit, parteiliche Interessen zugunsten der Erhaltung der bestehenden Institutionen zurückzustellen. Bei Pareto mehr noch als bei Mosca war die Revolution als Mittel einer beschleunigten Elitenzirkulation weit stärker einkalkuliert. Das Faktum, daß die Mitglieder der politischen Klasse in modernen Demokratien bei Innovationsentscheidungen – im Gegensatz zu Routineentscheidungen – bereit sind, sich mit ihrer »zweiten Wahl« zufriedenzugeben, wenn es um die Erhaltung der Spielregeln des Systems geht, wurde von Mosca bis Michels noch nicht gesehen.

Die ältere Theorie der politischen Klasse stand vor einem Dilemma: Einerseits überschätzte sie die Kohärenz der Klasse, andererseits konnte sie in jener Übergangsepoche – nach dem Zerfall einer religiösen Legitimationsgrundlage und vor der Durchsetzung eines demokratisch-prozeduralen Mechanismus der Konsensfindung – den ideologischen Grundkonsens des Systems kaum feststellen. Die politische Klasse schien vielfach geeinter, als sie war, weil sie im Elfenbeinturm eines noch zensitären Wahlrechts vielfach die Gegeneliten von der Macht ausschloß. Das änderte sich nach 1918.

Mit der Demokratisierung der Systeme wurde es schwerer, über den Grundkonsens hinaus die soziale Homogenität und ideologische Geschlossenheit der politischen Klasse zu belegen. Einer der bekanntesten Interpreten von Moscas Werk, James H. Meisel (1958: 4), hatte eine »C«-Formel für den Nachweis des Zusammenhalts der politischen Klasse vorgeschlagen. Mit dieser Formel wurden strengere Kriterien, als Mosca und Pareto sie entwickelt hatten, für den Nachweis der politischen Klasse postuliert. Die drei »C« lauten im englischen Original »consciousness, coherence and conspiracy«. Die deutsche Fassung des Buches eines Gelehrten, der die Übersetzung sachkundig autorisieren konnte, da er aus dem deutschsprachigen Raum stammte, hat bezeichnenderweise nicht nur die schöne Symmetrie der drei »C« als unübersetzbar opfern müssen, sondern sprach statt von »conspiracy« nur noch von »Zusammenarbeit«. Als »cooperation« hätte die Ästhetik der drei »C« gerettet werden können, ohne die Mißverständnisse zu übernehmen, auf die Meisel sich einließ, als er allzu leichtfertige Äußerungen von Mosca über »Konspiration« in seine Formel aufnahm. Die »C«-Formel ist in der Literatur häufig kritisiert worden, weil sie nicht mit den Intentionen Moscas und Paretos übereinstimme. Das Argument bleibt schwach: Warum soll es einem Autor verwehrt sein, der nicht nur immanente Textrekonstruktion anstrebt, die Operationalisierbarkeit eines Begriffes über die Intentionen eines Klassikers hinaus zu entwickeln? Die Formel sollte daher nicht an der Treue zu Moscas Texten, sondern an der Brauchbarkeit für die empirische Abgrenzung einer politischen Klasse gemessen werden.

Wenn man dem trinitären Zahlenzwang von Meisels »C«-Formel entgehen will, ließe sich in einem weiteren Kapitel des Konzepts der politischen Klasse auf zwei Ebenen überprüfen. Ihr entsprechen auch die beiden Fragerichtungen der bisherigen Elitenforschung:

(1) *Was ist* die politische Klasse (soziale Herkunft, Rekrutierung, Aufstiegsmuster).

(2) *Was tut* die politische Klasse?

Die erste Frage ist vielfach mit dem Terminus Elite verknüpft, die zweite ist häufiger in Zusammenhang mit dem Konzept der politischen Klasse gesehen worden (Kadushin 1968: 685). Diese Einteilung ist nicht zwingend. Elitenstruktur und Policy-Output sind meistens ohne den Einsatz des Terminus »politische Klasse« ausgekommen. Nach der hier vorgelegten Typologie ist der Begriff der Elite stärker auf politisches Handeln bezogen als der Terminus der politischen Klasse. In Amerika wurde jedoch gerade der Elitenbegriff vielfach als statisch empfunden. Die behavioralistische Forschung (Welsh 1979: 17) hatte eine gewisse Präferenz für den Ausdruck *Führung*. Der Begriff der Elite wurde als deskriptiv und institutionalistisch angesehen. Auch der Führungsbegriff ist durch die Diskussion um die politische Klasse nicht überflüssig geworden, aber er konzentriert sich in Europa vor allem auf den Aspekt des Verhältnisses von Eliten und der Überzeugungskraft, die sie aus der Sicht der Nichteliten entwickeln.

Es soll hier in zwei Schritten versucht werden, die Austauschbarkeit der Begriffe einzudämmen und der Beliebigkeit der Terminologie vorzubeugen:

– Der *Begriff* der politischen Klasse muß von dem der politischen Elite abgegrenzt werden.

– Die *methodischen Ansätze* zur Erforschung der politischen Klasse müssen in Beziehung zu den Theorieansätzen gesetzt werden. Theorie und Methoden sind nicht identisch. Unterschiedliche Methoden können zur Erprobung von sehr verschiedenen Theorien eingesetzt werden. Aber es zeigte sich zugleich, daß einige Methoden sich besser als andere für eine solche Überprüfung eignen (v. Beyme 1992b: 244).

(1) Wenn die Begriffe politische Klasse und Elite nicht für Synonyme erklärt werden und nach dem medienüblichen Prinzip der sprachlichen Variation durch Begriffsstreuung eingesetzt werden sollen, muß der jeweilige Brennpunkt des Untersuchungsfeldes für einen Terminus klar angegeben werden. Matrix 2 kann Überlappungen und Divergenzen der Begriffsfelder veranschaulichen. Werden auf der X-Achse handlungstheoretische und systemstrukturelle Aspekte einander gegenübergestellt und auf der Y-Achse die Richtungen des Interesses eines Aggregats führender Gruppen, so zeigt sich, daß sich die Begriffe im Quadranten II weitgehend überschneiden. Die Untersuchung des sozialen Hintergrundes, der Rekrutierung und Professionalisierung bilden ein nahezu identisches Forschungsfeld. Bei der politischen Klasse ist lediglich

Matrix 2: Der Fokus der Begriffe politische Klasse und politische Elite

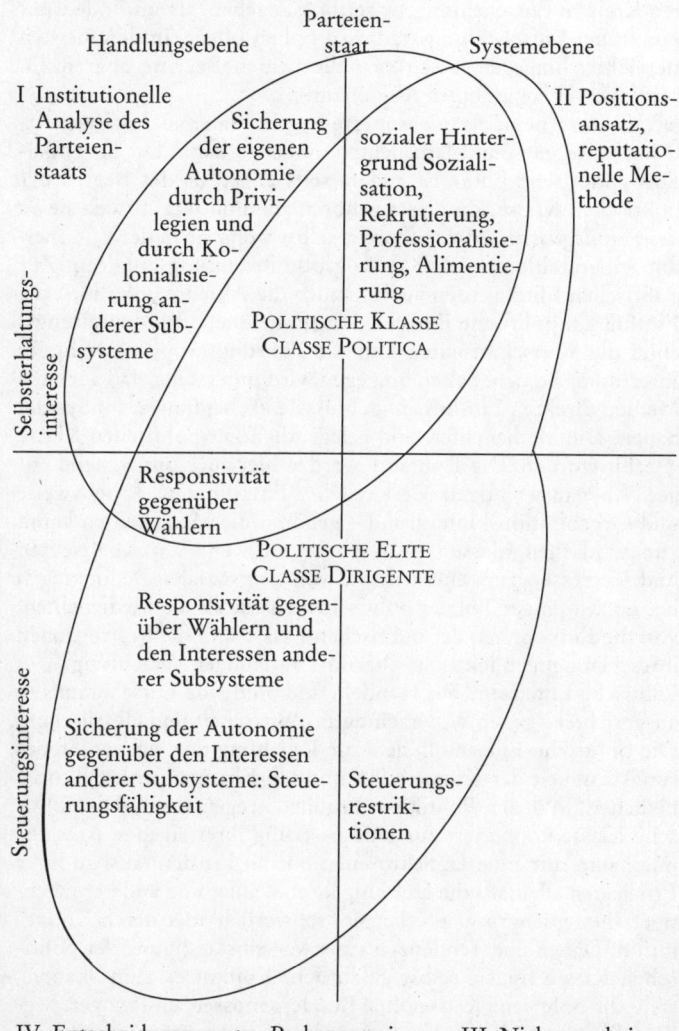

Parteien-staat

Handlungsebene

Systemebene

I Institutionelle Analyse des Parteien-staats

Sicherung der eigenen Autonomie durch Privilegien und durch Kolonialisierung anderer Subsysteme

sozialer Hintergrund Sozialisation, Rekrutierung, Professionalisierung, Alimentierung

II Positionsansatz, reputationelle Methode

POLITISCHE KLASSE
CLASSE POLITICA

Selbsterhaltungs-interesse

Responsivität gegenüber Wählern

POLITISCHE ELITE
CLASSE DIRIGENTE

Responsivität gegenüber Wählern und den Interessen anderer Subsysteme

Sicherung der Autonomie gegenüber den Interessen anderer Subsysteme: Steuerungsfähigkeit

Steuerungsrestriktionen

Steuerungsinteresse

IV Entscheidungsansatz Netzwerkanalyse

Parlamentarisches System

III Nichtentscheidungsansatz

die Gruppe etwas größer. Positionsstudien der Elitenforschung pflegen aber bei der Sozialstrukturanalyse auch von einem weiteren Kreis an Entscheidungsträgern auszugehen, als am Ende einer konkreten Entscheidungsstudie zu stehen pflegt. In den meisten Bereichen hingegen lassen sich die beiden Begriffe abgrenzen. Mein Vorschlag zu einer Abgrenzung:

(a) Elite erscheint als der weiteste Begriff, da er auch wirtschaftliche, kulturelle und Medieneliten umfassen kann. Die Spezifikation »politische Elite« ist andererseits enger als der Begriff der politischen Klasse. Zu dieser gehören alle Politiker, soweit sie *an der Privilegienstruktur teilhaben*, selbst wenn sie in der Entscheidungshierarchie der Elite keine große Bedeutung erlangen. Zur politischen Elite werden vielfach auch die Akteure gerechnet, die Einfluß auf politische Entscheidungen nehmen, die Verwaltungselite, die Wirtschaftseliten und die Führungsgruppen wichtiger Interessengruppen. Selten hingegen wird unterstellt, daß auch die Medien direkten Einfluß auf Schlüsselentscheidungen im System haben. Die Medieneliten sind gelegentlich zur politischen Klasse gezählt worden. Die Kontakte werden hier auch zunehmend enger. Aber in wichtigen Merkmalen – Einkommen, Arbeitsweise und Organisationshintergrund – gehören die Medieneliten kaum zur politischen Klasse (vgl. Kap. 11, 3., b). Die Wirtschaftseliten und Interessengruppeneliten sind von den sozialen Bedingungen her noch weniger Teil der politischen Klasse als die Medieneliten. Auf die Einkommen der politischen Klasse und die Restriktionen ihres Handelns blicken sie eher mit mitleidiger Verachtung.

Politische Eliten sind auf Handeln und bindende Entscheidungen ausgerichtet – gegen Widerstände aus Wirtschaft und Gesellschaft. Die politische Elite muß sich zur Erhaltung der eigenen Steuerungsfähigkeit der Kooperation mit den Eliten anderer Sektoren bedienen, in denen Politik ein Problem »regeln« will. Die politische Klasse kooperiert zur Durchsetzung ihrer eigenen Autonomie kaum mit anderen Sektoren. Sie kann für den Ausbau ihrer Privilegien allenfalls die Duldung ihrer Wähler und anderer mächtiger Interessengruppen erlangen, schwerlich aber deren Kooperation. Daher sind Tendenzen einer Verselbständigung der politischen Klasse für sie selbst gefährlich. Kommt es zum Skandal, steht die politische Klasse ohne Bundesgenossen am Pranger. Medieneliten und Interessengruppensprecher distanzieren sich lautstark von den Maßnahmen der politischen Klasse. Allenfalls die

Wirtschaftseliten zeigen sich wegen der Geringfügigkeit der Summen, um die es bei diesen Privilegien geht, »desinteressiert«.

Die politische Elite versucht, zugunsten Dritter zu handeln. Ihr Interesse ist ein *Steuerungsinteresse*. Die politische Klasse hingegen ist *selbstreferentiell* in des Wortes wörtlichster Bedeutung angelegt. Sie ist innerhalb der politischen Führungskräfte gleichsam eine *Interessengruppe für sich selbst*. Die politische Klasse kämpft um eine gewisse Autonomie von ihren Wählern. Durch *Responsivität* versucht sie jedoch zu kompensieren, was an Abgehobenheit der politischen Klasse den Unwillen der Bürger erregen könnte. Die politische Klasse gewinnt diese Autonomie einerseits durch periphere Eingriffe zu ihrer Existenzsicherung (Diätengesetze, Verhaltensmaßregeln, Parteifinanzierung), andererseits durch den Ausbau der eigenen Machtposition in anderen Bereichen der Gesellschaft, vor allem in der Verwaltung, den öffentlich-rechtlichen Medien und in der öffentlichen Wirtschaft. Die politische Klasse ist mit dem Steuerungsinteresse der politischen Elite durch *Personalunion* vielfach verbunden. Aber diese kann für Entscheidungen, welche die eigene privilegierte Position betreffen, nicht die Wähler mobilisieren, wie das die politische Klasse bei anstehenden wichtigen Entscheidungen gelegentlich versucht. Soweit die politische Klasse ihre eigene Privilegierung zu weit treibt, kann das – wenn auch in der Regel nur vorübergehend – Rückwirkungen auf die Handlungsfähigkeit der politischen Elite haben.

(b) Die politische Klasse *umfaßt auch Hinterbänkler*, die an politischen Entscheidungen nur peripher beteiligt sind, wohl aber teilhaben an den Privilegien. In der politischen Elite spielen die Hinterbänkler keine Rolle, da diese stark hierarchisiert ist.

Ein Paradoxon tut sich auf. Die Hinterbänkler, die in der politischen Elite eine Nebenrolle spielen, sind in der politischen Klasse nicht selten treibende Kraft bei der Erweiterung von Privilegien und Einkommensquellen. Einem agilen Minister wie Norbert Blüm kann man die saloppe Behauptung vor der Presse, er würde es »auch für weniger machen«, eher abnehmen als einem Hinterbänkler. Die politische Elite im engeren Sinne ist vielfach eher durch Machtinteressen als durch Einkommensinteressen motiviert, ihren 16-Stundentag klaglos zu absolvieren.

Die politische Klasse zeigt ebenfalls Hierarchisierungstendenzen, da Fraktionsführungspersonal höhere Einkommen und Privilegien zustehen. Aber im ganzen sind der Hierarchisierung Grenzen gesetzt. Die *classe dirigente* ist Teil der *classe politica* – der Umkehrschluß hingegen ist nicht möglich. Die politische Elite im engeren Sinn wird in den Netzwerkanalysen mit einem inneren Zirkel identifiziert oder als Machtzentrum im System angesprochen. Wo dieses Machtzentrum zu suchen ist, darüber gibt es freilich selbst bei gutinformierten Politikern keine Einigkeit. Befragungen ergaben, daß 39% der Politiker die Regierung, 39% das Parlament, 21% die Fraktionsführungen, 20% den Bundeskanzler, 17% die Ministerialbürokratie und 16% die Verbände als Machtzentrum ansahen (Herzog 1975: 212). 15% der Politiker waren schon damals auf dem Stand der Forschung und bezweifelten, daß es überhaupt ein solches Zentrum der Macht gebe.

Die Erforschung der politischen Elite ist darauf angewiesen, ein solches Machtzentrum zu suchen. In der politischen Klasse als Begriff ist ein solches *Entscheidungszentrum nicht angelegt.* Es reicht vielmehr der Nachweis von Kooperationsformen und Vernetzungen, die quer durch die Parteien hindurch ein gleichsinniges Interesse der Politiker als »Klasse« demonstrieren. Diese Gleichsinnigkeit ist nicht die Frucht bewußter sozialer Rekrutierungspolitik – wie bei der Nomenklaturaklasse im realen Sozialismus – und wird in Deutschland nicht durch eine einheitliche Sozialisation in Elitenschulen begünstigt – im Gegensatz zu Frankreich und Großbritannien. Sie wird vor allem durch gemeinsame Interessen der Parteieliten erzeugt. Das *Konzept des Parteienstaates* ist für die politische Klasse wesentlich zentraler als für die politische Elite.

(c) Die strukturellen Komponenten, welche im Bereich des Selbsterhaltungsinteresses (Quadrant II) der politischen Klasse und der politischen Elite gemeinsam sind, stärken die *Kohäsion der Führungsgruppe*, ohne gesteuert zu sein. Die Wandlungen der sozialen Zusammensetzung, Rekrutierung und Sozialisation sind weitgehend Produkte ungesteuerter sozialer Entwicklungen. Die Parteien versuchen durch Quoten, durch Rekrutierungsplanung oder Demokratisierungsschübe, diesen Wandel zum Vorteil der politischen Arena zu beeinflussen – in der Regel mit geringem Erfolg. Selbst bescheidene Erfolge können irrelevant sein, wenn die Wähler zunehmend keine präzisen Anforderungen an die repräsentativen Qualitäten ihrer Elite mehr stellen (vgl. Kap. III, 1.). Erfolge der politischen Elite, die sich im Wohlergehen der Nichteliten niederschlagen, werden jedenfalls ungleich höher honoriert als

Erfolge in der Steigerung der sozialen Repräsentativität der politischen Klasse.

Die sozialen Angleichungstendenzen haben größere Folgen für die Kohäsion der politischen Klasse als für die der politischen Elite. Für die steuerungsorientierte politische Elite sind soziale Herkunft und Karriere allenfalls im Anfangsstadium relevant. Bei politischen Konflikten, die bei jedem Steuerungsversuch des inneren Zirkels der Elite unvermeidlich sind, tröstet die soziale Gemeinsamkeit nicht über die Divergenzen der Anschauung hinweg. Soziale Gemeinsamkeiten können die Divergenzen hier weniger überbrücken als im Fall der politischen Klasse.

Die politische Klasse schließt die Oppositionsparteien mit ein, soweit sie nicht »eine andere Republik« wollen. Gemeinsame Interessen der Parteiorganisationen lösen sich weitgehend von den Konflikten zwischen Regierung und Opposition. Die gemeinsame Klammer der politischen Klasse ist der *Parteienstaat*. Die Klammer, welche die politische Elite zusammenhält, ist *das parlamentarische System*. Das parlamentarische System und seine Bräuche und Verhaltensweisen stärken freilich auch den Zusammenhalt der politischen Klasse. Es gibt eine gemeinsame Ethik der »right honorables« im Umgang miteinander. Der parlamentarische Aspekt der Integration einer politischen Klasse soll hier vor allem durch die Analyse der Wirkungen eines kooperativen Parlamentarismus und der Mitregierung der Opposition berücksichtigt werden (Kap. IV, 4.).

(d) Es wäre reizvoll, die *Handlungsebene* der Untersuchung mit der Frage »Was *tut* die politische Klasse?« zu identifizieren und die *Systemebene* mit der Frage »Was *ist* die politische Klasse?« Aber die Grenzen sind nicht so klar gezogen. Die Ähnlichkeit im Einkommen z. B. (Kap. III, 3.) entwickelt sich einerseits aus sozialstrukturellen Angleichungen der Führung. Moscas politische Klasse bezog noch weitgehend Einkommen aus Vermögen und aus beruflicher Tätigkeit. Die moderne politische Klasse in einer nivellierten Mittelstandsgesellschaft kennt dies nur noch in Ausnahmen. Die Bismarck, die Waldburg-Zeil und die wenigen Industriellen, wie Philipp Rosenthal, die Politik im Bundestag für eine Weile zu ihrem Hobby gemacht hatten, waren sozial atypisch und rangierten in der Hierarchie der politischen Elite nicht sehr hoch. Andererseits verstärkt die politische Klasse die Angleichungen im Selbstlauf durch bewußte Einkommenspolitik und durch Ausbau ihrer Privilegien. Handlungs- und Systemaspekt müssen also in den einzelnen Unterkapiteln häufig als komplementär gesehen werden.

(2) Auf der Suche nach dem, was die herrschende Klasse ist, waren die Klassiker einst wenig präzise. Historische Illustrationen relativierten bei Mosca jeden Definitionsversuch. Moderne *sozialwissenschaftliche Methoden* zwingen zu einer präziseren Erfassung dessen, was mit dem Terminus politische Klasse gemeint ist. Mehrere Ansätze konkurrieren in der Elitenforschung und zeigen starke Verbindungen zu gewissen Theorieansätzen:

(a) Die *Untersuchung des Parteienstaats* ist bisher kaum ein Aspekt der Elitenforschung gewesen. Sie war allenfalls ein Teilbereich der Karriereforschung und kann von den anderen nicht methodisch abgegrenzt werden, weil sie nicht auf der gleichen Ebene liegt: Parteienstaatanalysen können *institutionell* oder behavioralistisch angegangen werden. Aber es überwiegt ein institutioneller Ansatz (Quadrant I; vgl. auch Kap. II).

(b) Die *positionelle Methode* (Quadrant II) ist die kostengünstigste Form der Elitenforschung. Sie identifiziert die Eliten meist mit den offiziellen Positionen und bedarf daher der Korrektur, sobald es um eine Analyse wichtiger Entscheidungen geht, denn dann zeigt sich häufig, daß Akteure aufgetreten sind, die gar keine positionelle Berechtigung für ihren Einfluß vorweisen konnten. Für die Abgrenzung der politischen Klasse ist die Positionsmethode noch immer brauchbar. Zur politischen Klasse gehört, wer an den Privilegien von Regierung, Parlament und einer politisch orientierten Spitzenverwaltung teilhat.

(c) Die *reputationelle Methode* (Quadrant II) verläßt sich nicht auf den Augenschein von Positionen. Sie dient der Befragung von Positionsinhabern, um unter Informierten die einflußreichsten Akteure zu ermitteln. Trotz des Einblicks der Befragten kommt es dabei vielfach zu einer starken Simplifizierung der Machtszene. So wurde in einer Untersuchung von 1981 Lambsdorff vor Kanzler Schmidt und Oppositionsführer Kohl an erster Stelle genannt (Hoffmann-Lange 1990: 57). Dies reflektierte die Vetoposition des kleineren Koalitionspartners, der sich umzuorientieren begann. Andererseits war diese Perzeption der Machtverhältnisse in Deutschland eine Momentaufnahme, die rasch an sozialer Realität verlor. Zehn Jahre später versuchte Lambsdorff seine Vetomacht erneut gegen den größeren Regierungspartner auszuspielen – mit geringem Erfolg. Nach einigen fehlgeschlagenen Alleingängen tauchten in der Presse herablassende Äußerungen wie »Gummilöwe« auf, die diese Position wieder zu unterminieren drohten.

Jede Methode der Ermittlung einer politischen Klasse bedient sich der Vereinfachung. Die Akteure selbst müssen mit Vereinfachungen arbeiten. Keine Interessengruppe könnte alle beeinflussen oder gar bestechen. Vereinfachte Wahrnehmungen von wichtigen Akteuren gefährden den Erfolg von Beinflussungsversuchen häufig nicht. Schiefe Wahrnehmungen sind bei den modernen Reputationsmethoden jedenfalls geringer als bei den Daumenregeln der älteren Theoretiker. Diese konnten in der Regel den Umfang der politischen Klasse nicht angeben. Bei Mosca (1953 II: 111, 108) waren die Zahlenangaben vage und reichten von »einigen Dutzend« bis zur Zahl »Hundert«. Reputationsmethoden können das präziser eingrenzen. Sie wirken gelegentlich geradezu »pseudo-exakt«, wenn sie ermitteln, daß in Amerika 876, in Australien 746 und in Deutschland 799 Personen ausgemacht werden können, die im weiteren Zirkel relevant sind (Highley u. a. 1991: 41). Für die Ermittlung der Dichte von Netzwerken allerdings sind solche Festlegungen nötig und wenig schädlich.

(d) Der Vorwurf eines theoriefernen Behavioralismus, der Meinungen für Realität nimmt, wurde gerade auch gegen den Reputationsansatz erhoben. Die *Netzwerkanalyse*, die sich mit ihm verband, konnte diesen Vorwurf entkräften. Die Netzwerkanalyse ist mit unterschiedlichen Ansätzen kombinierbar. Sie korrigiert die Einseitigkeiten von Positions-, Reputations- oder Entscheidungsanalysen, macht diese aber nicht überflüssig. Die in empirischen Studien ermittelten Interaktionsmuster ließen innerhalb der weiteren Zirkel Gruppen von inneren Zirkeln oder Cliquen erkennen, deren Zahl von 11 (Australien) bis 32 (USA) reichte. Dem inneren Zirkel, dessen Zusammensetzung anhand solcher Interaktionsverdichtungen erkennbar war, gehörten zwischen 227 (USA) und 418 Personen (Australien) an. Deutschland lag mit 340 in der Mitte. Die Dichte der Interaktion verdreifachte sich im Vergleich zur übrigen Elite. Business- und Medieneliten waren in allen drei zentralen Feldern unterrepräsentiert. Gewerkschaftseliten waren nur im deutschen Modell überrepräsentiert, aber dies dürfte ein Produkt der Ära Schmidt gewesen sein, das nicht für alle Phasen typisch ist. Die Resultate solcher Studien bewegen sich zwischen der Mystifikation einer Machtelite und dem beschönigenden Bild eines völligen Pluralismus unabhängiger Eliten.

Netzwerke sind Verflechtungen sozialer Akteure. Gruppen und Personen bilden die Knoten. An den Berührungspunkten stellen sich die Verhältnisse der Akteure zueinander dar (Clausen 1978: 530). Da die Netzwerke in der Regel durch Befragung ermittelt werden, kommt es zu Schneeball-Samples. Wird in politikfeldorientierten Studien auch der Entscheidungsinhalt berücksichtigt, bilden sich zentrale Zirkel in verschiedenen Aktionsfeldern ab. Dieser Weg zur Ermittlung des integrativen Kerns eines Elitensystems erweist sich nicht als über jeden methodischen Zweifel erhaben (Pappi 1984: 85). Die Netzwerkanalytiker verkennen nicht die Gefahr, daß der innere Kern ein *methodisches Artefakt* der angewandten Methode sein könnte. Es ist möglich, das Dilemma durch die Kombination mit dem Entscheidungsansatz zu vermeiden. Aber neue Probleme tauchen auf:

– Je stärker entscheidungsbezogen die Analyse ist, desto stärker werden die Interessengruppen und ihre Führung als Teil der politischen Elite wahrgenommen. Je mehr die Eliten von Interessenverbänden zu dominieren scheinen, desto weniger ist ein Entscheidungszentrum im System auszumachen. Die These vom »hohlen Zentrum« (Heinz u. a. 1990: 389) ist eine Folge dieses Befundes; sie droht die Realität zu verzerren. Institutionelle Analysen können solche Einseitigkeiten korrigieren helfen. Nur eine Vielzahl von Entscheidungsanalysen, welche die bei allen Schlüsselentscheidungen beteiligten Politiker sichtbar werden läßt, könnte das Vorurteil zugunsten der Interessengruppen vermutlich abbauen.

– Die *Zentralität von Entscheidungsträgern* in einem Netzwerk wies in empirischen Studien nur eine schwache Korrelation zu den Nennungen auf, die durch den Reputationsansatz ermittelt wurden (Pappi 1984: 91 ff.). Selbst gutinformierte Mitspieler in der politischen Arena kamen vielfach zu Fehleinschätzungen in Bereichen, die dem eigenen Interessenbereich fernstanden. Ohne Entscheidungsanalyse bleibt der Netzwerkansatz, der sich allein auf reputationelle Methoden verläßt, in Gefahr, nur »algebraisches Kurvenanpassen« zu bewirken (Pappi 1987: 99 f., 160 f.).

– Je stärker die Netzwerkanalyse entscheidungsbezogen arbeitet, desto *weniger statisch* ist das Bild der Elite, das sie ermittelt.

Politikprobleme sind keine Fixsterne am Himmel. Die Kommunikationsgesellschaft akzeleriert den Themenverschleiß. Schon Tucholsky wußte: »Die Probleme werden von der Menschheit nicht gelöst, sondern liegengelassen.« Mit den Themenzyklen kommen und vergehen die Entscheidungsträger. Sozialer Wandel schlägt sich auch auf der Elitenebene nieder, selbst wenn die Personen noch die gleichen geblieben sind.

(e) Der *Entscheidungsansatz* (Quadrant IV) wird in einer steuerungsorientierten Elitenforschung wichtiger bleiben als bei der Erforschung der politischen Klasse. Er verbindet sich zunehmend mit der Netzwerkanalyse. Die Wünschbarkeit dieses Ansatzes ist umgekehrt proportional zum faktischen Einsatz. Die entscheidende Rolle von institutionellen Systemmerkmalen erschwert zudem die Vergleichbarkeit der Ergebnisse (vgl. Kap. IV, 4.).

(f) Die Restriktionen im sozialen System, die jedem Steuerungsversuch der politischen Elite entgegenstehen, zwangen zur Entwicklung eines *Nichtentscheidungsansatzes* (Quadrant III). Vor allem linke Analytiker waren nie nur daran interessiert, was die politische Elite tut, sondern auch daran, was sie nicht tut (Bachrach/Baratz 1970: 44). Die Linke hatte dem simplen Agentenansatz einiger Marxisten abgeschworen. Aber auf die Frage: »Was tut die herrschende Klasse, wenn sie herrscht?« (Therborn 1980: 161), drohte die Antwort in eine Binsenweisheit einzumünden: »Sie reproduziert im wesentlichen die wirtschaftlichen, politischen und ideologischen Bedingungen ihrer Herrschaft.« Dies war ein Befund nur, wenn unterschwellig ein teleologisches Weltbild erhalten blieb: die Geschichte drängte zum Sozialismus, aber die politische Klasse hielt diesen Prozeß trickreich auf. Der Nichtentscheidungsansatz verkam in den Augen aller Empiriker, die nicht an das Telos »Sozialismus« glauben konnten, zu der Tautologie, daß Kapitalisten keinen Sozialismus zulassen. Daß politische Klassen für ihren Staat ein »entfremdetes Interesse an sich selbst« (Offe) entwickeln, hat man nach der autopoietischen Wende der Systemtheorie weniger verwunderlich gefunden. Die Systemerhaltungsinteressen wurden nicht mehr als »entfremdet«, sondern als ganz unvermeidlich gewürdigt (vgl. v. Beyme 1992: 201 ff.).

In bezug auf den Nichtentscheidungsansatz muß unterstrichen werden, daß er sich nicht auf wenige große kontroverse Entscheidungen beschränken darf (Sartori 1987: 146). Er macht es sich sonst zu leicht, das selbstproduzierte Aha-Erlebnis einer Non-Decision zu genießen. Auf der anderen Seite muß sich dieser Ansatz über deskriptive Einzelfallanalysen hinaus erheben. Wo die Analyse auf ein paar Routineentscheidungen beschränkt wurde, hat sich gar kein einheitliches Klasseninteresse der beteiligten Akteure nachweisen lassen (Laumann/Knoke 1987: 383). Kurzsichtige Strategien der Beteiligten und »unheilige Koalitionen«, die gegen das »wohlverstandene Interesse« der Erhaltung des Status quo stehen, lassen das einheitliche Klasseninteresse im Einzelfall ungewiß werden. Wo Teile einer herrschenden Klasse Einzelziele nicht zugunsten der Systemerhaltung zurückstellten, sondern nach der Devise handeln, daß »gut für Amerika ist, was gut für General Motors ist«, kann das übergeordnete Bestandserhaltungsinteresse gelegentlich empfindlich geschädigt werden. Nur der Vergleich einer hinreichend großen Anzahl von Routine- und Innovationsentscheidungen kann daher den Nichtentscheidungsansatz vor zu weitreichenden Schlüssen bewahren.

Die weitere Analyse wird sich an den beiden Fragen orientieren, was die politische Klasse *ist* (systemstrukturelle Aspekte) und was die politische Klasse *tut* (handlungstheoretische Aspekte). Folgende Punkte scheinen relevant:

– Was ist die politische Klasse?
   1.) Der Prozeß der Entideologisierung
   2.) Die Angleichung des sozialen Hintergrunds, des Bildungsstandes und der Lebensstile der politischen Eliten
   3.) Die Professionalisierung der Politiker
   4.) Einkommensangleichungen
– Was tut die politische Klasse?
   1.) Die politischen Unternehmer und die Beschleunigung der Integration von Gegeneliten im System
   2.) Die Kommerzialisierung des politischen Lebens
   3.) Die Etatisierung des politischen Lebens durch die Ausweitung der staatlichen Subventionierung der Parteien
   4.) Netzwerke der politischen Entscheidung, kooperativer Parlamentarismus im Parteienstaat

Nach dem Versuch, die Untersuchungsfelder einer Erforschung der politischen Eliten und der politischen Klasse abzugrenzen, muß die Klammer untersucht werden, welche die politische Klasse vor allem zusammenhält: der Parteienstaat.

II. Der neue Leviathan:
der Parteienstaat

1. Die ideologische Rechtfertigung
des Parteienstaats

Im ersten Kapitel wurde dargelegt, daß der Begriff der politischen Klasse anfangs kaum mit den Parteien in Zusammenhang gebracht wurde. Spätere Elitentheorien stellten diesen Zusammenhang in Bürokratisierungstheorien der Parteien her. Sie benutzten dabei jedoch allenfalls den Terminus Elite. Max Weber kam sogar ohne den Elitenbegriff aus.

In der entwickelten Demokratie muß eine Analyse der politischen Klasse die Parteien ins Zentrum der Betrachtung rücken. Ein großer Teil der Prozesse, die eine abgehobene politische Klasse erkennbar werden lassen, spielen sich im Bereich des Parteienstaats ab. Frühe Elitentheorien untersuchten Parteien meist von der inneren Organisation her, um den alles durchdringenden Bürokratisierungsprozeß in der Gesellschaft zu belegen. Eine zeitgemäße Theorie der politischen Klasse muß sich vor allem mit der Außenwirkung der Parteienorganisation befassen. Ins Zentrum rückt die »Kolonialisierung« von Staat und Gesellschaft durch die Parteien.

Auch in früheren Elitentheorien konnte die Außenwirkung der Parteien nicht ganz übersehen werden. Aber die Partei spielte dabei eine blasse Rolle. Es ging vornehmlich um das Verhältnis der politischen Elite zu ihren Wählern. Erst mit der Parteienstaatstheorie bei Gerhard Leibholz wurde dem Wandel der Repräsentationsverhältnisse Rechnung getragen. Die alte Abgeordneten-Wähler-Beziehung wurde durch das Dazwischentreten der Parteien in ein Dreiecksverhältnis umgewandelt.

Das klassische Problem der Repräsentation des Volkes durch die politische Elite war – wie in Kleingruppen – ein ausgewogenes Verhältnis von Nähe und Distanz. Die Mandatstheorie, welche ständige Nähe des Abgeordneten zu seiner Basis verlangt, förderte ein distanzloses Verhältnis. Beugte sich der Politiker diesem Druck, so wurde er zum »Wahlkreiskönig«, der ängstlich nach den Wünschen seines Wahlkreises Ausschau hielt und seinen

Wählern nach dem Munde redete. In der Hierarchie der politischen Klasse war eine solche Einstellung für die politische Karriere eher hinderlich. Der Wahlkreiskönig endete nicht selten als Hinterbänkler.

Beugte sich der Abgeordnete dem Druck nicht, so drohte ihm das Schicksal von Edmund Burke und seiner Theorie des freien Mandats. Als dieser seine Wähler in Bristol belehrte, daß der Abgeordnete in erster Linie seinem Gewissen folge, wurde er nicht gewählt.

In Deutschland ist das freie Mandat heute kaum gefährdet. Einmal ist es im Grundgesetz abgesichert. Die Gewissensformel findet sich in dieser Zuspitzung nur in Ländern lutherischer Konfession (z. B. Dänemark, Art. 56). Der calvinistische Protestantismus hatte ein entspannteres Verhältnis zu den *Interessen*. Die angelsächsische Tradition hat seit Bentham, Madison und Mill mehr Einsicht dafür entwickelt, daß das von Interessen völlig gereinigte *Gewissen* eine Fiktion ist. Der lutherische Kampf um das Gewissen in seinem realitätsfremden Idealismus war der angelsächsischen Repräsentationstheorie fremd.

Das freie Mandat ist in Deutschland – neben Ideologie und Verfassung – auch vom Wahlsystem geschützt. Die Angehörigen der politischen Klasse im engeren Sinne pflegen als Listenabgeordnete abgesichert zu sein und müssen nicht allein auf die Direktwahl vertrauen. Sie können sich daher ein beträchtliches Maß an Unabhängigkeit gegenüber ihren Wählern leisten.

Die klassische Trennung von Staat und Gesellschaft, die die politische Theorie des 19. Jahrhunderts in Deutschland vielfach zum Dogma erhoben hat, war mit der Parlamentarisierung und Demokratisierung des Systems überholt. Gerhard Leibholz (1967: 76) empfahl, mit dieser veralteten Klassifikation auch die Unterscheidung von Volk und Partei aufzugeben. Der Parteienstaat war für ihn die »rationalisierte Erscheinungsform der direkten Demokratie im modernen Flächenstaat«. In ihm wurde das Parlament zu der Stätte, »an der sich gebundene Parteibeauftragte treffen, um anderweitig (in Ausschüssen und Parteikonferenzen) bereits getroffene Entscheidungen registrieren zu lassen«.

Die Lehre, welche den Parteienstaat radikal vom repräsentativen Parlamentarismus abgrenzte, war überspitzt und einseitig. Sie erlangte aber politische Wirksamkeit durch eine doppelte Ausdeutungsvariante:

– Durch die *konservative* Indienstnahme der Parteien von seiten des Staates. Die »formierte Gesellschaft« schien im Parteienbereich ideologisch mit der Parteienstaatsthese abgestützt zu werden, und die Entgesellschaftlichung der Parteien wurde mit ihr gerechtfertigt. Die Gegenkritik beklagte die »Etatisierung der Parteien«, die sie »auf Gedeih und Verderb an den Staatsapparat« schweißte (Narr 1977: 12).

– Aber auch die *radikal-demokratische* Ausdeutung konnte an die These vom Parteienstaat anknüpfen. Die Mandats- und Abberufungsdiskussion vermochte die Bresche zu erweitern, welche diese These geschlagen hatte. Eine weitere Aushöhlung der Idee des freien Mandats und der Unabhängigkeit des Abgeordneten von der Basisorganisation wurde möglich. Die radikal-demokratische Kritik am freien Mandat hatte das Verdienst, die Gewissensklausel des Artikels 38 GG in Frage zu stellen und ihres staatsmetaphysischen Inhalts zu entkleiden, indem die starke Interessengebundenheit derer, die sich gern auf ihr Gewissen beriefen, herausgestellt wurde.

– Die radikal-demokratische Kritik war jedoch vielfach bereit, den Teufel mit Beelzebub auszutreiben. Das *imperative Mandat* sollte der Demokratisierung dienen. Es konnte jedoch angesichts mangelnder Durchdemokratisierung der Parteien gerade die Parteioligarchien stärken und den Konformismus der Meinungen forcieren. Den Grünen ist gegen ihre guten demokratischen Absichten genau dieses widerfahren: Die Abgeordneten wurden durch Rotation ständig verunsichert. Die Parteiorganisatoren im Fraktionsmanagement hingegen konnten ihre Position ausbauen. Die Idee der direkten Demokratie, die solchen Parteikonzeptionen zugrundeliegt, schützt erfahrungsgemäß nicht vor undemokratischen Praktiken. Auch die Gefahr, daß rein negativ operierende, gutorganisierte Vetogruppen die innerparteiliche Entscheidung beherrschen, ist beim imperativen Mandat ständig gegeben. Das hat sich angesichts der Polarisierung zwischen Marxisten und Nichtmarxisten auf lokaler Ebene vor allem in der SPD häufig gezeigt. Eine weniger weitgehende Variante der radikal-demokratischen Mandatskonzeption, die gegen die Sanktion der Abberufung von Abgeordneten einige Vorbehalte hatte, wie sie Bermbach (in Guggenberger u. a. 1976: 47 ff.) vertrat, erwog gleichwohl Instruktionen, die von den zuständigen Führungsgremien jeweils optimal realisiert werden müßten. Auch abgestufte Sanktionen gegenüber Mandatsträgern – Mißbilligung, finanzielle Auflagen, zeitweiliges Untersagen der Wahrnehmung von Parteiämtern und nur als *ultima ratio* die Abberufung aus dem Amt – wurden vorgeschlagen. Mit guten Gründen hat die Enquetekommission (Beratungen 1976: 79) solchen Versuchungen, Artikel 38 zu ändern, widerstanden.

In normalen Zeiten gewinnt der Abgeordnete Spielraum für nicht auftragsgebundenes Handeln durch die Apathie und Unstrukturiertheit seiner Wählerschaft. Im Routinefall herrscht ein Verhältnis wohlwollender Distanz zwischen Abgeordneten und Wählern. Das Fehlen eines Mandats bedeutet aber nicht völlige Abgehobenheit der politischen Klasse. Je erfolgreicher sie sich gegen direkte Aufträge wehrt, desto eifriger entwickelt sie eine gewisse Responsivität – es gibt im Deutschen noch keinen adäquaten Ausdruck für das englische »responsiveness«; gemeint ist die Fähigkeit der Reaktion auf Wählerwünsche. Wachsende Zahlen von Umfragen, Eingaben und Verfassungsklagen sind Indikatoren für Wünsche im Volk. Diese Responsivität ist aber weitgehend von den Parteien mediatisiert. Der einzelne Abgeordnete wird auf die Erforschung der Stimmung in seinem Wahlkreis verwiesen. Der Parteienstaat gibt ihm wenig Möglichkeiten – im Gegensatz zu Amerika –, mit einzelnen Eigeninitiativen zugunsten seines Wahlkreises hervorzutreten. Die Sichtbarkeit in seinem Wahlkreis schafft er in der Regel durch Benutzung der Kontrollmittel des Parlaments. Ein Teil der von kleinen Gruppen von Abgeordneten benutzten Kontrollmittel dient kaum der Durchsetzung dieser Interessen. Diese ist allenfalls möglich, wenn der Abgeordnete als stiller Lobbyist in der Hauptstadt tätig wird. Sie dient vor allem dem Nachweis von Aktivität zugunsten des Wahlkreises. Die Antwort, die der Abgeordnete vom zuständigen Ministerium nach Wochen meist schriftlich erhält, ist selten befriedigend. Aber sie ist eine Pressenotiz in den lokalen Medien wert und dokumentiert »responsiveness«.

Die Parteien haben nach Jahrhunderten der Verfemung (v. Beyme 1978) seit dem Ende des Ersten Weltkrieges eine erstaunlich erfolgreiche Karriere gemacht. Zwischen den Weltkriegen festigte sich ihr Einfluß als Bindeglied der politischen Klasse, nach dem Zweiten Weltkrieg wurden sie sogar in die Verfassungen aufgenommen. Die Weimarer Verfassung hatte die Parteien noch an ganz untergeordneter Stelle genannt; erst das Grundgesetz gewährte ihnen die Mitwirkung an der politischen Willensbildung des Volkes.

In Italien hat sich der Parteienstaat nicht weniger stark durchgesetzt als in Deutschland. Der Parteienstaat ist kein »deutsches« Problem, wie man gelegentlich in der Literatur vermutet hat. »Deutsch« ist nur der Aufwand, den man für die ideologische Rechtfertigung faktischer Entwicklungen einsetzte. Die Leibholzsche Parteienstaatslehre war nicht ohne Einfluß auf die Rechtsprechung des Bundesverfassungsgerichts geblieben. Leibholz hatte als Verfassungsrichter einiges dazu getan, seine Anschauungen zu verbreiten.

Seither lavierte das Gericht in Kompromissen zwischen »Staatsnähe« und »Staatsferne« der Parteien hin und her. Die Beschwörungsformel »Staatsfreiheit der Parteien«, die eine Teilfinanzierung der Tätigkeit der politischen Parteien erlaubte (EuGRZ 1992: 159), konnte nicht verhindern, daß die Waage sich zunehmend der »Staatsnähe« zuneigte. Bei der Berechnung der Staatssubventionen an die Parteien ließ sich die magische Fünfzigprozentgrenze vielleicht eine Weile verteidigen. Im System der faktischen Einflußbeziehungen zwischen Parteien und anderen gesellschaftlichen Subsystemen hatten die Parteien in aller Stille die Grenzen längst überschritten (vgl. Kap. IV, 3.).

Nicht nur eine Verfassungsideologie wurde in Deutschland entwickelt. Die Grenzverschiebungen wurden auch ordnungsgemäß in Gesetzesform gegossen. Über Artikel 21 GG hinaus, der den Parteien die »Mitwirkung bei der politischen Willensbildung des Volkes« zubilligte, wurde im Parteiengesetz schon von der »Bildung des politischen Willens auf allen Gebieten des öffentlichen Lebens« gesprochen (§ 1.2). Ein Gesetz, das unter anderem den Anlaß gehabt hatte, die Begehrlichkeit der Parteien in die Schranken zu weisen, hat den Bock zum Gärtner gemacht und die Gebiete des »öffentlichen Lebens« sogar spezifiziert:

– Auf die Gestaltung der öffentlichen Meinung Einfluß zu nehmen,
– die politische Bildung zu vertiefen,
– zur Übernahme öffentlicher Verantwortung befähigte Bürger heranzubilden,
– die von ihnen erarbeiteten Ziele in den Prozeß der staatlichen Willensbildung einführen,

um nur einige Einfallstore parteienstaatlicher Penetration der

Gesellschaft aus dem Gesetz zu zitieren. In die Willensbildung »einzuführen« – das war eine Einladung zu einer umfassenden Kolonialisierung weiter gesellschaftlicher Bereiche. Bundespräsident von Weizsäcker (1992: 146 f.) hat diese Unterwanderungstendenz des Parteienstaates im Schatten eines Grundgesetzes, dessen Schöpfer diese Entwicklung weder für möglich hielten noch beabsichtigt haben konnten, ganz zu Recht gebrandmarkt.

2. Der Parteienstaat als Kompensation der politischen Klasse für die Lockerung des Verhältnisses zwischen Parteiführung und Wählerschaft

Ein Paradoxon der modernen Demokratie tat sich auf: Legitimitätstheorien von links und Unregierbarkeitstheoreme von rechts schilderten in krassen Farben den Niedergang der Parteien. Je schwächer die enge Bindung von Führern und Geführten, die im Zeitalter der großen Ideologien bestanden hatte, wurde, desto mehr baute die politische Klasse den Parteienstaat als Kompensation aus. Man muß nicht gleich ein »entfremdetes Interesse der Parteien an sich selbst« unterstellen. Niemand leugnete die Notwendigkeit der Parteien zur Bündelung der Meinungen in der Gesellschaft. Um diese sicherzustellen, mußte die politische Klasse jedoch die abnehmende Organisationsfähigkeit der Parteien kompensieren. Der Parteienstaat in diesem engeren Sinne umfaßte nicht mehr in erster Linie Aktivitäten zur Mobilisierung von Wählern, sondern hatte die Funktion der Elitenrekrutierung und der Transmission des Parteiwillens auf die öffentlichen Institutionen.

Den zahlreichen Krisenszenarios der Parteien soll kein weiteres hinzugefügt werden. Der Autor glaubt auch nicht an einen globalen Niedergang der Parteien, sondern nur an einen Funktionswandel. Selbst die Entstehung des Parteienstaates ist in diesem Zusammenhang funktional nicht nur negativ zu bewerten. Man müßte die Parteien wieder erfinden, wenn es sie nicht noch gäbe. Sie sind auch keineswegs so »ratlose Riesen«, wie einige Autoren suggerieren (Wildenmann 1989). Der Ausbau des Parteienstaates in diesem eingeengten Sinne war die Antwort der politischen Klasse auf den sozialen Wandel, die zeigte, daß man durchaus »Rat« wußte.

Aber auch eine differenziertere Betrachtung, die keiner globalen Depravationstheorie folgt, kann einige krisenhafte Wandlungen in den Parteien nicht leugnen:

(1) Der Prozeß der Entideologisierung trug zur *Erosion der Partei als Gemeinschaft verschworener Kämpfer* bei. Gemeinschaftserlebnisse konnten die bürokratischen Großorganisationen kaum noch vermitteln. Parteimitgliedschaft wurde funktionaler aufgefaßt. Das böse Wort von den »Omnibusparteien« kann auch positiv gedeutet werden. Die altmoderne Vorstellung »ein Leben, eine lebenslange Gesinnung, eine lebenslange Parteimitgliedschaft« wurde obsolet. Man stieg in eine Partei, wie in einen Omnibus ein, um eine Weile mitzufahren, wenn man die ideologischen Ziele teilte oder um die Patronagemacht der Parteien für die Verbesserung der individuellen Lebenschancen zu nutzen. Der Kampf der Radikalen gegen die gesichtslosen Allerweltsparteien ging von der Entlegitimierung der Parteien in den Augen der Mitglieder aus. Umfragen zeigten, daß dieses Bild eher dem enttäuschten Jungsozialisten entsprach, der mit Inbrust an der Unflexibilität seiner hundertjährigen »alten Tante SPD« litt, als dem Gefühl des Durchschnittsmitglieds der Parteien. Parteien konnten – wie auch der Staat als ganzes – Legitimität beschaffen. Legitimität ist in der postmodernen Gesellschaft kein magisch überhöhtes Gut, um das ein Nullsummenspiel zwischen Staat und Gesellschaft, zwischen Führung und Geführten ausbricht.

(2) Das subjektive Gefühl der *Identifikation der Wähler* mit ihren Parteien nahm ab, umfaßte aber bei den großen Parteien in Westdeutschland immer noch etwa zwei Drittel der Wähler. Stammwählerschaften verkleinerten sich. Partizipation war nicht mehr selbstverständlich. Schon lange gab es Schreckensrufe, daß die Nichtwähler die größte Partei darstellten. In den 90er Jahren scheinen sich diese Befürchtungen zu bestätigen. Häufig wird dabei auf Parteiverdrossenheit geschlossen. Daß Politik als »exzentrisches Handlungsfeld« immer weniger im Mittelpunkt auch der individuellen Lebensplanung steht, wird in manchen Krisenszenarios übersehen. Indifferenz ist ein häufigerer Grund des Nichtwählens als das Gefühl der Entfremdung.

Umfragen des Allensbacher Institutes sehen jedoch seit Ende der 70er Jahre eine fortschreitende Erosion des Vertrauens der Bürger.

Tabelle 1: Politisches Engagement bei Westdeutschen immer unbeliebter

Frage: »Gefällt es Ihnen, wenn ein Mann sich politisch betätigt, oder finden Sie das nicht so sympathisch?« (Alle Angaben in Prozent.)

	Westdeutschland						Ost
	1971	1975	1976	1979	1987	1992	1992
gefällt mir	66	70	75	64	50	36	38
nicht so sympathisch	13	8	7	8	10	19	15
unentschieden	21	22	18	28	40	45	47

Frage: »Gefällt es Ihnen, wenn eine Frau sich politisch betätigt, oder finden Sie das nicht so sympathisch?«

gefällt mir	62	63	65	63	63	45	36
nicht so sympathisch	23	19	15	15	14	23	28
unentschieden	15	18	20	22	23	32	36

Quelle: Allensbacher Archiv

Politisches Engagement wird marginaler. Politisches Engagement fanden 1971 noch 66% der Befragten sympathisch, 1992 nur noch 38% (Köcher 1992: 5).

(3) Die Parteien haben in den *neuen sozialen Bewegungen* eine starke *Konkurrenz* bekommen. Die beiden Aktionsformen schließen einander freilich nicht aus. Mittelfristig gesehen bündeln noch immer die Parteien die Anstöße, die von den Bewegungen kommen, und geben ihnen organisatorische Dauer. Neue Politik wird zunehmend auch wieder in alten Parteien gemacht (H. Schmitt).

(4) Die *Bevölkerung* ist sozial und räumlich immer *mobiler* geworden. Die Bindung an die Partei – die in der Frühzeit der Demokratie vor allem eine Bindung an den Ortsverein der Partei gewesen war – mußte sich zwangsläufig lockern. Viele Parteiabgänge sind weniger bewußt deklarierte Austritte als ein Einschlafen oder Nichterneuern der Mitgliedschaft nach einem Ortswechsel.

(5) Viele der alten kämpferischen Parteien hatten einen drastischen *Rückgang ihrer Mitgliederzahlen* zu beklagen. Andererseits

gab es auch den gegenläufigen Trend, daß die führende bürgerliche Partei der Mitte – vor allem die Christdemokraten in Italien und Deutschland – zur Massenpartei wurden.

Der Niedergang der Parteiidentifikation der Bürger ist in den 80er Jahren vielfach an dem Rückgang der Mitgliederzahlen der meisten Parteien festgemacht worden. Bei der SPD hatte der Prozeß des Mitgliederschwundes schon 1978 eingesetzt, als die Mitgliederzahl wieder unter die Millionengrenze sank. Bei den Unionsparteien hielt das Wachstum bis 1983 an. Nach der Wende sank auch die Zahl ihrer eingeschriebenen Mitglieder. Um 1987 war bei den vier etablierten Parteien wieder ein Aufschwung zu verzeichnen. Den Prozeß des Mitgliederschwundes hat man vor allem mit zwei Faktoren erklärt: Die Krise der Parteien hat zu *neuen Partizipationsformen* geführt. Lose Formen des institutionellen Engagements wurden von vielen Bürgern bevorzugt. Selbst die Grünen sind über 40 000 Mitglieder nicht hinausgekommen. Zum anderen wurde die Zunahme der öffentlichen Parteienfinanzierung dafür verantwortlich gemacht, daß die Parteien ein *abnehmendes Interesse an der Mobilisierung von Mitgliedern* entwickelten. Auch diese Erklärung eignet sich nicht zu einer pauschalen Verallgemeinerung. Die öffentliche Parteienfinanzierung hielt zur Ermittlung des Chancenausgleichs wenigstens ein taktisches Interesse an wachsenden Mitgliederzahlen in den Parteizentren wach. Die Genauigkeit der Berichterstattung ist in den 80er Jahren gewachsen. Nach § 23, Abs. 1 Parteiengesetz ist die Zahl der beitragspflichtigen Mitglieder zum Ende des Kalenderjahres zu verzeichnen. § 22a, Abs. 2 legt fest, daß der als Chancenausgleich an eine Partei zu zahlende Betrag sich ergibt aus der Differenz zwischen dem Ergebnis bei der letzten vor dem Stichtag liegenden Bundestagswahl für alle Parteien, die mindestens 5% der gültigen Zweitstimmen erreicht haben, und 40% des Gesamtbetrages, der einer Partei an Mitgliedsbeiträgen und Spenden zugeflossen ist. Damit blieb der Chancenausgleich an gewisse Erfolge der Mobilisierungsarbeit der Partei gebunden.

Ein säkularer Trend der Mitgliederentwicklung ist ebensooft behauptet wie später widerrufen worden. Bis 1979 ist bei den Mitgliederzahlen der Parteien insgesamt ein Zuwachs feststellbar. Um 1977 verlangsamte sich dieser Trend plötzlich. 1980 und 1983 kam es zu Sprüngen nach oben. Eine neue Partei, die Grünen, und Gewinne bei den Unionsparteien erklären die Pendelausschläge.

Bis Ende der 80er Jahre schienen wiederum die Szenarios Recht zu behalten, welche von einem säkularen Niedergang der Parteiorganisation sprachen. 1989 kam es zu einem leichten Aufwärtstrend. Seine Dauerhaftigkeit konnte infolge der Vereinigung Deutschlands im Jahre 1990 nicht überprüft werden. Die echten Gewinne lassen sich erst ermitteln, wenn die wirklich neuen Mitglieder im Osten nachweisbar werden. Die FDP hatte in Ostdeutschland Anfang der 90er Jahre einen überdurchschnittlich hohen Organisationsgrad. Bei der CDU ist der Anteil der Mitglieder im Verhältnis zu den Wählern in etwa »normal«, das Verhältnis der CDU-Mitglieder zur hohen Anzahl ihrer Wähler 1990 aber war noch eher unterdurchschnittlich. Bei der SPD liegt die bisherige Mobilisierung von 30 000 Mitgliedern in Ostdeutschland noch in jeder Hinsicht unter dem Durchschnitt. Die CDU hat mit dem Durchbruch zur Mitgliederpartei langfristig besser abgeschnitten als die klassische Mitgliederpartei SPD. Bei der FDP ist die Mitgliederbewegung schon immer stark abhängig gewesen von den Wendungen ihrer Koalitionspolitik und zeigt kaum langfristige Trends ihrer Stärke in der Wählerschaft an.

In der Partizipationsforschung wurde eingeräumt, daß die »Sättigungsgrenze« der Parteien nach den überdurchschnittlichen Mobilisierungserfolgen im Anschluß an die Studentenrevolte bis in die 70er Jahre erreicht worden sei. Aber eine tiefgreifende Unzufriedenheit, die sich in einer massenhaften Abkehr der Mitglieder von den Parteien niederschlug, ließ sich nicht erkennen (Niedermayer 1989: 11). Der Organisationsgrad der etablierten Parteien ist zwischen 1986 und 1987 unter die Vierprozentmarke gerutscht. Seit 1990 dürfte er durch die Vereinigung noch weiter gesunken sein. Er lag damit aber immer noch über dem Niveau der 60er Jahre. Erst 1974 hatte er die Vierprozentgrenze erreicht. *Politikmüdigkeit* wurde gelegentlich für den Mitgliederschwund verantwortlich gemacht. Alarmierend wirkte vor allem der »Organisationsverdruß« der jüngeren Generation. Die Schere zwischen dem Anteil der Jugendlichen in der Bevölkerung und dem Prozentsatz der Jugendlichen in den Parteien klaffte immer weiter auseinander.

Befragungen unter Jugendlichen, welche geeigneten Partizipationsformen nachspürten, haben von Mitte der 70er bis Mitte der 80er Jahre eindeutig eine abnehmende Bereitschaft zur Mitarbeit in den Parteien festgestellt. Sie sank von 22% auf 18%. Zugleich wuchs jedoch die Bereitschaft zu unkonventionelleren Partizipationsformen wie den Bürgerinitiativen (von 28% auf 32%) oder Demonstrationen (von 11% auf 19%) (Jaide/Veen 1989: 140). Solche Befunde ließen noch den Schluß zu, daß die politische Partizipationsbereitschaft sich nur verlagert habe. Es blieb die Hoffnung erhalten, daß die Summe der Partizipationsbereitschaft in etwa konstant sei und unkonventionelles und konventionelles Verhalten einander nicht ausschlössen.

Wo darüber hinaus nicht nur Meinungen, sondern Aktivierungspotentiale gesucht wurden, ergab sich, daß zwischen 1980 und 1985 die parteiorientierte Partizipation am stärksten abgenommen hat (von 40% auf 27%). Die Neigung zum zivilen Ungehorsam hingegen ist leicht angewachsen, auch bei denen, die bisher in diesem Bereich noch nicht aktiv gewesen waren (Uehlinger 1988: 145). Studien über das Aktivierungspotential müssen den Fall der Eskalation ins Auge fassen; er tritt ein, wenn die konventionellen Methoden der Durchsetzung eines Standpunktes ergebnislos bleiben. Es zeigte sich in den 80er Jahren im Hinblick auf den Eskalationsfall eher eine Abnahme der Bereitschaft, sich zu engagieren. Gesichert ist einstweilen nur die Einsicht der politischen Aktionsstudie von Barnes/Kaase (1979), daß die Bürger zunehmend mehrere Aktions- und Teilnahmeformen ins Auge fassen und daß *unkonventionelles Verhalten* zugleich die konventionelle Arbeit in den Parteien verstärkt. Offen mußte vorerst bleiben, ob konventionelles Engagement dem Engagement in Ad-hoc-Gruppen immer ähnlicher wird. Viele Partizipationsstudien zeigen, daß die problemspezifische Teilnahme im Zeitalter postmoderner Fragmentierung von Werten und Lebensstilen zugenommen hat.

Wo voreilig ein säkularer Trend unterstellt wurde, ließen sich konjunkturelle Pendelausschläge feststellen. Die kurz- und mittelfristigen Schwankungen der Bereitschaft der Bürger, sich in den Parteien zu engagieren, lassen sich nicht monokausal erklären, vor allem wenn man längere Zeiträume und Vergleiche der Entwicklung von Parteien in anderen Ländern zur Korrektur des Bildes heranzieht.

In der vergleichenden Parteienforschung sind die die Mitgliederbewegungen antreibenden Kräfte stark umstritten. Verallgemeinerungen über den Zusammenhang von wirtschaftlichen Schwankungen und Mitgliederbewegungen haben sich nicht erhärten lassen. Parteidefinitionen von Burke bis Weber haben die Elemente Ideologie und Patronage herausgestellt; beide Faktoren sind am häufigsten zur Erklärung der Mitgliederfluktuation herangezogen worden. Der Zustrom zu SPD und FDP nach 1969 und zur Union 1982 läßt sich durchaus mit Patronagehoffnungen erklären. Aber gerade in Deutschland zeigte sich die Wirksamkeit des Faktors Ideologie, als die Union nach 1972 ihre Oppositionsrolle akzeptiert hatte und mobilisierend tätig wurde. Die Organisationsbereitschaft der Anhänger läßt mit zunehmender Amtsdauer einer Partei in der Regierung nach (Falke 1982: 56), jedenfalls in Deutschland. In Italien ist das für die DC nicht so einfach nachzuweisen (vgl. v. Beyme 1984: 211 ff.). Nach hektischer Mobilisierung kann es auch zu Rückschlägen kommen, so etwa 1976, als das Ziel eines Machtwechsels von der Union nicht erreicht wurde (Haungs 1983: 28).

Eines der meisterforschten rätselhaften Wesen der Politik ist der Wähler. Selten hingegen wurde das *Parteimitglied* mit ähnlicher empirischer Sorgfalt bedacht. Beim Wähler kann man aus den Antworten in Befragungen auf ein Ohnmachtsgefühl schließen. Emnid ermittelte 1986, daß 23% der Befragten dem Satz zustimmten: »Die da oben machen, was sie wollen.« Die Jugendlichen von 22-24 Jahren lagen mit 21% Zustimmung zu dieser Meinung keineswegs an der Spitze (Jaide/Veen 1989: 140). Ohnmachtsgefühle, die in einem Zeitraum von zehn Jahren von 17% auf 23% anwuchsen, könnten die abnehmende Bereitschaft, Parteimitglied zu werden, erklären.

Der Eintritt in die Parteien scheint *prima vista* bei den Wählern nahezuliegen, die ein Mehr an politischer Partizipation und an politischem Einfluß wünschen. Befragungen von Parteimitgliedern haben jedoch ergeben, daß drei Viertel aller Parteimitglieder ihren Einfluß als gering oder sehr gering ansehen. Dennoch waren sie zufrieden mit ihrer Situation. Neuere Mitglieder sind von dem Erlebnis ihres geringen Einflusses in den beiden großen Parteien noch stärker beeindruckt als ältere. Die alten Mitglieder haben gelernt, mit diesen Gefühlen zu leben. 70% der CDU-Mitglieder und fast 66% der SPD-Mitglieder haben dieses Gefühl lange ertragen, ohne der Partei den Rücken zu kehren. Weit mehr als die neueren Mitglieder waren sie zufrieden mit ihrer Lage und begnügten sich mit dem Gefühl, wenigstens eine politische Heimat gefunden zu haben (Greven 1987: 56 f.). Die Wahrnehmung, daß die eigene Partei auch die Interessen der Betreffenden vertrat, verstärkte deren Motivation. Ein Motiv des Engagements war die Bekämpfung der Macht der als politischer Gegner eingeschätzten Partei. Parteien werden darüber hinaus nicht nur als Organisationen zur Förderung der eigenen Karriere betrachtet. Die Beeinflussung der eigenen beruflichen Situation spielte bei etwa 90% der Befragten angeblich keine Rolle für den Eintritt in eine Partei. Parteimitgliedschaft wird heute in geringerem Maße durch Sozialisation übertragen und vom Elternhaus »ererbt«. Dennoch findet langfristig eine Sozialisation durch Parteien statt, weil sich bei langjähriger Parteimitgliedschaft die Tendenz entwickelt, im gleichgerichteten Meinungsfeld zu leben, um die eigene Sicht der Dinge nicht in Frage stellen zu lassen. Die Mitgliedschaft in einer Partei führt allenfalls bei einer aktiven Minderheit von Amtsträgern zur Steigerung des Gefühls, Einfluß zu besitzen. Großen Einfluß schrieben sich bei Befragungen nur die alten Parteimitglieder zu. Sie machten drei bis fünf Prozent aus. Bei der CDU lag der Anteil höher als bei der SPD (Greven 1987: 69). Die Zahl der aktiven Parteimitglieder ist umstritten. Sie schwankt zwischen 10 und 20%. Die Zahl der Aktiven ist nicht überall gleich groß. Die Ortsgröße, die Machtstrukturen in der Gemeinde und die Patronagemacht der Parteien sind für die Partizipationsbereitschaft der aktiven Parteimitglieder wichtig. Immer wieder zeigte sich, daß etwa die Hälfte von ihnen, die im Wahlkampf sehr aktiv hervortrat, später auch Karrierevorteile aus diesem Engagement gezogen hat (v. Beyme u. a. 1974a). Das Rollenverständnis der aktiven Mitglieder, die zu Delegierten aufgestiegen sind, war bei den großen Parteien recht unterschiedlich. Während in der SPD und FDP die Mitglieder die Parteiführung als »Vermittler« betrachteten, zeigten die Anhänger der Unionsparteien eher ein repräsentativ-parlamentarisches Verständnis der Aufgabe ihrer Delegierten. Bei ihnen stand die Kontrolle der Parteiführung im Vordergrund. Ein großer Teil der Parteimitglieder hat Frustrationserlebnissen vorgebaut: Über die Hälfte der Befragten hatten schon zum Zeitpunkt des Beitritts nicht die Absicht, sich selbst innerparteilich stark zu engagieren (Niedermayer 1989: 47, 224).

Trotz und wegen des Zuwachses an Mitgliedern ist ein starker *Wandel der sozialen Basis der Parteien* eingetreten. So haben sie nicht mehr die gleiche, relativ homogene Rekrutierungsbasis verläßlicher Mitglieder. Die Zeiten sind vorbei, da Subkulturen sich um die Parteien gruppierten, in denen sich manches Individuum von der Wiege bis zur Bahre – vom sozialistischen Kinderhort oder vom katholischen Kindergarten bis zum der Sozialdemokratie nahestehenden Feuerbestattungsinstitut oder zur letzten Ölung – betreuen ließ, ohne aus dem Umkreis der weltanschaulichen Bindung herauszutreten. Von solchen Möglichkeiten der Rekrutierung im Vorfeld hat die FDP immer am wenigsten profitiert, und ihre Repräsentanten sind organisatorisch meist weniger »verfilzt« als Abgeordnete der SPD und der Unionsparteien. Auch die FDP hat eine Zeitlang versucht, Organisationen im Parteivorfeld zu schaffen. Die Parteireform-Kommission der FDP mußte jedoch erkennen, daß der Vorsprung der beiden großen Lager kaum aufzuholen war, und statt dessen mehr auf eine Strategie bürgernaher Politik setzen.

Aber auch bei den beiden großen Parteien sind traditionelle Organisationsbindungen schwächer geworden. Die Fluktuation ist damit gewachsen. Die Motive für Parteieintritte und -austritte sind funktionaler und individueller geworden. In den »Omnibusparteien« fährt mancher nur für ein paar Jahre als Mitglied mit. Vor 1933 hatten bei der SPD zwei Drittel aller Mitglieder Väter, die schon Parteimitglieder gewesen waren. Am Anfang der zweiten Mobilisierungswelle 1969/70 belief sich dieser Anteil auf 19%. Persönliche Entscheidung und der Einfluß von Peer-Gruppen, nicht Determinierung durch die Familie scheinen in neuerer Zeit bei der Entscheidung über einen Parteibeitritt in der Mehrzahl der Fälle den Ausschlag gegeben zu haben.

Die Summe dieser gar nicht zu leugnenden Wandlungstendenzen in der Organisationsfähigkeit der Parteien ist zu *Untergangsszenarien* des Parteienstaats verdichtet worden. Noch immer gilt das Wort, daß Demokratie weniger *in* den Parteien als im Wettbewerb *zwischen* den Parteien stattfindet. Die Entideologisierung hat auch positive Rückwirkungen auf die Demokratisierung gehabt. Bei allen Klagen über moderne »Waschmittelwahlkämpfe« sollte nicht übersehen werden, daß heute keine verschworenen Glaubensgemeinschaften mehr in die Schlacht geführt werden, die man straff oligarchisch organisieren kann. Innerparteiliche Konflikte nehmen zu, Programme werden offener diskutiert als früher, wo es vor allem bei linken und christlichen Parteien immer eine Tendenz gab, die »Hauptverwaltung für ewige Wahrheiten« dem Zugriff der Laienmehrheit zu entrücken. Fraktionsbildung in der Partei wird zwar immer noch beargwöhnt, aber weniger scharf diskriminiert als in frühen Epochen der Parteiengeschichte. Die Demokratisierung hat partiell auch die alte Kluft zwischen Partei und Fraktion überbrückt. Das Gleichgewicht zwischen den beiden Säulen der Parteienmacht bleibt labil. Die Demokratisierung bewirkt jedoch, daß die außerparlamentarische Parteiarbeit immer mehr Bedeutung erlangt.

Schließlich werden die Parteien zunehmend für die angebliche *Unregierbarkeit* moderner Demokratien verantwortlich gemacht, weil sie in komplexen Industriegesellschaften kaum noch eine stabile Mehrheitsregierung sicherstellen könnten. Es läßt sich nicht nachweisen, daß die Regierungsstabilität abgenommen hat. Sie ist nach dem Zweiten Weltkrieg höher als zwischen den Weltkriegen. Einige Systeme kämpfen noch immer mit Minderheitsregierungen, aber nicht häufiger als früher (vor allem in Dänemark, Finnland, Italien), und zudem hat sich nicht nachweisen lassen, daß Minderheitsregierungen in jedem Falle gleichzusetzen sind mit einer ineffizienten Regierungspraxis. Der Immobilismus der Regierungskoalition hat in den 70er Jahren eher abgenommen; alternierende Regierungen haben wieder zugenommen. Auffallend ist dabei jedoch, daß die Margen zwischen den Blöcken der Linken und der Rechten so klein sind, daß eine Politik aus einem Guß, die einige Kontinuität entwickelt, in kaum einem Lande je möglich ist. Der Zwang zu wechselnden Koalitionen erschwert auch die Zurechnung von Politik-Entscheidungen für einzelne Parteien in den meisten europäischen Ländern. Gleichwohl gibt es Anzeichen dafür, daß die Herrschaft von Parteien durchaus von Einfluß auf das Resultat des politischen Prozesses ist, weniger gemessen an quantifizierbaren Indikatoren wie Arbeitslosenquoten, Inflationsraten, Staatsverschuldung oder Budgetansätzen als an den qualitativen Prioritäten, die einzelne Parteien setzen.

Diese Zusammenfassung der wichtigsten Funktionen verdeckt die Tatsache, daß die Parteien heute weit mehr Funktionen ausüben als früher. Damit wächst die *Tendenz zur Überforderung*, zumal ihre Organisation nicht stabiler geworden ist. Weite Politikbereiche, die man früher eher als unpolitisch definiert hat, sind in die Agenden der Parteien aufgenommen worden. Die Spezialisierung der Parteien – Resultat früherer ideologischer Einseitigkeiten – ist abgebaut worden. Moderne Parteien müssen zu allen Problemen Stellung nehmen. Sozialisten können nicht mehr in attentistischer Haltung mit der Hoffnung auf ein kommendes sozialistisches System partielle Verschlechterungen der Lebensbedingungen zähneknirschend hinnehmen. Christdemokraten können sich nicht mehr auf Familien- und Erziehungspolitik spezialisieren, wie in der Kampfzeit gegen den laizistischen Staat, und die Liberalen können nicht mehr ihren Laizismus, die Freihandelslehre und eine allgemeine humanistische Gesinnung pflegen, ohne zu den Details der Sozialpolitik Stellung zu nehmen, die ihnen einst ideologisch fernlag. Was an Geschlossenheit der Vision verlorenging, ist an Wettbewerbsorientierung hinzugekommen. Sensibilisierte Bürger, die sich in Bürgerinitiativen, Protestbewegungen oder durch anomisches Verhalten organisieren, tragen ständig neue Programmpunkte an die Parteien heran. Wo die Kartellbildung der etablierten Parteien dazu zu führen droht, daß diese sich nur noch zum Schein in »Mützen« und »Hüte« aufteilen, sorgen neue Formen unkonventionellen Verhaltens der Bürger dafür, daß keine politische Erstarrung eintritt.

Die Beschränkung der politischen Beteiligten auf das Wahlverfahren ist für die Außenkontrolle der Parteien und die Einengung auf stabilitätskonforme Politik und absatzstrategische Kalküle, die sich dem »Diktat der Grenzwähler« zu beugen haben, verantwortlich gemacht worden (Streeck 1972: 43). Die Durchbrechung dieser begrenzten Rationalität der Parteien durch neue unkonventionelle Formen der Partizipation in außerparlamentarischen Oppositionen, Bürgerinitiativen und »public interest groups« birgt jedoch neue Gefahren, nämlich dann, wenn die mehrheitlichen Regeln, ohne welche die moderne Demokratie nicht zu einer Entscheidung kommen kann, von militanten Gruppen nicht mehr akzeptiert werden und die »Gemeinwohlanmaßung« einzelner Gruppen nur noch auf den Ausbau von Vetopositionen, kaum noch auf die Mitwirkung an neuen Kompromissen und Lösungen gerichtet ist. Hier liegen auch Gefahren für die Gleichheit der Partizipation verborgen, deren Förderung einer der wichtigsten Beiträge der Parteien zur Entwicklung der modernen Demokratie war. Die Partizipation in unkonventionelleren und lockeren Organisationsformen ist selektiver und punktueller als diejenige in den Parteien. Die neuen Bürgerbewegungen bemühen sich zwar, in »Advokatenplanung« auch für die bisher kaum teilnehmenden Gruppen zu sprechen, können aber nicht immer die »konkret allgemeinen Interessen«, auf die sie sich berufen, auch in der Akzeptierung durch die Mehrheit politisch wirksam verallgemeinern. Daher wird die Aggregationsleistung der Parteien für die moderne Demokratie auch künftig nicht überflüssig, selbst wenn Teile der Interessenartikulation heute weniger *in den* Parteien als *gegenüber den* Parteien ausgeübt werden.

Es ist daher zu früh, das »Ende der Parteien« zu proklamieren. Die »partizipatorische Revolution« seit Ende der 60er Jahre hat bisher nicht zu einer geradlinigen Abnahme der Partizipation an Parteien und Wahlen in allen westlichen Demokratien geführt, wie sich anhand der Zahlen für Wahlbeteiligung und der Mitgliederentwicklung zeigen läßt. Nicht einmal in einzelnen Ländern ist der Trend einheitlich. In einem krisengeschüttelten Land wie Italien haben die Christdemokraten und Kommunisten selbst nach 1989 sich erstaunlich gut aus alten organisatorischen Verkrustungen gelöst und neue Organisationsformen entwickelt, während dieses einer Partei wie dem PSI weniger gelang, selbst als die Mitglieder- und Wählerzahlen wieder stiegen (Pasquino 1980: 59).

Einige Krisentheoretiker sehen die Parteiendemokratie in der Krise eines Zweifrontenkampfes gegen neue soziale Bewegungen und neokorporative Tendenzen der Interessenvermittlung. Beide scheinen die territoriale Basis der Repräsentation auszuhöhlen (Offe 1983). Dennoch gibt es wenig Evidenz dafür, daß diese beiden Tendenzen den Parteienstaat obsolet werden lassen. Je mehr neue soziale Bewegungen die herkömmliche Repräsentation und das Mehrheitsprinzip anfechten und korporativ arbeitende Großgruppen an diesen beiden Prinzipien vorbei agieren, um so wichtiger wird im Konfliktfall die Ebene des parteienstaatlichen Parlamentarismus, um einen *Modus vivendi* zu finden. Der Neokorporatismus ist überwiegend dort stark, wo die Parteien noch eine wichtige Rolle spielen. Die neuen sozialen Bewegungen haben gerade in ihrem syndikalistischen Sturm auf die korporativen Bastionen – ohne es zu wollen – den Parteienstaat wieder gestärkt, und das nicht nur dort, wo sie sich selbst als Parteien konstituierten.

Durch neue Konflikte, die quer zu den bisherigen Trennungslinien der neun Gruppen verlaufen, welche im Schema der zehn »geistigen Familien« des Parteienwesens skizziert wurden (v. Beyme 1984: 367), bilden sich neue Parteien, und alte spalten sich. Aber ein Ende der Parteien, bedeutet selbst die Spaltung einer altetablierten Partei, wie z. B. der Labourparty, nicht, da sie auf beiden Seiten neues parteipolitisches Engagement hervorbringt.

Ein gut Teil jener Erscheinungen, die in der kurzfristig orientierten Publizistik als Niedergang der Parteien erscheinen, ist, längerfristig und systematisch betrachtet, nur ein Funktionswandel der Rolle der Parteien in der modernen Demokratie.

Das »kurze glückliche Leben« (Arthur J. Schlesinger) wurde gelegentlich schon wie eine abgeschlossene historische Episode behandelt. In Amerika hat eine solche These mehr Plausibilität für sich als in Europa. Dort hat es Parteien im europäischen Sinn mit festen Mitgliedschaften, Parteibüchern und Beiträgen nie gegeben. Lange galten die amerikanischen Parteien als archaische Relikte. Europäische Parteien wurden zum Vorbild auch für amerikanische Experten. Erst in den 70er Jahren verschwand der Traum eines »responsible party government« (Austin Ranney) aus der amerikanischen Literatur. Die europäischen Parteienforscher begannen sich zu fragen, ob nicht die USA die Parteien der Zukunft hätten. Europäische Parteien amerikanisierten sich und wurden losere Wahlkampfvereinigungen.

In Europa wurde die SPD lange als die Urpartei angesehen. Trotz vieler Mängel hatte sie alle Qualitäten einer richtigen Partei: ein ideologisches Programm, eine klare Klassenbasis, eine straffe Organisation, die von »Kaiser« Bebel geführt wurde, wie der Kaiser seine Armee führte. Michels, Duverger oder Kirchheimer litten an dieser Partei und waren doch zugleich von ihr als einem Archetyp der Partei fasziniert. Dieses Bild der Partei mit einem klaren ideologischen und sozialen Charakter wurde in der Zeit der Studentenrebellion in vielen Ländern noch einmal wiederbelebt. Da die reformistische SPD und andere sozialistische Parteien Westeuropas dem Urbild nicht mehr recht entsprachen, kam es zu zahlreichen radikalen Neugründungen – bis hin zu der Fülle kurzlebiger Studentenparteien, die mit Varianten einer marxistischen Ideologie den Klassenfeind zu bekämpfen vorgaben, die sich aber in erster Linie untereinander ideologisch zerfleischten. Linke Flügel in den sozialdemokratischen Parteien und die ihnen Nahestehenden unter den Wissenschaftlern bekämpften die gesichtslosen Volksparteien, empfahlen, die Programmwunde weiter schwären zu lassen (W.-D. Narr), oder propagierten eine Doppelstrategie von oberflächlicher Systemanpassung und Transformationsstrategie.

Der Funktionswandel der Parteien führte dazu, daß die Patronage- und Rekrutierungsfunktion der Parteien auf Kosten der

Mobilisierungs- und Repräsentationsaufgaben zunahm. Die Herausbildung einer politischen Klasse vollzieht sich in Karrieren, die von Parteien und Organisationen stark vorstrukturiert sind, und zeigt typische Verläufe von Politikerkarrieren.

Die Kritik an den Binnenmechanismen dieser politischen Karrieren flammt periodisch auf. Drei Instrumente werden zur Verbesserung der Rekrutierungsfunktion vorgeschlagen:

(1) *Demokratisierung der Partizipation*:

Vorwahlen für die Auswahl von Parlamentskandidaten wie in Amerika: Bescheidene Experimente damit, auch in der CDU, sind immer wieder eingeschlafen.

Wahl des Kanzlerkandidaten durch das Parteivolk (H. U. Klose): Es bestünde die Gefahr, daß der Populismus, den man mit der Parteireform bekämpfen will, in den Parteien selbst um sich greift.

(2) *Stärkung der Gewaltenteilung* durch Festschreibung rigoroser Unvereinbarkeiten. Sie lassen sich mit Vorbedingungen kombinieren, die etwa Scheuch (1992: 123) an die Zahl der Berufsjahre geknüpft hat. Dieser Weg wird um so starrer, wenn er mit gerontokratischen Vetopositionen verbunden wird. Scheuch hat vorgeschlagen, daß niemand lokal aufgestellt werden dürfe, der nicht zuvor das Plazet einer Art Ältestenrat erhalten hat. Scheuch verkannte, daß es diese »Art Ältestenrat« schon gibt, und zwar als informelle Gruppe der Meinungsbildner im Wahlkreis, ohne deren Plazet eine Kandidatur kaum Aussichten auf Erfolg haben würde. Diese Gruppe genügt freilich nicht dem Erfordernis, daß ihre Angehörigen keine Parteiämter bekleiden dürften. Welcher Art Honoratioren dies sein sollen, bleibt in Scheuchs Vorschlag dunkel. Plebiszitäre Gesinnung vermischt sich bei ihm in seltsamer Weise mit dem Aufbau recht elitärer Barrieren bei der Kandidatenaufstellung.

(3) Ein dritter Weg führte zu einer Art *negativer Kaderpolitik* in der Demokratie. Über Quoten und Proporzregeln wird die Repräsentativität des Ausleseprozesses überwacht. Auch dieser Weg schafft in der Regel nicht mehr Demokratie, selbst wenn er mehr Gleichheit ermöglicht.

Darüber hinaus fassen die Parteien von Zeit zu Zeit gute Vorsätze. Als der neue SPD-Geschäftsführer Blessing ins Amt kam, forderte er, daß kein Brief länger als zwei Wochen unbeantwortet bleiben dürfe. Kein Telefon dürfe mehr als dreimal klingeln. Das sind Korrekturen des hoheitlichen Umgangs von Parteiorganisationen mit ihren Mitgliedern! Alle weitreichenden Vorschläge zum Training von Abgeordneten blieben ohne Echo. Eugen Kogon (*Die Zeit* vom 26. 1. 1968: 3) hatte einst vorgeschlagen, eine Ausbildungsstätte für den Nachwuchs der parlamentarischen Berufspolitiker zu schaffen, in Anlehnung an das Modell der deutschen Nationalstiftung des höheren Beamtentums. Wo das Beamtentraining gut organisiert ist, wie in Frankreich, pflegen die großen Schulen für die administrative wie für die politische Elite in gleicher Weise prägend zu werden. Die Trennung der Sozialisationsfunktion in gesonderten Schulen würde ganz sicher gerade aus demokratischen Gründen starke Ablehnung erfahren. Der Eintritt in solche Schulen müßte wiederum bestimmte Berufe und Studiengänge bevorzugen und widerspräche dem Commonsense-Verständnis, daß tendenziell jeder Bürger in der Lage ist, eine Weile als Repräsentant in seinem Wahlkreis zu dienen.

3. Die »Kolonialisierung« der Gesellschaft durch den Parteienstaat

Wie in den frühen Demokratien verschlechtert sich das Bild der Parteien in der politischen Theoriebildung wieder. Kurz war die Phase der Akzeptanz und Zufriedenheit mit der Entwicklung des Parteienstaates gewesen. In der klassischen Theorie der Eliten (vgl. Kap. 1) war es zur ersten Welle der Parteienfeindschaft in der Moderne gekommen. Ostrogorski hatte sein Negativbild an den britischen und amerikanischen Parteien gewonnen, die er durch die Brille eines Russen sah, der von gewissen anarchosyndikalistischen Strömungen der Narodnibewegung in seinem Lande nicht unbeeinflußt war. Michels hatte seine Frustration über die SPD in syndikalistische Vorlieben einer *action directe*-Gesinnung umgesetzt, die ihn später in die Nähe des Faschismus brachten. Nur Weber war in seiner kühlen Distanz, aber seinem Sinn für die Notwendigkeit bürokratischer Großorganisationen in der modernen Gesellschaft, in seiner Analyse leidlich fair geblieben.
Die neueste Welle der Parteienkritik verbindet sich wieder mit einer Elitentheorie im Rückblick auf die Theorie der politischen Klasse. Sie hat jedoch in der Regel keinen Sinn dafür entwickelt, daß die Klassiker gerade die Verknüpfung von Tendenzen zum

Parteienstaat und die Form demokratischer Elitenbildung nicht hinreichend geleistet hatten – mit Ausnahme von Max Weber. Der Parteienstaat ist in dieser Debatte sowenig klar definiert wie die lockere Redeweise von der politischen Klasse. Die meisten Kritiken entzünden sich jedoch an einem Trend des modernen Parteienstaates: demjenigen, alle Bereiche des staatlichen und gesellschaftlichen Lebens zu durchdringen. Parteiführungen werden nicht mehr wie bei Michels vor allem als Parteibürokraten angeprangert, aber es wird ihnen die Fähigkeit zur Kartellbildung nachgesagt, die zu einer Kumulierung von Privilegien und zur Verstärkung der sozialen Abgehobenheit als politische Klasse führt.

Die Tendenzen der Parteien zur Durchdringung von Staat und Gesellschaft werden am schärfsten in den Bereichen der Verwaltung und der öffentlich-rechtlichen Medien gegeißelt. Die Parteienstaatsdebatte wird – ähnlich wie die Debatte um die politische Klasse – am schärfsten in Italien und Deutschland geführt. Die italienische Variante *partitocrazia* (Parteienherrschaft) ist in der internationalen Literatur stärker rezipiert worden als das blassere deutsche Wort »Parteienstaat«. In Ländern, wo die Medien nach Marktprinzipien organisiert sind (USA) oder dem Staat einen vorherrschenden Einfluß sichern (Frankreich), hat die Debatte um die Penetrationsfähigkeit der Parteien weniger Ansatzpunkte. Wo die Verwaltung professionell-neutral blieb (Großbritannien) oder in einer etatistischen Tradition großer Schulen ein Eigengewicht erhielt, für dessen Aufbrechung die Parteien viel zu schwach waren (Frankreich), konnte die Parteienstaatsdebatte nicht das gleiche Gewicht erlangen. Hier wurde der Akzent eher auf die Kritik an der »politischen Klasse« gelegt. Wenn hier die »politische Klasse im Parteienstaat« in ihrer symbiotischen Beziehung in den Mittelpunkt der Analyse gerückt wird, ist es kein Zufall, daß die meisten Fakten, die zur Belegung von Entwicklungstendenzen angeführt werden, aus Deutschland und Italien stammen, weil hier gewisse Entwicklungen als am weitesten fortgeschritten nachweisbar werden.

Die theoretische Debatte um die politische Klasse und den Parteienstaat hat mächtige Impulse von politischen Bewegungen erhalten. Der Schlachtruf »Parteien raus – Demokratie rein« wurde sowohl von linkslibertären als auch von rechten populistischen Bewegungen variiert. In hochprofessionalisierten Subsystemen wie Verwaltung von Medien erwies er sich jedoch eher als wirkungslos. Sie standen weniger der Demokratisierung offen als weiterer professioneller Abschottung und Autonomisierung. Selbst wo die Kritik am Parteienstaat mit der Hoffnung auf mehr Demokratie geführt wird, ist trotz guter Intentionen das funktionale Resultat der Kampagne meist nicht Demokratisierung, sondern Technokratisierung.

Eine kurz vor der Wende durchgeführte Mannheimer Elitenstudie hat gezeigt, daß Deutschland in seiner parteienstaatlichen Kolonialisierungspolitik einmalig sein dürfte, weil die Parteipräferenzen und Mitgliedschaften in vielen Sektoren der Gesellschaft, vor allem der Verwaltung und der öffentlich-rechtlichen Medien, ungewöhnlich hoch ist (vgl. Tabelle 2).

Selbst wenn seither die parteilichen Bindungen anderer Elitenbereiche sich etwas gelockert haben sollten, bleibt die Kolonialisierungspolitik des Parteienstaates gegenüber der Verwaltung, den öffentlich-rechtlichen Medien und der Wirtschaft der öffentlichen Hände ein Ärgernis.

a) Die Verwaltung

Bei einem Land mit langer obrigkeitsstaatlicher Tradition wie Deutschland könnte man vermuten, daß die Resistenz der Beamtenschaft gegen eine Durchdringung von seiten des Parteienstaates groß ist. Die ideologisch überhöhte Trennung von Staat und Gesellschaft im 19. Jahrhundert ist Teil dieser Tradition. Dennoch wurde Deutschland zum Eldorado der Parteibuchverwaltung, wie Kenneth Dyson (1977) festgestellt hat. Der Grund für diese paradoxe Entwicklung ist ein historischer: Kein Land in Europa hat so viele Kontinuitäts- und Legitimitätsbrüche erlebt. In keinem anderen Land hat die unsichere Legitimitätsgrundlage dazu geführt, daß die Elite des jeweiligen Regimes versuchte, durch Vertrauensleute in der Verwaltung Fuß zu fassen.

In der Geschichte der letzten 150 Jahre gab es fünf Wellen der politischen Beeinflussung der Beamten:

– Im *Bismarck-Reich* wurden die liberalen »Reichsfeinde« ausgestoßen.
– In der *Weimarer Republik* hätte es zu einer stärkeren Wandlung kommen müssen, aber erst 1921 sind die letzten Kaiser-Bilder

Tabelle 2: Parteineigungen in einzelnen Sektoren der Eliten (1981/82)

a) prozentuiert auf alle Befragten einer Gruppe
b) prozentuiert auf die Befragten mit Präferenz für eine der drei großen Parteien

Eliten 1981		n	SPD	CDU/CSU	FDP	Sonstige/Keine eindeutige Parteineigung[1]
Verwaltung	a)	296	30,4	37,2	18,2	14,2
	b)	254	35,4	43,3	21,3	–
Wirtschaft	a)	285	8,4	63,5	11,9	16,1
	b)	239	10,0	75,7	14,2	–
Wirtschaftsverbände	a)	174	2,3	69,5	15,5	12,6
	b)	152	2,6	79,6	17,8	–
Gewerkschaften	a)	87	80,5	12,6	1,1	5,7
	b)	82	85,4	13,4	1,2	–
Massenmedien	a)	222	16,7	43,2	18,5	21,6
	b)	174	21,3	55,2	23,6	–
Wissenschaft	a)	130	15,4	38,5	16,9	29,2
	b)	92	21,7	54,3	23,9	–
Militär	a)	43	2,3	65,1	9,3	23,3
	b)	33	3,0	84,8	12,1	–
Kultur	a)	104	29,8	16,3	19,2	34,6
	b)	68	45,6	25,0	29,4	–
nichtpolitische Eliten insgesamt[2]	a)	1470	21,6	45,6	14,6	18,2
	b)	1202	26,5	55,7	17,8	–
Bevölkerungsumfrage	a)	2206	22,8	37,7	7,5	31,9
	b)	1502	33,6	55,4	11,1	–
Bundestagswahl 1980		–	42,9	44,5	10,6	1,8
Bundestagswahl 1983		–	38,2	48,8	6,9	6,1[3]

1 Als Parteineigung wurde der erste Rang für eine Partei auf dem bekannten »Parteienskalometer« definiert, auf dem die Sympathie für jede Partei auf einer Skala von +5 bis −5 ausgedrückt werden sollte. Eine Präferenz für die Grünen wurde nicht gesondert ausgewiesen, da nur 30 Befragte innerhalb der Eliten (2,0%) dieser Partei den höchsten Sympathierang eingeräumt hatten (Bevölkerungsumfrage: 7,1%).
2 Die Restgruppe »Sonstige Eliten« wird wegen ihrer heterogenen Zusammensetzung nicht ausgewiesen.
3 Davon 5,6% für die Grünen

Quelle: Hoffmann-Lange 1983: 18.

aus den Amtstuben verschwunden (Runge 1965: 137). Und erst nach dem Kapp-Putsch und den Morden an republikanischen Ministern wie Erzberger und Rathenau wurden einige offen antirepublikanische Beamte suspendiert (Wunder 1979: 21).

- Die *Nationalsozialisten* penetrierten die Verwaltung mit äußerster Umsicht. Unter dem irreführenden Titel »Gesetz zur Wiederherstellung des Berufsbeamtentums« wurde die Verwaltung von Gegnern der Bewegung »gesäubert«.
- Die Reeducation und *Entnazifizierung* nach 1945 setzte mit besten Absichten die Tradition der Eingriffe in die Verwaltung fort. Aber auch diese »Revolution von oben« war nicht von einem dauerhaften Wandel der Rekrutierungspolitik begleitet.
- Nach der deutschen Wiedervereinigung kam es in *Ostdeutschland* noch einmal zu einer negativen Kaderpolitik, die für die deutsche Tradition kennzeichnend ist.

In einer solchen Tradition schien es funktional, sich nicht nur der politischen Gegner zu entledigen, sondern auch die Einschleusung der eigenen Vertrauensleute in die Verwaltung zu forcieren. In bezug auf seine Demokratisierung war Deutschland gerade vorgeworfen worden, nach den beiden Weltkriegen nicht rigoros genug verfahren zu sein. Nach dem Zweiten Weltkrieg war das hervorstechende Merkmal der administrativen Elite nicht, daß alle Nazis gewesen waren. Das traf nur für etwa 10% zu. Aber fast die Hälfte der Beamten hatte unter dem NS-Regime eine Kontinuität ihrer Karriere zu verzeichnen (vgl. Tab. 3), was auf gewisse Anpassungsleistungen schließen läßt.

Tabelle 3: Karrieremerkmale der politischen Elite der Bundesrepublik in der NS-Zeit (bis 1969)

	Staatssekretäre	Politiker
Mitglieder in NS-Organisationen	10%	10,5%
Karrierekontinuität	45%	10,5%
Karrierestop	16%	18%
Privatwirtschaft	9%	19%
Widerstand	5%	19%
Unbetroffen aus Altersgründen	13%	21%
keine Angaben	2%	2%

Quelle: v. Beyme 1974: 68.

Der Parteienstaat hat sich nach 1949 in der Verwaltung relativ rasch durchgesetzt. Zwei Machtwechsel (1969, 1982) haben die Prinzipien der Patronage in ihren Konsequenzen transparent gemacht. Nach dem ersten Machtwechsel 1969 wurde der SPD vorgeworfen, eine personalpolitische Revolution angezettelt zu haben. Die Presse dramatisierte und sprach von »Sonderzügen mit entlassenen Beamten«, die Bonn verlassen hätten. Die Rotation betraf anfangs etwa 120 Personen. In historischer Perspektive zeigte sich, daß die SPD die »Parteibuch-Verwaltung« keineswegs erfunden hatte. Sie, wie auch die Unionsparteien in den 20 Jahren ihrer Vorherrschaft, haben an eine alte preußisch-deutsche Tradition der weiten Ausdehnung politischer Beamter angeknüpft.

In Preußen wurden 1852 durch Gesetz alle Unterstaatssekretäre, Ministerialdirektoren, Oberpräsidenten, Regierungspräsidenten und Landräte politische Beamte. 1862 hat Bismarck Hunderte von Beamten entfernt, die liberaler Neigungen verdächtig schienen. 1873 wurde der Katalog der politischen Beamten noch erweitert, obwohl das Kaiserreich kein parlamentarisches System kannte, das, um die politische Verantwortlichkeit der Minister gewährleisten zu können, die Loyalität der Spitzenbeamten ihrer Ministerien sicherstellen mußte. Die Nationalsozialisten haben 1937 die Politisierung der Beamtenschaft bis herab zum Regierungsrat vorangetrieben. Daher schien die Ausweitung der politischen Beamtenschaft in der Bundesrepublik zunächst tabu.

Tabelle 4: Die deutsche Beamtenhierarchie und ihr britisches Äquivalent

	Deutschland	Großbritannien
Staatssekretär	(B 11)	permanent secretary
Ministerialdirektor	(B 9-11)	deputy secretary
Ministerialdirigent	(B 5-7)	under secretary
Leitender Ministerialrat	(B 3-4)	assistant secretary
Ministerialrat	(A 16 - B 2)	senior principal
Vortragender Rat	(A 15)	principal
Assessor	(A 13)	administration trainee

Quelle: Southern 1979: 138.

Doch auch die Bundesrepublik hat den Rahmen der politischen Beamten weiter gesteckt als andere westliche Demokratien. Als politischer Beamter gilt man ab dem Posten eines Ministerialdirektors, in einigen Verwaltungszweigen schon durch Beförderung nach A 16, wie im Auswärtigen Dienst oder im Staatsschutz (Steinkemper 1980: 46). In Bund und Ländern wurden einzelne Ämter später der Liste politischer Beamtenposten hinzugefügt. In der Zeit der CDU-Vorherrschaft war die parteiliche Ämterpatronage wenig auffallend. Loyalität konnte auch durch »Nahestehende« und »Sympathisanten« ohne förmliche Parteimitgliedschaft hergestellt werden. Erst in der Opposition wurde die CDU zur Massenmitgliederpartei. In der Ministerialbürokratie – vor allem einem Ressort wie dem Innenministerium, das immer von der CDU geführt worden war – gab es mit der neuen SPD-Regierung anfangs durchaus *Kommunikationsschwierigkeiten*. Sie konnten jedoch nach einiger Zeit abgebaut werden (Brauswetter 1976: 4). Anfangs wurden den neuen Behördenchefs nicht nur wichtige Informationen vorenthalten, sondern auch der Opposition zugespielt. Schon vor dem mißlungenen Versuch der CDU, Brandt durch ein Mißtrauensvotum zu stürzen, wurden Gerüchte laut, daß die Opposition durch die Indiskretion konservativer Ministerialbeamter wichtige Informationen gegen die Regierung erhalte (Seeliger 1970: 9 ff.).

Neu an der SPD-Politik war weniger das Ausmaß der Ämterpatronage als die Offenheit, mit der die neuen *Modelle politischer Verwaltungsführung* diskutiert wurden. Der Staatsrechtler und Bundesminister im Kanzleramt, Horst Ehmke, hat einigen Staub aufgewirbelt mit seiner Gegenattacke gegen die CDU nach deren Kritik an der neuen Personalpolitik: »Sie sind offenbar der Meinung, Sie regieren in diesem Lande zwanzig Jahre, pumpen die Ministerien und das Kanzleramt mit CDU-Leuten voll . . . und wenn dann eine neue Regierung die Verantwortung übernimmt, übernimmt sie auf solchen zentralen Stellen Personal, das Sie unter dem Gesichtspunkt seiner politischen Loyalität zu Ihnen ausgewählt haben. Davon ist doch wohl im Ernst nicht zu reden« (BT, Sten. Ber., Bd. 72, 20. 2. 1970: 1483). In der Presse wurden solche Äußerungen zum Teil wütend kommentiert. Man sah das Berufsbeamtentum schlechthin in Gefahr, und in der Literatur verstieg sich ein Kommentator sogar zu einer Parallele zu Lenins Konzeption der Kaderverwaltung in der Schrift »Marxismus und Staat« (Seemann 1978: 9), gemeint war wohl »Staat und Revolution«.

Schwerer als mit dieser verbalen Pauschalkritik umzugehen war für die neue Regierung der *Konflikt mit den Beamtenverbänden*. Der Deutsche Beamtenbund – bestärkt durch ein Gutachten von

Roman Schnur – kritisierte die neue Rotation in scharfer Form. Die Beamtenorganisationen gerieten in verschärfte Konkurrenz, weil der SPD unterstellt wurde, sie wolle Betriebsgruppen der SPD und der Gewerkschaft des öffentlichen Dienstes (ÖTV) gegen den Beamtenbund ausspielen. Tatsache blieb, daß die parteilichen Betriebsgruppen in der deutschen Verwaltung auch unter der SPD eine wesentlich geringere Rolle spielten als etwa in Italien oder Frankreich. Konservative Beamtenfunktionäre befürchteten, daß der Personalrat beiseite geschoben werden sollte und daß die neue Planungsorganisation dem Aufbau von SPD-gesteuerten Parallelorganisationen dienen sollte. Der bloße Versuch, vom Bundeskanzleramt aus die Rekrutierung in den Ministerien wieder stärker zu koordinieren, löste auch beim Koalitionspartner, der FDP, Besorgnisse aus. Ein Teil der Aufregung über das Revirement war übertrieben. Auch Kritiker der neuen Personalpolitik nach 1969 räumten ein, daß die erwartete Flut der verwaltungsgerichtlichen Klagen von seiten der betroffenen versetzten Beamten ausgeblieben war (Seemann 1978: 13).

Von konservativer Seite wurde gern ein Artikel von Kenneth Dyson (1977) hochgespielt, der die »westdeutsche Parteibuch-Verwaltung« analysierte. Danach war die Parteimitgliedschaft nicht auf die politischen Beamten beschränkt. Da es nach 17 Jahren Unionsherrschaft in der Bundesverwaltung kein Personalreservoir der SPD gab, mußte die neue Regierungspartei jedoch Außenseiter importieren oder nicht parteigebundene Beamte befördern. Dyson stellte fest, daß daher der Anteil der CDU-Mitglieder zunahm, je tiefer man in die Bonner Hierarchie hinabstieg. Unterhalb der Ebene der politischen Beamten gab es in den damals von SPD und FDP regierten Flächenstaaten wie Niedersachsen und Nordrhein-Westfalen beträchtlich mehr Unterstützung für die CDU als für die SPD. Bei den Staatssekretären dominierten zwar die SPD-Mitglieder, bei den Abteilungsleitern jedoch durchaus noch die Unionsanhänger.

In der Zeit der Vorherrschaft der SPD verlor die CDU ihre natürwüchsige Hegemonie in allen Sektoren der Eliten und konnte nicht mehr die Fiktion aufrechterhalten, sie sei die geborene Regierungspartei, die in der ersten Phase von Barzels Führerschaft der Opposition gegen Brandt noch überwogen hatte. Es war ein Verdienst Kohls für seine Partei, die CDU in eine effektive und weniger deklamatorische Oppositionspolitik hineingeführt zu haben. Als die Kleinarbeit, verstärkt durch die intellektuelle Tendenzwende, ihre Früchte trug, und Schmidt 1982 durch konstruktives Mißtrauensvotum gestürzt wurde, waren auch die Grundsätze der Parteipatronage weit weniger umstritten als 1969. Niemand machte mehr großes Aufhebens von dem Revirement, das eintrat, vor allem, nachdem 1983 die Kanzlerschaft Kohls durch Wahlen bestätigt wurde.

Durch Koalitionswechsel gefährdet sind 24 permanente Staatssekretäre und ca. 110 Beamte der Besoldungsstufen B 9 bis B 10. 1982/83 haben 44 hohe Beamte den Abschied erhalten, die Hälfte der Staatssekretäre und ein Drittel der Abteilungsleiter. Nicht immer lagen politische Gründe vor. Wie 1969 war das Revirement auch der Anlaß, sich von weniger tüchtigen Beamten zu trennen, ohne sie zu diskreditieren. 200 weitere Beamte wurden versetzt, darunter 90 hohe Funktionsträger. Unwillen erregte, daß unter den unteren Chargen sogar der Fahrer eines Ministerwagens war (Mayntz 1985: 532).

Die *Umorientierung* eines großen Teils *der politologischen Verwaltungswissenschaft*, die nach 1969 einen großen Aufschwung nahm, hat die theoretische Rechtfertigung für diesen Prozeß geliefert. Die Durchdringung von Gestaltungs- und Machterhaltungsmaximen wurde nicht mehr als Negativbild gebrandmarkt. Böhret (1970: 42) stellte fest: »Ein politischer Entscheidungsträger handelt rational, wenn er konkrete politische Ziele aus dem übergeordneten gesellschaftlichen Wertsystem so ableitet, nach Prioritäten ordnet und verfolgt, daß er seinen politischen Nutzen innerhalb der gegebenen Entscheidungsstruktur maximiert«. »Politische Verwaltungsführung« (Grauhan 1969) wurde zum Postulat eines neuen Verständnisses von Politik und Verwaltung, das auch die seit der vorparlamentarischen Phase diskriminierten Parteien in milderem Licht dastehen ließ.

Es entwickelten sich jedoch Auswüchse der Patronage, die angesichts der Vermischung von Parteipolitik und Verwaltung immer wieder einmal beschnitten werden mußten, etwa wenn – wie 1979 geschehen – Mitglieder der Planungsabteilung des Bundeskanzleramtes an der Vorbereitung von Wahlkampfplattformen für die Bundestagswahl mitwirkten (BT, Sten. Prot., 28. Juni 1979: 13143 ff.). Die Sinn- und Heilsvermittler, die verdächtigt wurden, den Politisierungsprozeß auf der Grundlage der Soziologie oder Politikwissenschaft voranzutreiben (Seemann 1980: 153), hatten jedoch auf dem Höhepunkt der Debatte gerade in der Regierung Schmidt kaum Ansatzpunkte gefunden. Der *Aufruf an den Bundespräsidenten*, seine Mitwirkungskompetenz in Fragen der Personalgewalt stärker zu bedenken (Seemann 1980: 154), wurde angesichts eines erneuten Machtwechsels überflüssig. Die Homogenisierung der Ämter in der bikephalen Exekutive hat der Bundesrepublik seit 1982 die Entstehung eines »cohabitation«-Konflikts im französischen Ausmaß erspart. Die *Beschwörung der Gewaltenteilung* (Seemann 1981) als Damm gegen die Parteipolitisierung erwies sich als überholter Nebenkriegsschauplatz. Auch die Unionsparteien haben die Regeln der parlamentarischen Demokratie mit ihrem Mehrheitsverbund von Parlamentsmehrheit, Regierungspartei und politisch geführter Verwaltung weitgehend internalisiert.

Nicht Appelle an den guten Willen einzelner Akteure könnten die deutsche Parteibuch-Verwaltung abbauen, sondern allenfalls eine tiefgreifende Strukturreform. Als Nachteil des deutschen *Mischsystems* ist anzusehen, daß der politische Beamte *de facto* nur noch äußerlich »Bürokrat« ist. Eine überwiegend juristische Betrachtungsweise, die nach sauberer Trennung der Funktionen wie in anderen Demokratien drängt, verkennt jedoch, daß die tatsächlichen Verhaltensmuster der Spitzenbürokratie in allen Ländern – unabhängig vom System – sich angeglichen und zu einer stärker politisch-konzeptionellen Amtsauffassung geführt haben.

Als Einfallstor der parteipolitischen Penetration der Verwaltung ist von den Traditionalisten vor allem die *politische Planung* angesehen worden. Sie war keine Erfindung der »sozialistischen« SPD, sondern wurde schon unter Kiesinger (CDU) von der großen Koalition (1966-1969) entwickelt. In dieser gab es allerlei Konflikte zwischen Beamten der beiden großen Parteien. Aber selbst unter der kleinen Koalition der SPD und der FDP wurde die Planung nicht einfacher. Es waren noch immer beträchtliche Hindernisse auf dem Weg zur Rationalisierung der Regierungsarbeit zu überwinden. Schon die Einrichtung eines Planungsstabes stieß auf Hindernisse. Die Ministerien gaben ungern qualifizierte Kräfte für diese Aufgabe frei. Der Planungsstab hatte zunächst in einem politischen Vakuum zu operieren. Vielfach wurden die Themen, die er bearbeitete, als noch nicht relevant hingestellt, oder es wurde versucht, Krisensymptome in brandeiliger Ad-hoc-Behandlung zu kurieren, wobei die längerfristige und übergreifende Perspektive wieder verlorenging. Das Bundeskanzleramt beschränkte seine Intervention vielfach auf die Negativkoordinierung.

Auch unter den SPD-Regierungen seit 1969 wurde der Ausbau staatlicher Steuerungselemente nicht sehr weit vorangetrieben. In der SPD selbst gab es Widerstände gegen eine Verstärkung der Staatsintervention. Für Schiller waren 1972 Eingriffe in die Wechselkurse sogar so wenig akzeptabel, daß er sich in Konflikte mit den Kabinettskollegen stürzte, die zu seinem Rücktritt vom Amt des Wirtschafts- und Finanzministers und zum Austritt aus seiner Partei führten. Die Debatten um die Strukturpolitik blieben zum Teil abstrakt. Es fehlte an Erfolgskontrollen auf seiten der Regierung und an pragmatischen Operationalisierungsvorschlägen bei den linken Gruppen, die mehr als einzelne strukturpolitische Maßnahmen wollten und in Richtung »Investitionslenkung« drängten.

Diese Erfahrungen zeigten einmal mehr, daß parteipolitische Homogenisierungsversuche noch nicht zur »Gleichschaltung« der Beamtenschaft führten. Beamte unterschiedlicher Parteiauffassung waren einander oft näher in ihren Abgrenzungsversuchen gegen politische Einflüsse von außen als Beamte und Politiker. Ressortkonflikte wurden von Beamten der gleichen Partei mit Inbrunst ausgetragen.

Die Arbeit mit Stäben führte auch in Deutschland zu *Konflikten zwischen »staff« und »line«.* Sie wurde als Anfang der Aushöhlung des Berufsbeamtentums angesehen, und sie leistete der parteipolitischen Penetration Vorschub, weil sie Außenseitern den Eingang in die Verwaltung ermöglichte. Aber Außenseiter hatten noch immer erschwerten Zugang. Bei den politischen Beamten kam ein Außenseiter auf vier Laufbahnbeamte, bei den nichtpolitischen Beamten war dieses Verhältnis 14:1 (Steinkemper 1974: 40). Obwohl die Planungsabteilungen den politischen Parteien und ihrer Programmimplementation am nächsten standen, ist es auch der SPD nicht gelungen, die alten Verwaltungseliten zu verdrängen. Eine Studie über die Planungsstäbe zeigte, daß der Wissenschaftssektor mit 37,3 % nach den Planern aus Bundes-, Landes- und Kommunalverwaltungen mit 44 % immer noch das stärkste Rekrutierungsreservoir für planende Tätigkeiten war (Grottian 1974: 84). Auch in diesem ideologieempfindlichen Bereich kam es nach dem ersten Regierungswechsel 1969 nicht zu einem »personalpolitischen Blutbad«. Parteizugehörigkeit spielte eine große Rolle, vor allem auf der Abteilungsleiterebene (66,7% waren Parteimitglieder), aber die FDP war kaum vertreten, und Angehörige der Unionsparteien besetzten Anfang der 70er Jahre immer noch ca. ein Drittel der Positionen (Grottian 1974: 92).

Mit dem Abklingen der Planungseuphorie begann schon unter der Kanzlerschaft Schmidts (1974-1982) eine Erosion der Planungstätigkeiten im Bundeskanzleramt und in einigen Ministerien. Nur ein Teil der Stabsmitglieder wurde in den normalen Beamtendienst übernommen. Nicht wenige gingen zurück, woher sie kamen: in die Wissenschaft.

Nach dem Gesetz hat »Der Beamte ... bei politischer Betätigung diejenige *Mäßigung und Zurückhaltung* zu wahren, die sich aus seiner Stellung gegenüber der Gesamtheit und aus der Rücksicht auf die Pflichten seines Amtes ergibt«. In Deutschland gibt es *weniger* scharfe *Einschränkungen der politischen Rechte der Beamten* als in anderen Ländern.

Die Alliierten hatten 1945 für die Beamten ein Verbot parteipolitischer Betätigung durchgesetzt, wie es im amerikanischen Bundesverwaltungsdienst und im britischen Civil Service für die höheren Positionen besteht. Im Entwurf des Bundesbeamtengesetzes war ein Verbot für Beamte enthalten, als aktive Anhänger einer Partei aufzutreten. Der Bundesrat und später der Bundestag zwangen die Regierung zum Kompromiß in Gestalt der vagen »Mäßigungsklausel«. Die Rechtsprechung versteht darunter vor allem, daß parteipolitische Betätigung nicht unter Ausnutzung einer amtlichen Stellung erfolgen darf. Das Personalvertretungsgesetz des Bundes verbietet es daher, daß Leiter von Dienststellen und Personalräte sich parteipolitisch betätigen. Kritik an der Regierung durch Beamte ist erlaubt. In den Ländern sind die Grenzen für einige Beamte enger gezogen, in Bayern etwa für die Bereitschaftspolizisten (Frowein 1967: 34 f.).

Zu Konflikten über die politische Betätigung von Beamten kommt es im Normalfall nur, wenn das *Bekenntnis zur »demokratischen Grundordnung«* in Zweifel gezogen wird, etwa bei Wahlkampfhilfe von Beamten für die DKP oder die NPD.

Eine gewisse Minimalpolitisierung der Beamtenschaft wurde schon relativ früh durch das Konzept der »wehrhaften Demokratie« bewirkt. Noch 1950 hatte es die Bundesregierung abgelehnt, nach dem Vorbild des Beamtengesetzes von Rheinland-Pfalz die aktive Betätigung zugunsten der geltenden Verfassungsordnung zu verlangen, weil man die Politisierung der Verwaltung fürchtete (BT, Verhandlungen, 1949, Anlageband 1, Nr. 175: 10). 1953 wurde jedoch die Forderung nach politischer Neutralität der Beamten gemildert durch die Verpflichtung zum »aktiven Eintreten für die demokratische Grundordnung«.

Mit irreführenden Schlagworten wie *»Berufsverbot«* und *»Radikalenerlaß«* (es handelte sich um ein Rundschreiben, nicht um einen Erlaß) ist Deutschland international in die Schußlinie der Kritik geraten. Ein internationaler Vergleich zeigt, daß die Bundesrepublik in der *Verrechtlichung der Zugangskontrolle* zu Beamtenstellen am weitesten gegangen ist, daß aber andere Länder mit indirekten Praktiken des Fernhaltens von Extremisten aus dem öffentlichen Dienst vergleichbare Resultate anvisiert und erzielt haben (Böckenförde u. a. 1981). Sicher ist, daß die Überprüfungspraxis einen sinnlosen bürokratischen Aufwand bedeutete, da im Durchschnitt nur 0,05 bis 0,1 Prozent der Bewerber – je nach Land und Einstellungspraxis – aus politischen Gründen der Zugang zum öffentlichen Dienst verwehrt worden ist.

Trotz mancher Mißstände wird die parteipolitische Penetration der Verwaltung in der Wissenschaft nicht so negativ beurteilt wie in der populären Presse. Ohne diese wechselseitige Durchdringung von Politik und Verwaltung wäre die Bürokratie in Deutschland relativ unbeweglich. Der Automatismus der Beförderung verträgt sich kaum mit dem *Leistungsprinzip*, das immer gegen politische Mobilität angeführt wird. Der Aufbau der deutschen Verwaltung ist relativ traditional.

Mit zunehmender Ausdehnung der Staatstätigkeit und wachsendem Personal im öffentlichen Dienst wurde die *Reform des öffentlichen Dienstes* ein immer dringenderes Problem. Die drei Statusgruppen (Beamte, Angestellte und Arbeiter) sind durch Tätigkeitsmerkmale nur noch schwer zu rechtfertigen. Die rechtliche Absicherung und Unkündbarkeit (bei Angestellten nach 15 Jahren) hat die Gruppen teilweise auch schon einander angenähert. Die Beschwörung des Beamtenethos ist weithin zur Ideologie einer Statusgruppe geworden. Wenn Gruppen mit gleichem sozialem Hintergrund unter den Angestellten und Beamten im öffentlichen Dienst verglichen wurden, konnte kaum ein Unterschied festgestellt werden (Ellwein/Zoll 1974: 160 ff., 202). Daß die herausgehobene Stellung des Beamten notwendig sei, um ihn zum unabhängigen und gleichwohl loyalen Diener wechselnder Mehrheiten zu machen (Leisner 1975: 121 ff.), ist anhand eines unterschiedlichen Verhaltens der Statusgruppen erfahrungsgemäß ebenfalls nicht nachzuweisen. Die geringfügigen Unterschiede, die empirische Untersuchungen zutage gefördert haben, lassen sich nicht auf verschiedene Einstellungen der Statusgruppen, sondern auf eine unterschiedliche Zusammensetzung der Gruppen zurückführen. Die »Arbeitnehmer« sind im Vergleich zu den Beamten durch einen höheren Frauenanteil, ein durchschnittlich niedrigeres Dienstalter und eine Massierung der Beschäftigten auf der Rangstufe des mittleren Dienstes gekennzeichnet. Die Studienkommission für die Reform des öffentlichen Dienstrechts (1973: 120 ff., 142) hat in ihrer Mehrheit ein funktionsadäquates einheitliches Dienstrecht befürwortet, mit Ausnahme der Bereiche hoheitlicher Tätigkeit (Polizei und Rechtswesen), in denen Differenzierungen als funktional anerkannt wurden. Die Kommission verkannte allerdings nicht die verfassungsrechtlichen und Interessengruppen-Widerstände gegen eine solche Reform. Es bleibt umstritten, ob der 1971 eingefügte Art. 74 a des Grundgesetzes, der die konkurrierende Gesetzgebungszuständigkeit des Bundes auf die Besoldung und Versorgung der Angehörigen des öffentlichen Dienstes ausdehnte, für eine Vereinheitlichung des Rechts des öffentlichen Dienstes von Bund und Ländern ausreicht. Die Barrieren des Artikels 33 GG sind ohne Verfassungsänderung kaum zu überwinden.

Die Reform des öffentlichen Dienstes stößt auch auf erhebliche interessenpolitische Widerstände nicht nur der etablierten Statusgruppen. Sie reichen bis in die Reihen der Gewerkschaften, die Beschäftigte im öffentlichen Dienst organisieren. Die Überrepräsentation der Beamten bei der Schaffung des Grundgesetzes hat sich im Artikel 33, Abs. 4 niedergeschlagen, der von der traditionellen Konzeption eines »öffentlich-rechtlichen Dienst- und Treueverhältnisses« ausgeht. Er dient heute vor allem zur Verteidigung des Status quo der Beamteninteressen. Seinerzeit war dieses Konzept auch gegen Gefahren gedacht, wie sie in der Zeit des Nationalsozialismus drohten, wo unter dem irreführenden Titel der »Wiederherstellung des Berufsbeamtentums« willkürlichen Säuberungen des Staatsapparates eine quasi-legale Grundlage unterschoben wurde. In der Diskussion wird vielfach die »Entbeamtung« gefordert oder wenigstens eine »aufgabenadäquate Reduktion des Beamtenstatus« auf eine enger abzugrenzende Hoheitsverwaltung (Sontheimer/Bleek 1973: 84 f.). Dafür sprechen auch noch andere Entwicklungen, so die Neigung von immer weiteren Teilen des öffentlichen Dienstes, an den Vorrechten der Nichtbeamten – wie dem Streikrecht – teilzuhaben. Die Unterwerfung des Beamten unter ein besonderes Disziplinarrecht, die überhöhten Treueanforderungen in der Radikalendebatte und die Last sonstiger zweifelhaft gewordener Privilegien läßt mehr und mehr Beamte, vor allem im Bereich der Leistungsverwaltung, an der Frage, ob ihre Stellung noch zeitgemäß ist, irrewerden. Die Vorschläge für ein einheitliches Dienstrecht, wie sie die Studienkommission für die Reform des öffentlichen Dienstrechts vorgelegt hat, haben zur Zeit nur geringe Chancen der Verwirklichung. Die Arbeitsmarktsituation hat sich seit der weltweiten Rezession auch in Deutschland verschlechtert. Statusängste der etablierten Interessenvertretern sind damit geweckt, die eine grundlegende Reform in diesem Punkt weniger günstig erscheinen lassen als zu Zeiten des wirtschaftlichen Aufschwungs und eines säkularen Optimismus in bezug auf den Arbeitsmarkt. Die Parteien haben angesichts des starken Gegenlobbyismus bisher keine umfassende *Reorganisation des Dienstrechts* durchgesetzt. Unter der christdemokratischen Regierung seit 1982 ist selbst die politische Debatte um diese Reform verstummt.

Angesichts traditionaler und zum Teil erstarrter Strukturen sind Parteien nicht nur kein Störfaktor, sondern häufig ein *innovatives Element*. Leistungsbemessung wird vielfach noch archaisch definiert. Leistung ist auch durch die Einwirkung extrafunktionaler Gesichtspunkte bei der Rekrutierung nicht ausgeschlossen. Häufig werden parteipolitische Gesichtspunkte als irrational angesehen. Die leistungsorientierte Privatwirtschaft, die solche Gesichtspunkte nicht kennt, hat im Vergleich jedoch ebensolche *extrafunktionalen Merkmale* bei der Rekrutierung aufzuweisen, nur daß hier andere Gruppen eine Rolle spielen als bei der Verwaltung (Pippke/Wolfmeyer 1976: 180 ff.). Parteiliche Bindungen müssen nicht leistungsmindernd sein. Nicht bei allen Ministern werden sie auch besonders honoriert. Es gibt führende Beamte und Minister, die das praktizieren, was die Amerikaner »leaning backward« nennen, das heißt, die das Gegenteil von dem tun, was ihre Partei erwartet, aus Angst um ihren unparteiischen und sachlich-leistungsbezogenen Ruf (Carstens 1971: 184).

Die Politisierung hat vielfach eine *kreativere Auffassung des Ver-waltungshandelns* erst geschaffen. Im internationalen Vergleich mit Italien und Großbritannien zeigt Putnam (1976: 113) anhand von Interviewdaten, daß ein Teil der Vorurteile in der älteren Li-teratur, die deutsche Verwaltung sei illiberal, unpolitisch und stark legalistisch orientiert, in der Realität keine Entsprechung mehr hat. In ihrer sehr positiven Einstellung zur Politik ist ein kleinerer Teil der älteren Verwaltungsbeamten in Deutschland so-gar den britischen Kollegen überlegen. Nur die jüngeren sind in Großbritannien noch etwas offener als in Deutschland. Obwohl Politik und Verwaltung viel stärker vermischt sind als in England, lehnt ein größerer Teil der deutschen Bürokraten (43%) (gegen-über 9% der britischen), aber ein weit geringerer Teil als in Italien (83%), Einflüsse der Politiker in der Verwaltungssphäre ab.

Elitenuntersuchungen haben gezeigt, daß das Politikverständnis der Verwaltungseliten zu differenzieren ist. Eine politische Auf-fassung in bezug auf Konflikte der etablierten Parteien und Grup-pen ist relativ stark internalisiert. Bei Fragen der Existenz der Grundlagen des Systems, etwa bei Bedrohung des Status quo durch Extremismus und radikale Demokratisierungsforderungen, reagierten die Verwaltungseliten in Deutschland – nur noch vom Militär übertroffen – konfliktscheu und traditionell-autoritätsbe-wußt (Kaltfleiter/Wildenmann 1973: 110ff.). Eine neuere Studie sieht die deutsche Bürokratie im Grade ihrer Kommunikationsbe-reitschaft außerhalb der hierarchischen Strukturen stark angenä-hert an das amerikanische Modell (Aberbach u. a. 1981: 231).

Die Einstellung der Bürger zur Verwaltung in der Bundesrepublik hat mit der »Modernisierung« des Selbstverständnisses der Verwal-tungseliten nicht Schritt gehalten. Befragungen ergaben, daß ein Drittel der Bevölkerung der Bürokratie noch stark entfremdet ge-genübersteht. 40% der 1978 Befragten mißtrauten der Verwaltung und vermuteten Willkür und Bestechlichkeit, 68% der Befragten hielten die deutsche öffentliche Verwaltung für ineffektiv. Am kri-tischsten in diesem Punkt waren die Facharbeiter mit 78% (Folgen ... 1978: 11 f.). Dabei waren die tatsächlichen Erfahrungen der Be-fragten im Umgang mit Ämtern und Behörden sehr viel positiver. Neuere Umfragen kamen zum umgekehrten Ergebnis: 63,8% der Befragten waren überwiegend zufrieden mit der Verwaltung. Das vielfach negative Bürokratiebild der Medien wird vom Bürger nicht pauschal übernommen (Feick/Mayntz 1982: 413).

Dennoch hat die parteiliche Klammer zwischen Politik und Verwaltung auch einen Beitrag zur Verringerung der Kluft zwischen Bürokratie und Gesellschaft geleistet. Innerhalb der Bürokratie sind die Parteien so etwas wie ein funktionales Äquivalent einer zentralen Rekrutierungsstelle geworden. In Deutschland gibt es keine Kaderverwaltung mit Nomenklatursystem. Es gibt keine zentrale Ausbildungsstätte. Auch die Verwaltungshochschule in Speyer hat in der Bedeutung das Vorbild der ENA in Paris nicht erreicht. Das Jurastudium der meisten Beamten schafft eine gewisse Homogenisierung, die nicht wie in Frankreich durch zentral gesteuerte Auslese und »concours«-Verfahren erreicht werden kann. Jeder Versuch dazu würde am Föderalismus scheitern, denn die Länder stellen den Löwenanteil der Verwaltung.

Der fragmentierten Auswahl entspricht eine mangelnde sektorale Mobilität. Es gibt kaum Versetzungen in andere Ressorts. Nur politische Karrieremobilität bringt gelegentlich etwas frischen Wind in die abgeschotteten Sektoren der deutschen Verwaltung.

Einige Aspekte der Durchdringung der Verwaltung durch die Parteien sind nicht nur negativ zu beurteilen. Eine politische Verwaltungsführung – Policy-orientiert und auf Konfliktschlichtung statt hoheitliche »Anordnung« ausgerichtet – wurde damit durchsetzbar. Negativ zu beurteilen ist jedoch die Kombination zweier Welten, die man für die besten hielt und die sich zur schlechtesten entwickelten: die Kombination eines rechtlich zu stark abgesicherten Beamtentums, das Sicherheit mit dem direkten politischen Zugriff verband. Deutschland ist daher als die »Demokratie der Funktionäre« (v. Arnim 1992a) auffällig geworden. Die Deregulierung des Beamtentums stößt auf eine etablierte Interessenkoalition von Gewerkschaften und konservativen Interessenvertretungen.

Nur wo ganze Bereiche in die Krise gerieten, wie bei Post und Bahn, machte die Entbeamtung Fortschritte. Selbst im Erziehungssystem, wo die Entbeamtung überfällig ist, wurde sie von der erwähnten unheiligen Koalition abgeblockt. Reformen der Kommunalverfassungen, die Einschränkung der Ämterpatronage in den parastaatlichen Einrichtungen und den Betrieben der öffentlichen Hand, eine Neuordnung des Beamtenrechts sind vielfach diskutiert worden. Kommissionen unterbreiteten Vorschläge. Aber gerade in diesem Bereich wirkte das Parteienkartell der politischen Klasse als Innovationsbarriere.

b) Die öffentlich-rechtlichen Medien

Das Verhältnis zwischen Parteien und Verwaltung hat sich im Laufe der deutschen Geschichte stark gewandelt. Auch das Verhältnis der Parteien zu den Medien unterlag einem Wandel, der vor allem durch die Umgestaltung der Medienlandschaft nach 1945 ausgelöst wurde.

Der Einfluß der politischen Klasse und der Parteien manifestiert sich in den Medien durch drei Prozesse:
(1) die Besetzung wichtiger Aufsichtsgremien durch Parteieliten,
(2) die Kooperation der Eliten in Politik und Medien,
(3) parteiliche Einflüsse auf die Programmgestaltung.

(1) Die Besetzung wichtiger Aufsichtsgremien durch Parteieliten

In der modernen parteistaatlichen Demokratie wandelte sich das Verhältnis der Politik zu den Medien. Dieser Wandel vollzog sich in einzelnen Demokratien jedoch nicht gleichsinnig. In kaum einem Bereich entwickelten nationale Traditionen so starke Beharrungstendenz wie in der Organisation der öffentlich-rechtlichen Medienlandschaft.

Die üblichen Typologien gehen von einem Kontinuum aus. Am einen Ende steht das *Marktmodell* der USA, wo auch Rundfunk und Fernsehen gesellschaftlich organisiert sind. Hier konnte die Vorstellung von den Medien als vierter Gewalt der Realität am nächsten kommen. Das Ideal lautete: »Machtinhaber und Kritiker dürfen nicht in einem Boot sitzen, an derselben Tafel essen, mit demselben Blatt Skat spielen, dieselben Lieder singen« (Weischenberg 1987: 13).

Ein solches Ideal der Gewaltentrennung wurde auch in Amerika nicht realisiert, aber die unabhängigen kommerziellen Medien Amerikas, die keinen staatsbürgerlichen Erziehungsauftrag akzeptieren, haben neben Werbung und der Vermarktung von Sex und Verbrechen auch einen kritischen politischen Journalismus hervorgebracht, der in Europa selten geblieben ist.

Der politische Journalismus Amerikas hat seine Kritikfähigkeit nicht gleichmäßig entwickelt. In Wellenbewegungen erreichte sie Höhepunkte wie in der Vietnamkrise, zur Zeit der Watergate- und der Iran-Nikaragua-Affäre. Zwischendurch gab es Flauten, in denen Reagans schauspielerische Leistung in der Selbstdarstellung von den Journalisten erstaunlich unbehelligt blieb (Weischenberg 1987: 17). Aber im ganzen haben die Politiker, und vor allem die Parteien, geringe Einwirkungsmöglichkeiten auf die Medien.

Am anderen Ende des Kontinuums stand das *staatsdirigistische Modell* Frankreichs. Die Tradition der Medien unter Kuratel des Staates geht zurück bis auf Ludwig XIV. Sie wurde selbst bei der Neugründung der Demokratie in der Vierten Republik nicht durchbrochen. Der staatlich dirigierte Rundfunk war in der Résistance-Zeit das einzige Verbindungsglied zwischen de Gaulle und dem besetzten französischen Volk gewesen. Ein Intellektueller wie André Malraux, der von der Linken zum Gaullismus stieß und in der Fünften Republik mit dem Kultur- und Informationsministerium belohnt wurde, verstieg sich sogar zu der etatistischen Sentenz: »Wie kann man ein Land regieren, in dem die Regierung kein Fernsehmonopol hat« (Follath 1974: 118). Der französische Staatsrundfunk hatte keine kontrollierende Funktion. Im Lande der Volkssouveränitätsdoktrin tat man sich immer schwer mit der Gewaltenteilungslehre, auch wenn Montesquieu sie in Frankreich – aber am Beispiel Englands – entwickelt hatte. Selbst die Justiz war für Montesquieu als unabhängige Instanz »de quelque façon nulle« gewesen, und die Verfassungsgerichtsbarkeit entwickelte sich nur zögerlich. Die Medien gar als unabhängige vierte Gewalt zu sehen, paßte nicht in das Bild der vorherrschenden französischen Staatsdoktrin.

Eine Medienaufsichtsbehörde sicherte den direkten Zugriff der Regierung auf das Programm. Gesellschaftliche Gruppen hatten im Gegensatz zum dritten Treuhandmodell keinen Einfluß. Die Parteien waren in der Fünften Republik zunächst schwach organisiert und spielten in der Zeit der Vorherrschaft der Gaullisten eine geringe Rolle. Der Staat und sein Medienmonopol – das war synonym mit der Regierungspartei und einem Präsidenten, der sich als über den Parteien stehend empfand.

Die sozialistische Regierung Mitterrand übernahm ab 1981 die Herrschaft über den staatlichen Rundfunk. Sie leitete jedoch bald eine Teilprivatisierung ein. Erst seit 1986 als der Staatspräsident mit Beginn in der »cohabitation« einer ihm feindlichen konservativen Mehrheit unter Chirac im Parlament gegenüberstand, wurde die Änderung der Medienpolitik beschleunigt in Angriff genommen.

Im gemeinsamen Wahlprogramm der Gaullisten (RPR) und der Giscardisten (UDF) wurde die Abschaffung der »haute autorité« und die Einsetzung einer neuen Kommission mit erweiterten Vollmachten proklamiert. Ein Teil der staatlichen Programmgesellschaften sollte privatisiert werden. (Ott 1990: 115 ff.)

Eine grundsätzliche Änderung in der Medienpolitik hat diese kleine Wende nicht herbeigeführt. Der Staat verzichtete auf Teile seiner Propagandainstrumente. Auch die Sozialisten verwarfen den Gedanken, gesellschaftlichen Gruppen in den Verwaltungsräten der verbleibenden staatlichen Anstalten eine Repräsentation zu gewähren. Von den privaten Rundfunk- und Fernsehanstalten war eine politische Gegenmacht mit Recht nicht befürchtet worden.

Zwischen Markt- und Staatsmodell entwickelte sich das britische *Treuhandmodell*. Die Repräsentation durch Amateure – im Gegensatz zu den professionellen Repräsentanten der Gruppen – räumte den Verbänden und Parteien weniger Einfluß ein als die deutsche Variante des Modells.

Die British Broadcasting Company wurde 1922 mit Hilfe der Regierung als kommerzielle Gesellschaft gegründet. Die Lösung wurde als »sehr britisch« betrachtet: »pragmatisch, sensibel, ordnungsliebend und undoktrinär« (Smith 1978: 27). 1927 wurde sie in die British Broadcasting Corporation überführt. Die Aktionäre wurden ausgezahlt, die alten Direktoren traten zurück. Ein neuer »Board of Governors« ersetzte sie. Auch wenn die Zusammensetzung der Boards von Politikern beeinflußt wurden, entwickelten sich eigene Loyalitäten gegenüber den Konsumenten (Tunstall 1983). Rechtlich schienen die Einflußmöglichkeiten beträchtlich, faktisch blieben sie ungenutzt. Der Einfluß der Parteien war gering. Das journalistische Berufsethos orientierte sich stärker am Prinzip des parteipolitisch unabhängigen britischen *civil service* (Gellner 1990: 477).

Die politische Klasse in Deutschland hätte nach 1945 gern an das Modell des staatlichen Rundfunks in der Weimarer Republik angeknüpft. Die Alliierten aber mißtrauten sowohl den deutschen Konsumenten in bezug auf eine Übernahme des Marktmodells als auch den Versuchungen des Staatsmodells, denen das Land in der Zeit der nationalsozialistischen Herrschaft erlegen war. Das britische Treuhandmodell bot sich als Kompromiß an. Die Rezipienten als »Bürger« zu behandeln, paßte in die Reeducation-Politik.

Die Rundfunkräte wurden nach dem Grundsatz der Verhältnis-
wahl und dem Proporzprinzip gebildet. Der Rundfunkrat – und
der als Unterausschuß eingesetzte Programmbeirat – wacht über
den Programmauftrag im Sinne der Treuhandkonzeption (Handbuch 1990: B 1 ff.). Autonomiegrad und Zusammensetzung sind
in den Ländern unterschiedlich ausgestaltet. Die Autonomie der
Räte in einzelnen Ländern ist stärker eingeschränkt als beim
ZDF (Gellner 1990: 72; Jank 1967: 37 ff.). Der Föderalismus und
die Fragmentierung der Sendegebiete haben in Deutschland die
medienpolitischen Einflüsse der Parteien und die Entwicklung
eines Parteibuch-Journalismus ermöglicht, zugleich aber auch als
Schranke gegen Monopolbildungen gewirkt (Gellner 1990: 477).
In Ländern, wo mehr Demokratie gewagt werden sollte, wie in
Nordrhein-Westfalen, wählen die Parlamentsfraktionen die Mitglieder des Runkfunkrates. In anderen Anstalten, wie beim Süd-
deutschen Rundfunk, benennen die gesellschaftlichen Gruppen
ihre Vertreter selbst (Bausch 1986: 204). Das demokratischer
erscheinende Wahlsystem hat jedoch die Einfallstore für den
Parteienstaat noch weiter geöffnet als ein funktional-ständisches
Repräsentationsprinzip, das politisch ebenfalls Konsequenzen
hatte. In der Regel wurde mit ihm die konservative Mehrheit am
besten gesichert, auch wenn sie nicht parteipolitisch motiviert
schien.

Der Parteienstaat griff nach der Repräsentation in den öffentlich-
rechtlichen Anstalten, da er zunehmend seine eigenen Presse-
strumente einbüßte. Die Parteien haben zudem ihre Programm-
entwürfe und Wahlkampfstrategien zunehmend auf die Medien
abgestellt (Jarren 1988: 628). Die Absteckung der Sendegebiete in
den neuen Bundesländern hat neue Einfallstore des parteilichen
Einflusses geöffnet. Nur der Beitritt des von der CDU regierten
Landes Mecklenburg-Vorpommern zum Norddeutschen Rundfunk entsprach nicht den parteipolitischen Erwartungen (vgl.
Hoffmann-Riem 1992).

Die Proporzregeln eröffnen Einflußchancen, die sich nicht immer
auch in Einflüsse umsetzen. Je komplizierter der Proporz, um so
stärker paralysieren die Einflüsse einander. Parteipolitischer Einfluß wird vor allem durch die Ernennung von Intendanten geltend
gemacht. Als 1990 Jobst Plog als neuer Intendant des NDR bestellt wurde, wurde diese Ernennung auf den Wandel der politischen Mehrheit in den norddeutschen Ländern zurückgeführt. In

einem Interview leugnete Plog nicht, daß Parteien Einfluß nehmen und hielt die Kritik daran für reine Heuchelei: »Ja, und eben das Bundesverfassungsgericht wird nach den Grundsätzen des Parteienproporzes besetzt, was offenbar noch nie jemanden an der Unabhängigkeit der Richter hat zweifeln lassen. Dieselbe Unabhängigkeit nehme ich für mich in Anspruch. Die Gleichung: parteilos gleich unabhängig, parteigebunden gleich feige, widerspricht meiner Lebenserfahrung« (*Der Spiegel* 41/1990: 43). Auch Intendanten, die auf CDU-Ticket ins Amt gekommen waren, wie Hans Bausch (Südfunk), leugneten die parteipolitischen Einflüsse nicht. Bausch (1986: 201) kritisierte sogar die übertriebene Empfindlichkeit seiner Partei: »Die Union ist der Meinung, das ganze öffentlich-rechtliche Rundfunksystem sei gegen sie gerichtet.« Er wies darauf hin, daß die Aufsichtsgremien des ZDF im Vergleich zu manchen Landesrundfunkanstalten sich für die Union als ausgesprochen »pflegeleicht« erwiesen.

In kaum einem Land ist der Parteibuch-Journalismus so weit verbreitet wie in Deutschland. In der für die Union ganz unverdächtigen Elitenstudie unter Leitung von Rudolf Wildenmann (Hoffmann-Lange 1983: 18) äußerten 55,2% der Medieneliten in Rundfunk und Fernsehen eine Präferenz für die Unionsparteien und nur 21,3% eine Vorliebe für die SPD. Das war ein vielfach höherer Anteil parteigebundener Journalisten als bei den Printmedien (16%) (Weischenberg 1987: 14, 16) und widersprach den Annahmen der Kampagne um die »Schweigespirale«, bei der Mißerfolge der Union dem Konto angeblich linker Journalisten zugeschrieben wurden. In dieser Kampagne wurde Reinhard Appel zum Sündenbock gestempelt, weil er bei den letzten großen Streitgesprächen der Kandidaten vor der Wahl durch ungünstige Fragen und Kameraeinstellungen die Chancen der Union verschlechtert habe (Noelle-Neumann 1980: 239).

Auf dem Boden einer solchen Mystifizierung der linken Medieneliten gediehen Pläne zur Flucht in die Privatisierung von Teilen der öffentlich-rechtlichen Medien. Bausch (1986: 207) attestierte seiner Partei später: »Sie werden – in diesem Punkt brauchen die Unionsparteien in der Tat keine Sorgen zu haben – in Privatprogrammen kein kritisches Gegenüber bekommen.«

Die Deregulierungs- und Privatisierungswelle hat in Westeuropa nicht nur die Wirtschaft, sondern auch die Medien erfaßt. Die Medienpolitik hatte Teil am Prozeß der Entideologisierung. Paternalistische Bevormundung der Konsumenten war immer weniger gefragt. Insofern ist der Hintergedanke, die politische Kritik durch Vermehrung privater Anbieter klein zu halten, nur ein Nebenmotiv einiger Teile der politischen Klasse. Die Emanzipation der Bürger und Konsumenten und wirtschaftliche wie technische Innovationserfordernisse hätten diese Bewegung auch ohne politische Forcierung durch konservative Kräfte vorangetrieben. Aber die Privatisierung war in der Durchführung wiederum parteipolitisch so stark umstritten, daß es bis zu Prozessen der öffentlich-rechtlichen Rundfunkanstalten kam, die sich der Politiker juristisch erwehren mußten. Das ARD-Satellitenprogramm zum Beispiel wurde politisch kritisiert als eine gegen die Privaten gerichtete »Kanalverstopfung« (Bausch 1986: 207), obwohl die ARD damit nur ein Äquivalent des 3-Sat-Programms des ZDF anstrebte. Wo ein Gebührenstaatsvertrag auslief, konnten die Ministerpräsidenten ebenfalls ihren parteipolitisch gefärbten Einfluß geltend machen.

Die öffentlich-rechtlichen Rundfunksysteme wurden durch diese Entwicklung immer mehr auf die bloße Grundversorgung zurückgedrängt. Sie kamen dadurch in der Öffentlichkeit in eine doppelte Zwickmühle. Einerseits wurde die Gebührenfinanzierung der öffentlich-rechtlichen Anstalten von den Konsumenten immer kritischer angesehen. Andererseits erzwang die private Konkurrenz eine immer stärkere Anpassung an deren Programme. Es wird sogar befürchtet, daß die öffentlich-rechtlichen Anstalten durch ihre größere politische Abhängigkeit zunehmend den Anschluß an Innovationen in der Programmgestaltung verpassen (Clement 1992: 27). Der politische Einfluß in der Medienpolitik schützt zur Zeit noch einen Teil des alten Treuhandmodells. Aber die Entwicklungschancen des Modells werden durch die private und billigere Konkurrenz zunehmend ausgehöhlt.

Die politische Klasse hat den Parteienstaat so weit ausgebaut, daß sie Proporzarrangements und Ausgewogenheitsriten in vielen Bereichen der öffentlich-rechtlichen Medien durchsetzen konnte. Diese Arrangements schließen die Oppositionsparteien ein, soweit sie etabliert sind. Selbst eine radikale Kritik forderte nicht die Abschaffung des Proporzdenkens, sondern nur seine Ergänzung zugunsten der schwächeren Interessen. Es wurde vorgeschlagen, einen *Umkehrproporz* einzuführen, um den unterprivilegierten Interessen einen Ausgleich für ihre Artikulationsschwäche zu verschaffen. Die Linke hat schon früh die Illusion aufgegeben, die Medien ließen sich im Sinne der eigenen progressiven Positionen politisieren (Zoll/Hennig 1970; Holzer 1972). Auch der altliberale Traum von den Medien als vierter Gewalt ist zerronnen. Die Idee der vierten Gewalt gibt gelegentlich einen zündenden Buchtitel ab (Bergsdorf 1980). Inhaltlich begründet wurde das Konzept nicht.

(2) Die Kooperation der Eliten in Politik und Medien

Neben den direkten Einflüssen durch Parteipolitik entwickeln sich Verflechtungen zwischen Politik und Medien durch die *Intensivierung ihrer Kommunikation*. Die beiden Elitensektoren sitzen – abweichend zum zitierten Ideal – zunehmend in einem Boot. Gefälligkeitsjournalismus gedeiht nicht nur im Treuhandmodell. Auch im amerikanischen Marktmodell bleibt die Anzeigenmacht wichtiger Interessen nicht ohne Einfluß auf die Berichterstattung – vor allem auf regionaler Ebene.

In Europa wird bereits diskutiert, ob die Medienvertreter nicht schon Teil der politischen Klasse sind. Je mehr die entideologisierte Politik über Ereignisse und Personen vermittelt wird, um so mehr wächst die Tendenz in den Medien, Kooperation statt Kontrolle zu suchen. Die Einladung wichtiger Medienvertreter bei Reisen des Bundeskanzlers war immer wieder ein Stein des Anstoßes. Die Reisen des früheren Ministerpräsidenten Lothar Späth mit Industriellen haben seine Unabhängigkeit in den Augen der Medien untergraben. Die Reisen der Medienvertreter mit den Regierenden erschienen hingegen nicht in gleicher Weise anrüchig. Aufmüpfige Journalisten wurden nicht wieder eingeladen. Unabhängige Starjournalisten leisteten sich gelegentlich »Männerstolz vor Königsthronen« und flogen auf Kosten ihrer Institution dem Regierungsflugzeug hinterher, um ihre Unabhängigkeit zu demonstrieren. Aber selbst wo »getrennt marschiert wird«, ist das »vereinte Schlagen« nicht auszuschließen, wenn ein der Regierung Nahestehender die Regierungspolitik im Grunde billigt.

Je professioneller die Medienarbeit der Regierung und der Parteien wurde, desto stärker wurde die Tendenz der Journalisten, angesichts der Überflutung mit Informationen schlicht die offizielle Verlautbarung zu variieren. In der Gesetzgebung gab es schon lange das »eiserne Dreieck« von Regierung/Bürokratie, Parlamentsausschüssen und Interessengruppen. Wo die Implementation von Gesetzen wichtiger wird als ihre Formulierung, wächst die Macht der Verwaltung. Auch sie unterhält immer professionellere Informationsdienste für die Medien. Analog dazu hat man ein medienpolitisches Dreieck von Politikern, Journalisten und Publikum konstruiert. Wo das machtlose Publikum in den Triangel aufgenommen wird, entwickeln sich wesentlich weniger gleichberechtigte Möglichkeiten der drei Ecken. Die am Dreieck der Politikfindung Beteiligten können zur politischen Klasse gezählt werden. Das Publikum im Mediendreieck wird niemand dazu rechnen wollen.

Die Globaltypologie erwies sich als differenzierungsbedürftig. Es wurden drei Gruppen von Teilnehmern am Kommunikationsprozeß der Politik klassifiziert (Weischenberg 1990: 113 ff.):

Politiker:	Gladiatoren
	Informanten
	Argumentierer
Journalisten:	Anwälte
	Unterhalter
Publikum:	Engagierte
	Skeptiker
	Konsumenten

Wo das Bedürfnis besteht, Journalisten und Politiker als politische Klasse zusammen zu sehen, kommen offenbar nicht alle Untergruppen als Bestandteile der politischen Klasse in Frage. Bei den Politikern können alle drei Typen Teil der politischen Klasse sein. Bei den Journalisten wird man in erster Linie die »Anwälte« dazu zählen. Da aber ein großer Teil des Publikums Zugang zur Politik nur noch über einen Unterhaltungswert hat, gewinnt auch der Typ des Unterhalters zunehmend an Gewicht in der politischen Klasse.

Das Selbstbild eines Teils der Medien schließt Macht nicht aus. Haben die Medien nicht geholfen, Diktatoren zu stürzen – von Marcos bis zum sowjetischen System? Der Einfluß der Medien wird von Politikern jedoch eher hochgespielt als von den Journalisten. Je länger Korrespondenten in der Hauptstadt akkreditiert sind, desto mehr wächst die Wahrscheinlichkeit, daß sie in das eiserne Dreieck eingebunden werden (Weischenberg 1987: 14).

Scheuch hält es für erwähnenswert, daß Beamte und Journalisten keine Partei- und Wahlämter bekleiden dürfen (1992: 123), als ob dies bei Journalisten eine häufige Erscheinung wäre! Man müßte dann schon einen Berufspolitiker, der als Lernberuf Journalist angibt, unter die Journalisten rechnen. Niemand kam auf die Idee, Brandt und Genscher noch als Journalisten zu behandeln, nachdem sie in die politische Elite aufgestiegen waren. Die Neigung zur Kooperation wächst. Sie hat aber in Europa noch keine japanischen Ausmaße angenommen. Dort wurde die Kooperation in Journalistenclubs institutionalisiert, so daß es zu einer echten paternalistischen Verfilzung der beiden Elitensektoren kam.

In Europa sind die Politiker auf Kontakte zu den Journalisten angewiesen. Die Abgeordneten haben – nach den Kontakten, die sie pflegen, gefragt – in einer Befragung zu Protokoll gegeben, daß Journalisten (79%) ihre wichtigsten Beratungspersonen seien. Sie stehen damit an zweiter Stelle. Die erste Stelle nahmen Parteikollegen ein. Damit stehen die Journalisten unter den Eliten anderer Bereiche außerhalb der politischen Klasse vor den Ministerialbeamten (77%) und Wissenschaftlern (67%) an der Spitze (Puhe/Würzberg 1989: 79). Selbst die Grünen, die sich gern über ein unangemessenes Presseecho beklagten, auch wenn sie einige parasitäre Publizität einheimsten, die eher der Sensation als den Politikinhalten galt, haben zu 76% Kontakte mit Journalisten an die erste Stelle gesetzt.

Politiker und Medieneliten sind in der Inszenierung von Schaupolitik zunehmend verbunden. Journalisten verstärken die Verselbständigungstendenzen in der politischen Klasse. Der »symbolische Gebrauch von Politik« nimmt zu, je weniger ideologisch verfestigte Grabenkämpfe die politische Arena beherrschen. Der Terminus »Politikarena« in der Policy-Forschung ist hier verräterisch. Selbst in streng sachbezogenen Bereichen schlich sich der Schaukampfarenen-Begriff in die wissenschaftliche Terminologie ein. In der älteren Elitenforschung wurden die Massen vielfach als uninformiert und realitätsfern dargestellt. Zunehmend hat die Elitenforschung auch die Mechanismen in die Betrachtung einbezogen, die zu einem Realitätsverlust der politischen Klasse führen können. Bei längerer Amtsdauer kommt es immer häufiger vor, daß Mitglieder der politischen Klasse »Entscheidungspolitik« und »rituelle Politik« verwechseln (Landfried 1991b: 207).

(3) Parteiliche Einflüsse auf die Programmgestaltung

Die gefährlichsten Einflüsse der Politik auf die Medien sind *Einflußnahmen auf die Programme* ohne Umweg über die Aufsichtsgremien. Immer wieder sind solche Fälle ruchbar geworden, etwa in Zusammenhang mit Sendungen von Franz Alt oder Dieter Hildebrandt. Selbst Intendanten gaben in Interviews entsprechende Eingriffe zu Protokoll – am liebsten solche, bei denen sie sich gegen ihre Regierung durchgesetzt hatten (Bausch 1986: 207 f.). Derartige Beispielsammlungen aber bleiben empirisch-anekdotisch. Selbst Inhaltsanalysen von Programmen können nur ein politisches »bias« nachweisen. Ob es durch direkte Einwirkung von Politikern zustandegekommen ist, entzieht sich diesem Forschungsinstrument. Was ist Folge von Einflüssen – und wo überwiegt nur »vorauseilender Gehorsam«? Parteibuch-Journalisten achten gelegentlich strenger auf ihre Objektivität als unauffällige Nahestehende, die kaum noch merken, wann sie in den Dienst des regierenden Teils der politischen Klasse treten.

Ähnlich wie in der Wissenschaft herrscht im professionellen Journalismus, der seine Aufgabe nicht im Fahnenschwenken sieht, ein gewisser Positivismus zugunsten des Bestehenden. Umgekehrt ist ein Teil dessen, was die politische Klasse als übertrieben harsche Kritik ansieht, nur Ausfluß eines Mediums, das auf interessante Stories angewiesen ist. Ironie und zugespitzte Pointen verleiten zur Vermutung einer Grundopposition, die gar nicht vorliegt. Gereiztheiten zwischen Politik und Medien lassen auf eine Grundstimmung schließen, die nur selten existiert. Helmut Schmidt sprach einst von den »Indiskretins«. Die »Arroganz der Macht«, die ihm nicht völlig fremd war, bedeutete keine grundsätzliche Medienfeindschaft, sonst wäre er nicht selbst im Ruhestand journalistisch tätig geworden (Weischenberg 1990: 101). Die politische Streitkultur in Deutschland ist nicht besonders konfliktfreudig. Es wäre ein Wunder, wenn dies im Verhältnis von Medien und Politik anders wäre.

Zusammenfassend läßt sich feststellen, daß sich das Gleichgewicht zwischen der politischen Klasse und den Medieneliten verschoben hat:

– Die *Parteien haben ihre eigenen Medien zusehends verloren* und sind stärker als früher auf die Medieneliten angewiesen.

- Regierung und Parteien *haben ihre eigenen Informationssysteme ausgebaut* und damit zur Verflechtung von Macht und Medien beigetragen.
- Die *Medifizierung der Politik* schreitet fort; verlangt wird der mediengerechte Politikertyp (vgl. Kap. IV, 2.).

Die Theorie der öffentlichen Meinung hat sich gewandelt. Begriffe wie »Einfluß und Kontrolle« erscheinen als veraltet, weil sie mit der klassischen Konzeption der Steuerung verbunden sind. In einer ausdifferenzierten Gesellschaft mit wachsender Autonomie der Subsysteme verliert die öffentliche Meinung die Funktion der Kontrolle und der Beeinflussung politischer Entscheidungen (Luhmann 1971: 10). Die Medien können allenfalls durch Lenkung der öffentlichen Aufmerksamkeit auf vernachlässigte Themen kompensatorische Steuerungsfunktionen wahrnehmen. Zwischen Medien und Politik wird in dieser realistischen Konzeption kein kausales Beeinflussungsverhältnis mehr vermutet. Medien leisten aber der Politik eine gewisse *Selektionshilfe*. Die schöne Symmetrie der Funktionen, der Artikulation, Information, Kritik und Kontrolle, die in der älteren Medienliteratur dominiert haben, ist längst verlorengegangen.

Eine andere Typologie (Jarren 1988) setzte Autonomie, Interdependenz oder Symbiose als mögliche Modelle des Verhältnisses zwischen Politik und Medien nebeneinander. Die drei Modelle erweisen sich immer weniger als alternative Möglichkeiten. Sie wirken vielfach eher komplementär:

- Die *Autonomie* im öffentlich-rechtlichen Sektor sinkt. Sie wächst im privaten Sektor. Nach Anpassung an die privaten Anbieter könnte sie auch bei den öffentlich-rechtlichen Anstalten wieder zunehmen.
- Die *Interdependenz* der Elitensektoren wächst mit der Geschwindigkeit der Ausdifferenzierung und Professionalisierung der beiden Subsysteme Politik und Medien.
- Eine *Symbiose* ist allenfalls bei den Spitzenkommunikatoren der politischen Berichterstattung in Sicht. Setzte sich jeder dieser Prozesse fort, müßte die Medienelite schon zur politischen Klasse gezählt werden.

c) Das Erziehungssystem

In kaum einer parlamentarischen Demokratie wird so häufig über die parteienstaatliche Durchdringung der Führungspositionen im Erziehungssystem geklagt wie in der deutschen. Der Schulbereich ist ein Sonderaspekt der Länderverwaltung. Die parteipolitische Durchdringung der Länderverwaltung ist generell noch höher als die der Bundesverwaltung. Der Föderalismus tritt als Verstärker der parteienstaatlichen Tendenzen im System auf.

Im Gegensatz zu den Spitzenpositionen in der Verwaltung geht es bei der parteipolitischen Auslese von Schulleitern nicht um die Versorgung von Politikern und systemtragenden Kräften. Die Zeiten sind vorbei, da ausgediente Korporale der preußischen Armee im fortgeschrittenen Dienstalter zu Leitern und Lehrern von Volksschulen abkommandiert wurden.

Die Sensibilisierung der Parteien für ihre Grenzen hat inzwischen auch den Erziehungssektor erreicht. Der parlamentarische Geschäftsführer der Fraktion der Unionsparteien im Deutschen Bundestag, Jürgen Rüttgers, hat 1992 vorgeschlagen, nach einer Vorauswahl qualifizierter Bewerber für die Schulleitung, die Direktoren von einem Gremium wählen zu lassen, das sich aus Lehrern, Eltern und Schülern zusammensetzt (*Der Spiegel* 23/1992: 20). Ein solcher Vorschlag hält sich noch an die ständisch-proportionalistischen Traditionen des Landes. Er geht nicht so weit wie in Amerika, wo Inhaber von Führungsposten in staatlichen Einrichtungen – wie Sheriffs oder Richter – in manchen Staaten vom Volk gewählt werden. An der von Rüttgers vorgeschlagenen gemäßigten demokratischen Variante muß Kritik geübt werden: Eine unheilige Allianz von Lehrern und Schülern könnte ein Interesse daran haben, den Einzug von starken Führungspersönlichkeiten in die Schulleitung zu verhindern.

Die *Hochschulen* sind der Teil des Erziehungsbereichs, der sich vom Vorwurf parteienstaatlicher Durchdringung weitgehend freihalten konnte. Die Wahl von Rektoren und Präsidenten zeichnet sich durch eine starke Autonomie aus. Es hat zwar einige Fälle der Ausübung politischer Vetomacht von seiten der zuständigen Landesminister gegeben, aber sie blieben im ganzen marginal und keineswegs immer erfolgreich. Gerade in konfliktreichen Zeiten mußten deutsche Kultusminister damit leben, daß sie zur Zusammenarbeit mit Rektoren einer sehr viel radikaleren Couleur gezwungen waren, als es der politischen Zusammensetzung der Landesregierung entsprochen hätte.

Nur in Italien wurde in letzter Zeit öffentlich diskutiert, daß zu viele Politiker Hochschulprofessoren würden (*L'espresso* 29. 6. 1992: 44). Die Belege für solche Kritik sind nicht sehr überzeugend. Außerdem übersieht die Kritik, daß in Italien sehr viel mehr Professoren politisch aktiv tätig sind. 1992 wurde mit Giuliano Amato ein Professor der Politikwissenschaft zum Ministerpräsidenten, aber er war längst Hochschullehrer gewesen, als er in die Politik ging. Ähnliches gilt für Spadolini u. a. Pasquino war längst renommierter Professor, ehe er als Parteiloser auf einer kommunistischen Liste für den Senat kandidierte.

Hochschulen eignen sich kaum als Versorgungsstätte für Ex-Politiker. Die zahlreichen Honorarprofessoren, die einst Politiker waren, tun dies »honoris causa« – nicht »honoraris causa«. In den deutschen Ländern wurde in unruhigen Zeiten von Parteipolitikern der eher gefürchtete Sessel des Hochschulministers gern einem Professor mit Parteibuch überlassen. Versorgungsfälle aber waren bekannte Sozialwissenschaftler wie Peter von Oertzen, Ludwig von Friedeburg oder Hans Maier nicht. Eher haben sie für ihre Partei eine Weile einen relativ undankbaren Job übernommen.

Politische Gesichtspunkte spielen bei der Berufungspolitik der Ministerien nur in ganz seltenen – politiknahen Fächern – eine Rolle. Erstaunlicherweise im parteidurchtränkten Hochschulleben Italiens noch seltener als in Deutschland. In Italien war – trotz der Dauerherrschaft der Christdemokraten – die Toleranz größer als in Deutschland, das heißt, man berief notfalls auch einen mißliebigen Linken, wenn die Fakultäten ihn mit großer Mehrheit auf die Berufungsliste gesetzt hatten.

d) Die Wirtschaft der öffentlichen Hand

Je größer der Anteil der Wirtschaft in direkter oder indirekter (parastaatlicher) Regie ist, um so weiter steht das Einfallstor für parteiliche Ämterpatronage offen. In Deutschland ist der Anteil der staatlichen Wirtschaft auf nationaler Ebene immer gering gewesen. In Italien war er hingegen traditionell groß, weil ein großer Teil der faschistischen Staatskonzerne auch in der Demokratie vom

Staat übernommen wurden. In der Versorgungsökonomie gegenüber dem Mezzogiorno traten neue Formen staatlicher Wirtschaft auf. Dies hat nach einigen Jahrzehnten Erfahrung dazu geführt, daß auch bei den Linken im Land die Neigung, weitere Verstaatlichungen zu fordern, gering war. Die bestehenden Staatsbetriebe wurden jedoch in der Regel zur Ämterpatronage nach Proporzgesichtspunkten benutzt. Die 54 000 »enti pubblici«, die man in Italien gezählt hat (Cassese 1983: 263), stellten eine weitere Versorgungsmasse für Mitglieder der politischen Klasse dar.

Längst vor dem Niedergang des realen Sozialismus wich der Sozialisierungseifer in den meisten Ländern. Nur in Frankreich reichte er noch bis in die 8oer Jahre. Deregulierung und Privatisierung waren die Devisen der Abkehr vom Staatsinterventionismus. Gegen die neue Welle blieb nur der »Gas- und Wasser-Sozialismus« kommunaler Versorgungsbetriebe in Deutschland verhältnismäßig resistent. Die Versorgungs- und Verkehrsbetriebe und die Sparkassen im Gemeindebesitz wurden vielfach zum Tummelplatz parteipolitischer Ämterpatronage. Eine Studie im Auftrag der CDU stellte für Nordrhein-Westfalen fest, daß von ca. 9000 Leitungsposten in diesem Bereich über ein Drittel mit Mitgliedern der Gemeinderäte besetzt waren (*Der Spiegel* 23/1992: 20). Populistischer Überschwang der Kritik behauptete, viele kommunale Firmengründungen dienten in erster Linie der Versorgung von Gemeindepolitikern (Scheuch 1992: 116). In dieser Globalität ist die These kaum zu überprüfen. Erwin Scheuch (1992: 123) hat vorgeschlagen, Mandatsträger und politische Funktionäre von den Aufsichtsräten der Betriebe der öffentlichen Hand auszuschließen. *Prima vista* ist der Vorschlag einleuchtend. Aber die Verflechtung der politischen Klasse mit privaten Betriebsfunktionen ist nicht weniger bedenklich und weit stärker anfällig für Korruptionserscheinungen (Kap. 11, 4.). Juristisch wäre zu prüfen, ob die Politik als einziger Elitensektor ausgeschlossen bleiben soll, wo andere Führungsgruppen ungehinderten Zugang erhalten.

Die neoliberale Vorstellung, eine Verflechtung der politischen Klasse mit der öffentlichen Wirtschaft sei des Teufels, aber die Interaktion mit der Privatwirtschaft ein Segen, ist bedenklich. Gefälligkeitspolitik droht auch von der Privatwirtschaft. Die parteipolitische Ämterpatronage sollte nicht um den Preis einer Öffnung der Tore für Korruptionsanfälligkeit ausgetrieben werden.

4. Die umgekehrte Kolonialisierung:
Korruption im Parteienstaat

Korruption wird häufig an erster Stelle genannt, wenn von Parteienverdrossenheit und Unzufriedenheit mit der politischen Klasse die Rede ist. Dennoch handelt es sich dabei um ein Phänomen, das nicht auf der gleichen Ebene liegt, wie die Durchdringung gesellschaftlicher Bereiche durch die Parteieliten, es sei denn, man wertete auch dies schon als eine Variante der Korruption.

Soweit Korruptionserscheinungen in der politischen Klasse ruchbar werden, handelt es sich um eine umgekehrte Durchdringung alter Art. Das Neue an der Verselbständigung der politischen Klasse ist ihre Fähigkeit, über Parteienproporzarrangements in gesellschaftlichen Bereichen Stützpunkte für die Patronage von Parteieliten aufzubauen. Die Korruption in der politischen Klasse ist eher ein älteres Phänomen: die Durchdringung der Delegationseliten auf Zeit durch gesellschaftliche Interessen.

Wäre eine politische Klasse ein monolithischer Block, wie er manchmal unter dem Terminus »Machtelite« gedacht wurde, müßte sich diese abgehobene Gruppe tendenziell gegen Einflüsse von seiten der Gesellschaft gut abschirmen und daher auch die Korruption unter Kontrolle halten können. Das Vorkommen von Korruption ist der Beleg dafür, daß die politische Klasse nicht hermetisch abgeschlossen ist. Es sei denn, man definierte die »Bestecher« schlicht als Teil der politischen Elite. Korruption als positiver Aspekt, der von der Zugänglichkeit einer monolithischen politischen Klasse zeugt, scheint in westlichen Demokratien kaum plausibel zu sein. Aber in bezug auf die Nomenklaturaklasse der alten Sowjetunion hat es solche Annahmen gegeben. Die Tatsache, daß Seilschaften und Korruptionscliquen die Partei penetrierten, wurde in der funktionalistischen Literatur des Westens fast positiv zur Kenntnis genommen, weil dies als die einzige Möglichkeit erschien, die totalitär geplante Kaderpolitik zu unterlaufen. Solche Beispiele zeigen, daß das Verhältnis von Elite und Korruption einem starken historischen Wandel unterliegt.

In vorparteienstaatlichen Systemen kann Korruption funktional für die Mehrheitsbeschaffung sein. In vormodernen und vorparlamentarischen Systemen ist sie häufig nicht einmal »abweichendes Verhalten«. Modernisierungseliten erlegen traditionellen Systemen Normen und Institutionen auf, die von den Massen und den alten Eliten innerlich nicht akzeptiert werden. Was Modernisierer und westliche Wissenschaftler Korruption nennen, ist für die Betroffenen – ohne Unrechtsbewußtsein – traditionelles Verhalten (vgl. Huntington 1968: 59 ff.). In frühparlamentarischen Systemen schien Korruption unvermeidbar zu sein, weil es mangels demokratischer Mehrheiten sonst zu keiner Regierungsmehrheit gekommen wäre. Walpole in England, Guizot in Frankreich, Depretis in Italien haben die Mehrheitsbeschaffungskorruption zum Teil gegen ihren ursprünglichen Willen angewandt (v. Beyme 1973; Landfried 1989: 130 ff.). In unregierbaren Teilen moderner Demokratien, die von ethnischen und Rassenkonflikten zerrissen waren, kam die Theorie der funktionalen Korruption auf: »some corruption is inevitable in a city like Chicago« (Banfield 1961: 257). Die Unvermeidbarkeit von Korruption wird als Teil der Dynamik der Situation gesehen. Ohne sie wäre Unregierbarkeit das Schicksal dieser Metropole. Die Schwäche des Ansatzes liegt darin, daß nicht exakt angegeben werden kann, wieviel Korruption unvermeidbar ist.

Korruption in modernen Demokratien wird von den Akteuren der politischen Klasse allenfalls in Ausnahmesituationen gerechtfertigt, die weitreichende Entscheidungen betreffen, welche am seidenen Faden einzelner Abgeordnetenstimmen hängen. Bei enger werdenden Margen in wichtigen Abstimmungen wird ausnahmsweise auch der Verdacht der Korruption zur Rettung der Regierung geäußert, meist in eher milden Formen. Ein SPD-Politiker, der lange verdächtigt wurde, etwas derartiges für seine Partei organisiert zu haben, wurde inzwischen durch Enthüllungen über eine DDR-Beteiligung an dieser Affäre entlastet. Der Stimmenkauf zur Verhinderung eines Sturzes der Regierung Brandt hat relativ wenig Indignation hervorgerufen. Nicht so sehr, weil Korruption in Deutschland generell wenig Aufregung verursachte oder weil Deutsche Politik ohnehin für ein schmutziges Geschäft halten und davon ausgehen, daß Politiker korrupt sind, wie linke Kritiker vermutet haben (Blankenburg u. a., in: Heidenheimer 1989: 929). Die Umfragedaten zeigen, daß sich diese deutsche Indolenz gerade in der Zeit der sozialliberalen Koalition gebessert hat.

Das Vertrauen der Bevölkerung in die Korrektheit der politischen Klasse ist zudem nicht gleichmäßig verteilt. Seltsamerweise sind die Anhänger der Oppositionsparteien in der Regel enttäuschungsfester, weil sie eine geringere Erwartung an die Regierungspartei herantragen (Westle 1989: 304). Alle Bürger leiden unter dem Dilemma, das John Locke einst aufzeigte: »Ihr vertraut die Regierung jenen an, denen ihr mißtraut.«

Das generelle Problem ist jedoch, daß Schlüsselentscheidungen in Systemen mit starker Blockade der Rechts-Links-Lager häufiger zur Korruption einladen. Unsichere Mehrheits- und Machtverhältnisse fördern offensichtlich aktive und passive Formen der Korruption (Roth 1989: 217). Je kleiner die Margen, die Ausschlag über eine Entscheidung geben, um so größer die Versuchung, der Korruption zu erliegen.

Diese Form der Korruption zur Mehrheitssicherung ist jedoch ein Vorgang, der sich innerhalb der politischen Klasse abspielt, selbst wenn das Geld außerhalb des politischen Systems besorgt werden sollte. Obwohl auch dies eine Form der Abgeordnetenbestechung darstellt, die skandalöserweise in Deutschland noch immer nicht strafbar ist, liegt sie außerhalb des hier interessierenden Phänomens: Gibt es wachsende Möglichkeiten, die Kolonialisierung der Parteien durch Penetration der Parteien mit gesellschaftlichen Interessen zu fördern?

Systemtheoretisch gesehen ist dies wahrscheinlich: Wo Patronage und Entscheidungsmacht der Parteien zunehmen, wächst auch für die gesellschaftlichen Interessen, die nicht von den Parteien kolonialisiert werden können, die Versuchung, sich dieser Machtmittel durch Korruption der Parteien zu bedienen.

Korruption gibt es in allen politischen Regimen. Hier kann nur die Frage aufgeworfen werden, ob die Tendenz zum Ausbau des Parteienstaates und zur Verfestigung einer politischen Klasse quer durch die Parteien die Ausbreitung der Korruption fördert. Die Zyklen der Korruption sind nur selten in Langzeitstudien empirisch analysiert worden. Manche Ergebnisse waren zu erwarten:

(1) Die *Dauer der Mitwirkung von Parteien an der Macht* beeinflußt die Anfälligkeit für Korruption. Es ist kaum verwunderlich, daß die CDU häufiger involviert war als die SPD. Aber die FDP war der SPD in diesem Punkt näher als den Unionsparteien, obwohl sie doch eine viel gescholtene Schlüsselstellung in allen Koalitionen (mit Ausnahme des dritten Kabinetts Adenauers und der großen Koalition) hatte. Da die FDP zwar nicht absolut, aber im Verhältnis zu ihren Wählern, ihren Mitgliedern und dem Umfang ihres Parteiapparats in der Spendenpolitik privater Interessen re-

lativ gut bedacht wird (vgl. Tab. 8, S. 171), ist die Partei weniger auf illegale Beschaffungsmaßnahmen angewiesen, obwohl kein geringerer als Lambsdorff im Flickskandal schwer belastet wurde.

(2) Niemand hat bisher die *Einkommenssituation der Abgeordneten* zur Zahl der Korruptionsfälle ins Verhältnis gesetzt. Die Gleichung »arme Politiker = hohe Korruptionsanfälligkeit« geht schon *prima vista* nicht auf. Aber wo sich die Parteielite aus sozial gehobeneren Schichten mit besserer Absicherung zusammensetzt, mag die Anfälligkeit sinken: Zweifellos würde die FDP in ihrer Führung hier vergleichsweise die sozial gehobenste Schicht repräsentieren, die auch jederzeit in anderen Karrieren außerhalb der Politik wieder reüssieren könnte. In Italien wurden die meisten Korruptionsfälle bei den Christdemokraten festgestellt, es folgen die Sozialisten und Kommunisten (bei letzteren wurde die Korruption durch Moskau erst nach 1989 ruchbar). Die laizistischen Parteien (Republikaner und Liberale), eher die Oberschichten repräsentierend, schienen weniger korrupt zu sein. Das gilt aber nur in absoluten Zahlen. Im Vergleich zu ihrer Größe waren auch diese Parteien nicht weniger korruptionsanfällig als die Kommunisten (Zahlen bei Cazzola 1988: 62).

(3) Noch weniger wurde die Korruptionsanfälligkeit von Parteien und Mitgliedern der politischen Klasse zu den *Politikfeldern* in Beziehung gesetzt. Gewisse Ministerien sind anfälliger als andere, weil sie für die Verteilung großer Beschaffungsaufträge zuständig sind (Wirtschaft, Verteidigung, Bauwesen). Die französische Anti-Korruptionskommission unter Robert Bouchery hat in einer Liste mit 75 Empfehlungen drei besonders anfällige Bereiche benannt: das öffentliche Beschaffungswesen, die Bauplanung und die Parteienfinanzierung. In Italien hat die Mafia sich vor allem durch die »economia assistita« die »Betreuungsökonomie« kapitalistisch modernisiert und versucht, in den Korruptionsmöglichkeiten die alten lokalen Eliten Süditaliens aus dem Felde zu schlagen (Arlacchi 1989: 179). Wo Bürgermeister weite Befugnisse haben, wie in Frankreich, und nachträglich in Baupläne eingreifen können, ist die Korruptionsanfälligkeit besonders groß (*Le Monde* 10. 7. 1992: 4). Korruptionsanfällige Ämter sind wegen der ideologischen Zuständigkeit bestimmter Parteien häufig von diesen Parteien abonniert. Die Korruptionsgefahr wird damit gleichsam mit übernommen.

(4) Die politische Klasse als Ganzes *professionalisiert* (vgl. Kap. III, 3.) sich. Wo mehr von der Politik gelebt werden muß, droht mehr Gefahr, daß gut von der Politik gelebt wird. In der Regel wird das durch Ausbau der Privilegien bei Nebeneinnahmen (Aufsichtsgremien, Beraterverträge etc.) garantiert. Die Zukurzgekommenen können sich jedoch gelegentlich mittels Korruption schadlos halten. In Deutschland haben die Stimmenkaufskandale (Hauptstadtaffäre 1949, Geldner- und Steiner-Wienand-Affäre), die als Parteiwechsler-Affären 1970-74 zusammengefaßt wurden (Bellers 1989: 38 ff.), gezeigt, daß eher Hinterbänkler als Parteieliten verdächtigt wurden. Geld mag dabei eine Rolle gespielt haben. Die Kompensation der Ohnmacht eines Hinterbänklers, der einmal nichtöffentlich in der Entscheidung den Ausschlag gibt, ist ein weiteres mögliches Motiv.

Unsichere Mehrheits- und Machtverhältnisse laden nicht nur zur aktiven Bestechung ein. Auch passive Bestechung von Verunsicherten, die sich keine lange Karriere ausrechnen und ihre »opportunity costs« kalkulieren, kann durch sie erleichtert werden. Die »Saubermänner« in den neuen sozialen Bewegungen fördern gegen ihren Willen diese Form der Korruption, weil »schnelles Geld« gesucht wird, wo die Karrieren des Establishments verunsichert erscheinen (Roth 1989: 226).

(5) Die Zyklen der Korruptionsintensivierung führen zu dem Eindruck, daß es immer schlimmer werde. *Je größer die politische Klasse wird*, um so wahrscheinlicher ist die Zunahme der Korruptionsanfälle. Die Summen wachsen mit der Inflation und den Ansprüchen. Aber die Entwicklung ist nicht eindeutig. Bei den italienischen Sozialisten hat man festgestellt (Cazzola 1988: 138), daß eher die Fälle sich häuften, in denen es darum ging, »mächtiger« zu werden, als diejenigen Fälle, wo Angehörige der politischen Klasse »reicher« werden wollten.

(6) Die Korruption wird vermutlich auch in Zukunft aufgrund der *Internationalisierung der Wirtschaft* zunehmen. Die politische Klasse der Bundesrepublik als ganze war durch die Parteien in vier große Korruptionsskandale verwickelt: 1950 in der Hauptstadtfrage, 1966 beim Schützenpanzer HS 30, 1980 in der Lockheed-Affäre, 1983 im Flickskandal. Nur die Hauptstadtfrage war eine nationale Angelegenheit. Selbst im Flick-Fall spielten internationale Transaktionswege bei der Spendenaffäre eine Rolle. 1966 und 1980 ging es direkt um internationale Geschäfte multinationaler

Konzerne. Im Lockheed-Skandal wurde nur die Spitze des internationalen Eisberges sichtbar: auch in Italien und Japan wurden Politiker wegen Bestechlichkeit verurteilt. In den Niederlanden mußte Prinz Bernhard von seinen öffentlichen Ämtern zurücktreten, weil die Untersuchungskommission zu dem Ergebnis gekommen war, daß die Behauptungen des Prinzgemahls, kein Geld von Lockheed erhalten zu haben, »nicht mit den festgestellten Tatsachen vereinbar sind« (zit. Landfried 1990: 208 f.). Es warf kein gutes Licht auf die deutsche Aufklärungskapazität von Korruption, daß die beschuldigten Politiker, wie Franz Josef Strauß, in der Bundesrepublik ungeschoren davonkamen.

Die multinationalen Korporationen sind in den 70er Jahren vielfach verteufelt worden, vor allem wegen ihres Einflusses auf die Politik der Dritten Welt (etwa beim Sturz Allendes). Mit dem Sieg der Marktwirtschaft ist das Verständnis dafür gewachsen, daß die Produktion sich internationalisiert. Aber auch Begleiterscheinungen wie etwa Korruption internationalisieren sich. Die Ohnmacht kleiner Staaten, deren Staatshaushalt geringer ist als Vermögen und Umsätze der Multis, ist vielfach beschrieben worden. Vieles davon ist mystifizierende Übertreibung gewesen, aber bei Korruptionsversuchen ist die Kontrollmacht des Staates gering. Die passive Bestechlichkeit kann vielleicht geahndet werden. Die aktiven Bestecher im Ausland sind kaum zu belangen. Selbst bei nationalen Transaktionen wurden internationale Geldwaschanlagen eingeschaltet. Die Ebert-Stiftung bespielsweise hat mit der Naphtali-Stiftung in Israel kooperiert, um Gelder am Fiskus vorbeizuleiten.

(7) Nicht nur die Parteien sind in unterschiedlicher Weise anfällig für Korruption – je nach Ideologie, Organisation, sozialer Zusammensetzung der Eliten, Besetzung von wirtschaftsrelevanten Erbhöfen in den Ministerien und Dauer der Partizipation an der Macht –, sondern auch Parteiensysteme und ihre *Wahlkampfkultur*. In Amerika gibt es weit mehr politische Finanzskandale als in Großbritannien. Amerika als das klassische Land des Beutesystems schien aus kontinentaler Perspektive schon immer das Dorado der Korruption zu sein. Das lag nicht nur an der Eigenart, daß ein professionalisierter »civil service« zunächst nicht existierte. Die Schwäche der Parteien als lose Wahlkampforganisationen führte dazu, daß die Abgeordneten selbst ihre ersten Geldbeschaffer waren. Die politische Klasse war korruptionsanfällig

nicht so sehr über die Parteimaschinen, als vielmehr in der Summe ihrer Individuen, die auf dem politischen Markt konkurrierten. Wer als Sieger aus dem Wettkampf hervorging, war vor Bestechungsgefahr noch immer nicht sicher. Fluktuierende Mehrheiten im Kongreß gegen die Administration, marodierende Senatoren, auch wenn sie von Anhängern der eigenen Partei gestellt wurden, der Gegensatz von Nord- und Süd-Demokraten, der Mangel an Parteidisziplin bei allen Parteien und die geringe Sanktionsmacht des Präsidenten und »Parteiführers« gegen Illoyalität machten auch die Abgeordneten anfälliger für Korruption. Im Geschäft des *log-rollings*, wo eine Hand die andere wusch, ließ sich durch Kauf einzelner Abgeordnetenstimmen mehr erreichen als durch Bestechung einer gut organisierten Parteimaschine in Europa.

(8) Aber die klassischen *Systemunterschiede verringerten sich*. Die parlamentarischen Systeme Europas wurden in einiger Hinsicht »amerikanisiert«. Bei abnehmender ideologischer Kohäsion der Parteien und bei knappen Mehrheitsverhältnissen begann sich die Beeinflussung einzelner Abgeordneter zu lohnen. Das galt nicht nur für gezielte Korruptionsversuche, um eine bestimmte Entscheidung zu erreichen. Auch die Begünstigung von Parteien durch Großspender hat sich gewandelt. Spender haben zunehmend auch in Deutschland genaue Anweisungen gegeben, an welche Partei, an welchen Landesverband oder an welchen Flügel der Partei die Spende weiterzuleiten sei, die durch Staatsbürgerliche Vereinigungen übermittelt worden sind (Landfried 1990: 290). Die Kommerzialisierung der Wahlkämpfe (Kap. IV, 2.) verstärkte diesen Trend.

Darüber hinaus wuchs die Neigung, einzelne Politiker direkt zu unterstützen und ihre Unabhängigkeit gegenüber der eigenen Partei zu stärken. In der Spielbank-Affäre in Niedersachsen 1979 schickte der Spielbank-Unternehmer Felsenstein nur 10 000,– DM *pro forma* direkt an die Parteikasse. Die übrigen Spenden wurden so fein »gestückelt«, daß sie unter der Rechenschaftspflichtgrenze lagen (Landfried 1990: 291). Die Tendenz zur Anonymisierung gilt generell. Sie ist jedoch auffällig in der Verteilung von Spenden an einzelne Politiker. Gegen den Trend zur Formalisierung der Interaktionen in modernen Gesellschaften wurde hier regrediert: Bargeld in Briefumschlägen ersetzte die Überweisungen. Die Kompliziertheit der Schrift und die Schwierigkeit, auch nur eine Schreibmaschine zu bedienen, ist für den mündlichen Führungsstil Japans verantwortlich gemacht worden. Seine Folgen für die Korruption sind ebenfalls Gegenstand der Vermutung. Seltener ist über die Tendenz einer allgemeinen Informalisierung von amtlichen Kontakten und den Rückzug des Prinzips der Aktenkundigkeit bei uns nachgedacht worden (Bellers 1989: 97), der für Max Weber Inbegriff der modernen Bürokratie gewesen ist. Auch er könnte korruptionsverstärkend wirken. Die Computerisierung der modernen Gesellschaft ermöglicht es andererseits der Korruption, sich dem Stand der Technologie anzupassen. Lockheed hat gezeigt, daß man auch mit Decknamen im Computer arbeiten kann.

Nur in der Mafia kommt es wegen der überwiegend illegalen Märkte auch im Computerzeitalter nicht zu unpersönlichen Formen der internen und externen Kommunikation (Arlacchi 1989: 239).

(9) Die Zyklen der Korruptionsanfälligkeit scheinen nicht zuletzt von *ideologischen Konjunkturen* und deren Implementation, die *Gelegenheiten schafft*, abzuhängen: Die Welle der Deregulierung ist ein Einfallstor für die Korruption. Das Rosinenpicken bei der Entstaatlichung lädt zu korrupten Praktiken ein. Die neuliberalen Deregulierer, die auch die politische Klasse gern deregulieren möchten, übersehen, daß gelegentlich der Teufel mit dem Beelzebub, die Ineffizienz staatlicher Unternehmungen mit der Korruption bei der Privatisierung ausgetrieben wird. Daß die deutsche Einheit ein Dorado für Korruption schuf, ist wohl unvermeidlich: Wann hätte es je so viel zu verteilen gegeben, vom Kombinat bis zur Autobahnraststätte?

Ein Sonderfall der systematischen Korruption ist verbunden mit der Abnahme der staatlichen Macht und der Entstehung neuer Formen organisierter Kriminalität, die das staatliche Potential an vielen Stellen übertreffen. Die Mafia in Italien ist der krasseste Fall. Die normale unsystematische Form der Bestechung – die harmlosere wenn auch ubiquitäre Form wurde in Italien »pulviscolare« genannt; sie machte zeitweilig über 50% der Fälle aus (Cazzola 1988: 76) – will Entscheidungen im Sinne gesellschaftlicher Interessen beeinflussen. Das will die Mafia auch, aber eher im Sinne der Nichtentscheidung. Sie will in Ruhe gelassen werden.

Die Mafia unterliegt jedoch einem raschen sozialen Wandel. Im Kampf um Drogen- und Waffenmärkte mußte sich die italienische Mafia modernisieren. Der »nette unauffällige Boss« wurde zum

Kapitalisten, der Reichtum zur Schau stellte. Die Mafia als lokale Ordnungsmacht mußte im Zeitalter nationaler Anti-Mafia-Kampagnen nach direkter Repräsentanz suchen. Auch die Internationalisierung der Verkäufermärkte verlangte nach mehr politischer Interessenvertretung (Arlacchi 1989: 167 ff.). Bis vor kurzem ist die Mafia-Frage als eine italienische Besonderheit wahrgenommen worden. Die engere Integration des Gemeinsamen Marktes hat die Mafia auch in anderen Ländern tätig werden lassen. Es geht längst nicht mehr um Bagatellen wie Schutzgelderpressung bei italienischen Pizzerias in Deutschland.

Die Mafia ist auch deshalb so schwer zu bekämpfen, weil Drogenkartelle – wie alternative Bewegungen – sektorale und regionale Autonomie fordern. Im Gegensatz zu den neuen Bewegungen reagieren sie mit Gewalt gegen den Einfluß des Staates zur Eindämmung der mafiosen Praktiken. Da die Mafia eine Terrororganisation zur Absicherung ihres Marktes ist, wird sie vermutlich nur durch Marktmechanismen zu bekämpfen sein. Die staatlich überwachte und kontrollierte Einnahme legalisierter Drogen ist gerade nach Ansicht entschiedener Monetaristen und Neoliberaler der einzige Weg zur Beendigung des Krieges, den der postmoderne Staat in einer zivilen Gesellschaft nicht mehr gewinnen kann.

(10) Horrorszenarien einer zunehmenden Korruption spielen die Möglichkeiten der modernen Demokratien zur *Gegensteuerung* meist herunter, obwohl sie sich selbst von ihrer Enthüllung doch auch einen gewissen Erfolg versprechen. Es sei denn, es ginge nur um parasitäres Gewinnstreben, das sich an die Korruption anhängt, um das eigene Einkommen auf legale Weise zu erhöhen. Wo Korruption blüht, wächst die Skandalpresse. *Spiegel*-Artikel lösten die Untersuchung der Hauptstadtaffäre, des Lockheed- und des Schützenpanzer-Skandals aus.

Diese residuale Kontrollfunktion der Medien, die ansonsten eher gering eingeschätzt wird (vgl. Kap. II, 3., b); kann sich jedoch nicht entfalten, wenn die Untersuchungsausschüsse so organisiert sind, daß sie »Fortsetzung des politischen Kampfes der Parteien mit anderen Mitteln« sind (Klatt 1971). Nur ein Vorrecht der Minderheit mit weiten quasi-richterlichen Befugnissen kann die Aufklärung ermöglichen. Sonst kommt es zu epochemachenden Formulierungen wie derjenigen des Untersuchungsausschusses im ersten deutschen Korruptionsfall bei der Hauptstadtfrage: »... so konnte ein Zusammenhang der Zahlungen mit der Abstimmung über die Hauptstadtfrage nicht festgestellt werden«. Der KPD-Abgeordnete Renner hatte nicht so unrecht, wenn er durch Zwischenruf kommentierte: »Es kreißen die Berge, und sie gebären eine Maus« (Dt. BT 1. WP, Drs. 3274: 23, 148. Sitzung, 7. 6. 1951: 5849C). Diese hilflose Ausschußformel sollte sich in anderen Korruptionsuntersuchungsausschüssen und sogar bei Gerichtsurteilen fast wörtlich wiederholen. Bei Parlamenten liegen nicht immer Vertuschungsabsichten der politischen Klasse vor, wie gern unterstellt wird, sondern solche Ergebnisse erklären sich aus dem Strukturmangel eines majoritären Parlamentarismus, der die Investigationsfunktion nicht reifen läßt.

Die reinigende Wirkung von Skandalen im System – die als Beleg für die erstaunliche Anpassungsfähigkeit des amerikanischen Systems immer wieder bemüht wurde (Huntington 1981: 64 ff.) – entfaltet ihre Wirkung nicht im Selbstlauf. Sie ist in Amerika nur denkbar aus der Konstellation eines reinigenden Dreiecks: Protestbewegungen, die im weniger verharschten Parteiensystem mehr Chancen haben; unabhängige, von der politischen Klasse nicht durchdrungene Medien; und die Stärke der Minderheitenrechte, die es dem schwächeren Teil der politischen Klasse ermöglicht, den öffentlich gewordenen Skandal auch in eine Änderung der Verhältnisse umzusetzen. Der Skandal bietet immer nur die Möglichkeit zur Aufklärung. Ohne Aufklärung und Sanktion droht er abzustumpfen und nur ein Spielball in den Händen von unverantwortlichen Medien zu werden.

Korruptionsskandale werden häufig zum Anlaß genommen, über die politische Klasse als Ganze herzuziehen. Die politische Klasse hingegen wiegelt ab, personalisiert und bagatellisiert die Ereignisse als Schwächen einzelner Politiker. Nur selten werden die Strukturprobleme angesprochen. Die politische Klasse als Ganze erwies sich resistent gegen wirksame Aufdeckungs- und Kontrollmechanismen, deren Einführung Medien und Wissenschaft immer wieder vorgeschlagen haben. Einem wohlverstandenen Eigeninteresse der politischen Klasse hingegen müßte daran gelegen sein, daß Mechanismen der Selbstreinigung der politischen Klasse in das System eingebaut werden, um seine Kontinuität zu sichern.

III. Was ist die politische Klasse?

Der Nachteil eines globalen Begriffs der politischen Klasse ist es, daß er in vielen kleinen Schritten operationalisiert werden muß, um empirische Evidenz für das behauptete Phänomen zu gewinnen. Analysen einzelner Entscheidungen sind Annäherungen. Sie stoßen aber selten zu generalisierbaren Befunden vor, sondern beschränken sich auf die Erhellung der Machtstruktur in einem gegebenen Politikfeld. Zudem vernachlässigen sie weitgehend institutionelle Faktoren, sobald sie vergleichend abgewandt werden. Netzwerkanalysen sind auch erst unter dem Einfluß eines neuen »aufgeklärten Institutionalismus« aufgeschlossener geworden für die institutionellen Voraussetzungen der politischen Klasse. Viele Ansätze beschränken sich auf die politische Willensbildung im engeren Sinne. Meine These lautet, daß viele Prozesse, die zur Verfestigung der politischen Klasse führen, mit Schlüsselentscheidungen des Systems wenig zu tun haben. Es sind eher marginale Politikfelder wie Parteienfinanzierungs- oder Diätenpolitik entscheidend; Medienpolitik wird vielfach ausgeklammert oder auf die Phase des »Agenda setting« beschränkt.

Mein Vorschlag lautet, die Operationalisierung so vorzunehmen, daß zunächst die Prozesse deutlich werden, die beleuchten, was die politische Klasse sozialstrukturell heute *ist*. Und sodann zu analysieren, was diese politische Klasse *tut*. Dabei werden strukturelle Systemansätze neben Handlungsansätzen eingesetzt.

1. Der Verfall der Parteiideologien

Im Zeitalter der großen Ideologien konnte man von einer einheitlichen politischen Klasse nicht sprechen. Auch eine homogene Elitenformation – der Ausdruck, den Herzog bevorzugt – war schwer zu erkennen. Es gab neben Establishment und Gegenelite eher eine janusköpfige Spitze im Machtdreieck.

In Italien schien dies zu der Zeit, als der Terminus »politische Klasse« aufkam, aus singulären Gründen anders gewesen zu sein. Die parteilichen Flügelkräfte waren relativ marginal. Das konservativ-klerikale Lager folgte bis zum Ersten Weltkrieg dem päpstlichen Wahlboykottaufruf gegen den laizistischen Staat, der den Kirchenstaat auf ein symbolisches Territorium in Rom zusammengestrichen hatte. Erst Luigi Sturzo durchbrach das Tabu, als er 1919 mit seiner Popolari-Partei antrat. Er erreichte auf Anhieb ca. 20% der Stimmen – zu wenig und zu spät, um die faschistische Flut noch aufzuhalten. Die Linke existierte zwar, aber sie war zersplittert. Eine starke anarchosyndikalistische Strömung boykottierte das System auf ihre Weise. Der reformistische Teil der Sozialisten unter Turati hatte sich schon Anfang des 20. Jahrhunderts auf den »Ministersozialismus« durch Eintritt in die liberale Regierung eingelassen. Das Hauptlager der Kräfte wurde infolge der Trasformismo-Taktik Depretis' von Varianten der liberalen Mitte gestellt. Ähnlich wie die Dritte französische Republik produzierte der *chorégraphie ministerielle* immer neue Varianten der gleichen Mitte in der Regierung. In einem solchen künstlich coupierten Parteienspektrum konnte man solange von einer »politischen Klasse« sprechen, wie es gelang, die Gegeneliten zu marginalisieren. Spätestens mit dem Ende des Ersten Weltkriegs ging diese Variante des Parlamentarismus ohne starken Parteienstaat in den meisten Ländern – vielleicht mit Ausnahme Frankreichs – zu Ende.

Nach dem Ersten Weltkrieg wuchs die Polarisierung zwischen rechts und links. Eine einheitliche politische Klasse gab es nicht mehr. Die sozialdemokratischen Eliten, die nach Machtteilhabe drängten, paßten sich an die Grundregeln des parlamentarischen Systems an. Aber nur in wenigen Ländern konnte die Distanz zum bürgerlichen Lager überbrückt werden. Dauerhafte Koalitionen mit den Agrarparteien stabilisierten anfangs die sozialdemokratische Vorherrschaft in Schweden. Nur wo zwei unterprivilegierte Interessen sich verbündeten, kam es zu einem Kooperationsverbund der Eliten über die Rechts-links-Barriere hinweg.

Nach dem Zweiten Weltkrieg kam es zu weiteren Wellen der Entideologisierung. Ein wichtiger Schritt war die Bildung von christdemokratischen Parteien in gemischt-konfessionellen Ländern. Sie überbrückte eine der großen Spaltungslinien der Gesellschaft, die seit der Reformation unzählige Kriege in Europa hervorgebracht hatte. Der zweite große Entideologisierungsschritt wurde von den Sozialdemokraten vollzogen. In Deutschland wird vor allem das Godesberger Programm von 1959 als eine wichtige Trendwende angesehen. Die wichtigsten Einzelanpassungen war die Akzeptierung der Westintegration und des Verteidigungsbeitrags durch die Sozialdemokraten, die sich seit 1956 schrittweise vollzog.

Gerade dieser Entideologisierungsschritt wurde nicht widerstandslos vollzogen. Die Studentenbewegung entfachte eine beispiellose Welle der Nostalgie für die alte ideologische Konfrontation. »Gesichtslose *Allerweltsparteien*« wurden diskriminiert. Auch in der Wissenschaft gab es eine einflußreiche Denklinie, die sich mit dem Namen Otto Kirchheimers verband. Die Notwendigkeit von Visionen wurde wieder betont. Kritiker der Allerweltsparteien empfahlen, die »Programmwunde« weiter schwären zu lassen. Man sah nicht ohne Grund die Gefahr, daß die Parteien immer stärker von Verbandsinteressen kolonialisiert wurden und daß Parteien im Parteienstaat die Interessen nur noch kanalisierten, aber nicht mehr in eine politische Form gossen, da sie kaum inhaltliche politische Ziele verfolgten, sondern vor allem den Machterwerb (Narr 1966: 230). In der Literatur wurde daraus vielfach ein »deutsches Problem« gemacht, aber die Entwicklung des Parteienstaats in anderen Ländern zeigt, daß es sich um einen Trend in allen modernen Demokratien handelte.

Der gewaltige Reideologisierungtrend am Ende der 60er Jahre hielt nicht vor. Die universalistischen Ziele, unter denen die Bewegung angetreten war, partialisierten sich und spitzten sich auf neue Einzelinteressen zu: Auf dem Kontinent entdeckten die Radikalen die Arbeiterklasse wieder, und in immer neuen Varianten versuchten sie, sie durch Nichtarbeiter, nämlich Intellektuelle, vertreten zu lassen. In Amerika, das nie eine große sozialistische Tradition entwickelt hatte, partialisierten sich die großen Ideologien in anderer Weise: Vielfach wich die Ideologisierungswelle in die großen ungelösten Konflikte aus, vor allem in die Rassen- und Frauenbewegung. Überall kam es zum neuen Obskurantismus bis hin zum New Age, wobei rechte und linke Ideologien sich in seltsamer Weise verflochten.

Erst mit dem Aufbruch der neuen Konfliktlinie zwischen Materialismus und Postmaterialismus ist die Ideologisierung partieller geworden. Die postmoderne Theoriebildung strebt nicht mehr nach holistischen Universalerklärungen, die sich zu allen Zeiten trefflich zur Ideologienbildung eigneten. Auch neue Bewegungen, die der Postmoderne-Diskussion fernstehen, haben durchaus ein neues Epochenbewußtsein, das an der Ideologiebildung festzumachen ist. Sie haben die Suche nach der einen großen Bewegung völlig aufgegeben. Es gibt keine Marschrichtung mehr. Äußerliche Erkennungszeichen wie Uniform und Hymne sind nicht mehr nötig, weil die Anforderungen an die Kohäsion der Gruppe geringer geworden sind. Die alte amerikanische Bewegung hat ihr Lied »We shall overcome« noch erbittert gegen die Übernahme durch andere Gruppen verteidigt. Heute sind auch Erkennungssymbole nicht mehr markengeschützt, außer beim Rechtsextremismus.

Diese Entwicklung schließt ideologische Rückfälle nicht aus. Wo alte Konflikte wieder aufbrechen, wird auch der Konflikt zwischen Arbeit und Kapital wieder ideologisiert werden. In den neuen Demokratien Osteuropas fällt es inzwischen negativ auf, daß es keine Vertretung der Arbeiterinteressen gibt. Auch die Kapitalseite scheint unterrepräsentiert. In Bulgarien gab es einige schüchterne Ansätze in Business-Listen. Bierfreunde-Parteien in Polen und Böhmen sind kein Ersatz. Nur in Ungarn entwickelte sich vorerst ein leidlich normales Parteiensystem, weil wenigstens die kleinkapitalistische liberale rechte Mitte schon im Nischensystem eines sozialistischen Korporatismus gedeihen konnte. Aber auch hier ist der einstige Grundkonflikt asymmetrisch, weil die Sozialdemokraten und die Reformkommunisten schwach geblieben sind und sich nicht zu einer Vertretung der Arbeiterinteressen entwickelt haben (v. Beyme: 1992 a). Das mit einer anderen Einstellung zur Ideologie einhergehende Epochenbewußtsein hat sich vielfach mit dem Epitheton »neu« geschmückt: Neue soziale Bewegungen haben Mobilisierung ohne eine globale Ideologie versucht. Postmoderne Fragmentierung der Bewegung, die keine dominante Konstellation mehr offensichtlich werden ließ, wie etwa bis 1970, wird auch in Zukunft der hegemonialen Stellung einer Ideologie einen Riegel vorschieben. Die Postmoderne kennt Widerstandsbewegungen, widersetzt sich aber der globalen Theoretisierung von Machtverhältnissen, die sie bekämpft (vgl. v. Beyme 1992: 187 ff.).

Die Wendigkeit der politischen Klasse in bezug auf Adaption ist gewachsen. Heiner Geißler hat für die Unionsparteien zweimal, bei Entdeckung der horizontalen Disparität der Lebensbereiche als »neue soziale Frage« und bei der Adaption der multikulturellen Gesellschaft, gezeigt, wie die rechte Konzeptbildung der linken Theorie im Elfenbeinturm die Schau stehlen kann. Gedanken sind heute nicht mehr auf ihre Parteiidentifikation zu fixieren.

Leichte Umformulierungen genügen, um sie von einem Ende des ideologischen Spektrums zum anderen zu transportieren – nicht nur im Sinne von »les extrêmes se touchent«, d. h. daß extremistische Parteien einige Versatzstücke der Theorie von links und rechts gemeinsam gegen die Mitte ins Feld führten.

Seit 1989 erhielt die Vision einer *zivilen Gesellschaft* mächtigen Auftrieb aus dem Osten. Die friedlichen Revolutionäre hoben eine mächtige bürokratische Kaderpartei aus den Angeln. Der Wunsch nach einer unbürokratischen und möglichst herrschaftsfreien Gesellschaft war auch mit einem Antiparteienaffekt verbunden. Die losen Forumsorganisationen sind inzwischen in vielen Ländern (ČSFR, Polen) zerfallen, und man ist zur traditionellen Parteipolitik zurückgekehrt. Dennoch hat auch diese Vision der Zivilgesellschaft zur Entideologisierung beigetragen, weil sie bewußt antiideologisch konzipiert war oder unterschiedlichen Ideologien die Mitwirkung ermöglichte.

Ideologeme werden in der postmodernen Gesellschaft – wie Bauformen in der postmodernen Architektur – mehr zitiert als ernstgenommen. Linke können heute Gramsci neben Lenin zitieren, ohne ein Parteiausschlußverfahren zu riskieren. Die politische Klasse umfaßt zwar noch immer überwiegend die Parteien der Mitte. Noch gibt es Abgrenzungsideologien. Selbst im toleranteren Italien hat sich die politische Klasse in den »Parteien des Verfassungsbogens« stabilisiert. Im Gegensatz zu Deutschland schließen sie die Kommunisten ein. Aber es sind auch keine Kommunisten mehr gewesen, die in allem Moskau-hörig erschienen. In Deutschland war man mit dem Vorwurf, daß Gruppen »eine andere Republik wollten«, freigiebiger. Aber die Sucht, überall »Verfassungsfeinde« zu entdecken, hat sich gelegt. Nur noch mit Scham denkt man an die Debatten, ob die Grünen als Verfassungsfeinde verboten werden müßten. Der Kern der politischen Klasse – das kann man nur zu ihrer Ehre sagen – hat von Parteiverboten nicht viel gehalten, seit die Kommunisten, die 1956 verboten worden waren, mit diskreter Starthilfe der etablierten Parteien wieder erfunden werden mußten, um den Makel unzeitgemäßer Illiberalität in der Epoche der Détente abzubauen (Mensing 1989).

Selbst der Rechtsextremismus hat sich der neuen Lage angepaßt. Die Republikaner haben trickreich die Unterscheidung von »rechtsextremistisch« (die Faschisten) und »rechtsradikal« lanciert. Obwohl der Begriff »radikal« (von der Wurzel her denkend) im Deutschen nie den positiven Klang wie in den romanischen Kulturen erlangte, hat die Unterscheidung sich durchgesetzt und ist selbst vom Verfassungsschutz übernommen worden. Es ist kein Zufall, daß bis 1992 nur in Nordrhein-Westfalen die Republikaner zusammen mit der rechten Szene observiert wurden. Falls es zu weiteren Annäherungsgesprächen zwischen Republikanern und DVU kommen sollte, könnte sich diese begriffliche Unterscheidung als Trick entlarven.

Intentional ist sie nicht nur taktisch gemeint. Auch die extreme Rechte hat ihren Erwartungshorizont partialisiert. Hitlergrüße bei den Skinheads sind eher postmodernes Zitat als integrale faschistische Ideologie. Schon die NPD hatte auf dem Höhepunkt ihres Erfolges Ende der 60er Jahre weniger den ressentimentgeladenen Ex-Nazi hervorgebracht, der seinen Platz in der Erwerbsgesellschaft nicht recht gefunden hatte, sondern den Neofaschisten im dunklen Anzug mit silbergrauer Krawatte, der sozial leidlich integriert war, aber die bescheidenen Anfangserfolge durch wachsende Statusängste in der ersten ökonomischen Krise der Nachkriegszeit bedroht sah (v. Beyme 1988).

In der dritten internationalen Welle des Rechtsextremismus ist es noch schwerer, ein homogen faschistoides Weltbild bei den Wählern Le Pens oder Schönhubers auszumachen. Es wächst die Vorsicht, ganze Gruppen zu kriminalisieren und ins politische Aus zu definieren, weil man immer häufiger den »netten jungen Nachbarn von nebenan« entdeckt, der als Protestwähler eine Weile mitmacht. Teile der politischen Klasse sind die Rechtsextremisten damit nicht geworden. Die Selbstdefinition der politischen Klasse richtet sich gemeinhin an der Koalitionsfähigkeit aus. »Allgemeine Koalitionsfähigkeit« ist ein deutsches Wortungetüm, das auch in die angelsächsische Literatur Eingang fand, weil sie kein sprachliches Äquivalent kannte. Trotz vieler Versuche, die Grün-Alternativen außerhalb des Verfassungsbogens zu stellen, hat sich die Koalitionsfähigkeit nur wenige Jahre nach dem Einzug der Grünen in die Landtage eingestellt. Der Abbau ideologischer Positionen (Rotation, Antiprofessionalismus, Lohnraub an der Führungsmannschaft) hat Fortschritte gemacht. Ampelkoalitionen sind durch die deutsche Vereinigung – trotz der Nichtrepräsentation der westdeutschen Grünen im 12. Bundestag – auf Landesebene hoffähig geworden (Brandenburg). SPD/Grüne-Koalitionen sind nicht mehr auf Hessen beschränkt.

Zweifellos haben alle diese Entwicklungen mit der Entideologisierung die Integrationsfähigkeit der politischen Klasse vorangetrieben. Der Niedergang der Ideologien hat schon bei der mittleren Generation der Politiker in Deutschland (Herzog 1975: 201) zu einem sachorientierten antiideologischen Politikstil geführt, der die Kooperation innerhalb der politischen Klasse in vielen Politikfeldern ermöglichte (vgl. Kap. IV, 4.).

2. Angleichungen des sozialen Hintergrundes, des Bildungsstandes und des Lebensstils der politischen Klasse

Ältere Elitenstudien auf der Basis eines Positionsansatzes hatten ein leichtes Spiel, die Abweichung der Elitenrekrutierung von den egalitär-demokratischen Normen der Verfassung zu brandmarken. Die Abgehobenheit der politischen Klasse ließ sich schon am sozialen Hintergrund festmachen, obwohl gerade die deutsche politische Elite keineswegs überwiegend aus den »gehobenen Ständen« stammte. Aber sie spiegelte die soziale Lage der Bevölkerung nur unvollkommen wider, sie hatte formal höhere Qualifikationen als der Durchschnitt, sie war überaltert und benachteiligte die Frauen (Putnam 1976: 20ff.).

Eine gehobene soziale Herkunft erwies sich jedoch nicht als zureichender Grund für eine politische Karriere. Bildungswissen gab selten den Ausschlag im politischen Kampf um die Kandidatenaufstellung der Parteien. Die Parlamentsgeschichte ist – frei nach Pareto – ein »Friedhof der Geistesaristokratien«, die selten ins Zentrum der Macht vorstießen. Soziale Herkunft und hoher Bildungsstandard erleichterten den Karrierestart. Mit dem Aufstieg aber nahm ihre Bedeutung ab.

Nur in wenigen Politikfeldern war eine ausgesprochene Spezialbildung erforderlich. Aber wer sich im Parlament mit seinem Spezialwissen den Verästelungen der Strafrechtsreform oder der Luftreinhaltepolitik verschrieben hat, besiegelte damit *ipso facto,* daß er an der Peripherie des Machtzentrums blieb. Die Politikerexperten der Rentenreform im Deutschen Bundestag wurden eher zu Honorarprofessoren an einer Hochschule ernannt, als daß ihr enormes Wissen ihnen den Durchbruch in der Fraktionsspitze verschafft hätte.

Der Terminus »politische Klasse« ist in einer Epoche geprägt worden, in der die politische Elite – im Elfenbeinturm eines zensitären Wahlrechts – sozial relativ homogen war. Diese soziale Einheitlichkeit wurde von der Gegenelite der Arbeiterbewegung durchbrochen, die an die Pforten der Macht klopfte. In einer Zeit des offenen oder latenten Bürgerkriegs zwischen den beiden Weltkriegen gab es in vielen Demokratien keine homogene politische Klasse mehr. Die Differenzierung von Klassen- und Eliteninteressen wurde offensichtlicher (Highley u. a. 1976: 82). Es kam zu einem asymmetrischen Gleichgewicht: Die bürgerlichen Eliten blieben vorherrschend im Staat, aber die Elite der Arbeiterklasse baute ihre Vetoposition aus. Nur gelegentlich – wie in Skandinavien – wuchs sie schon selbst in eine hegemoniale Stellung hinein.

In der Zeit einer fragmentierten postmodernen Gesellschaft hat die Elitenstruktur wieder mehr Ähnlichkeit mit den Verhältnissen der prämodernen Epoche erlangt. Weder die alten Oberschichten noch die Arbeiterklasse stellten das wichtigste Rekrutierungsreservoir der politischen Eliten dar; Exponenten der Mittelschichten, vor allem aus dem Milieu der öffentlichen Bediensteten, traten nun in den Vordergrund. Diese *Dienstklasse* hatte ein durchaus gutes Gewissen dabei, daß sie als politische Klasse nicht nur *für* die Politik, sondern auch *von* der Politik lebte. Eine politische Klasse konnte erst entstehen, nachdem die alte Klassendichotomie in der Gesellschaft sich abgeschwächt hatte.

In der modernen Demokratie ist die Verbindung zwischen dem sozialen Hintergrund der politischen Klasse und demjenigen der Repräsentierten schwächer geworden. In der Zeit der klassischen Moderne wollten Bürger durch Bürger und Arbeiter durch Arbeiter repräsentiert werden. In der Zeit nachmoderner Fragmentierung der Gesellschaft findet auch die Mehrheit der Wähler es nicht mehr entscheidend, daß ihr Repräsentant aus dem gleichen sozialen Milieu stammt, der selben Bildungsschicht angehört oder das gleiche Geschlecht repräsentiert (Herzog u. a. 1990: 56).

Die These vom neuen Mittelstand geht von einer starken Tendenz der sozialen Homogenisierung der Gesellschaft aus. Daneben gibt es jedoch auch einen Trend zur Heterogenisierung der Berufe, Ausbildungsgänge und Lebensstile. Der soziale Hintergrund der politischen Klasse und ihrer Gegeneliten scheint sich ähnlicher zu werden. Die Lebensstile von Elite und Gegenelite aber werden eher verschiedener. Die linke Gegenelite der 70er Jahre schien noch die altmoderne Uniformgesinnung zu demonstrieren: Parka und Jeans wurden gegen Nadelstreifen und Loden gesetzt. Inzwischen hat sich auch die Jeans-Kultur ausdifferenziert. Bei ähnlicher Grundsubstanz unterscheidet sich das Styling der Jeans von Punks und Yuppies beträchtlich. Die linke Gegenelite mochte sich anfangs noch als Avantgarde stilisiert haben. Die Mehrheit der in den neuen sozialen Bewegungen Engagierten verlor den Glauben an Avantgarden. Die Bewegung wurde bald »Anstalt« im Sinne Max Webers. Weder durch Klassenhintergrund noch durch die Kohäsionskraft einer Generation konnte sich die Gegenelite der neuen Bewegungen dauerhaft als von der etablierten politischen Klasse getrennte Einheit etablieren. Die Mehrheit der Führer der Bewegungen kamen aus den neuen Mittelschichten – ähnlich wie die Angehörigen der politischen Klasse. Was die Vereinheitlichung der sozialen Herkunft homogenisierte, schien durch die Ausdifferenzierung von Wertsystemen wieder uneinheitlich zu werden. Für die Bundesrepublik hat man acht unterschiedliche Milieus festgestellt. Die Gegenelite schien in zwei Milieus zu leben, dem alternativ-linken und dem hedonistischen Milieu (Faltin 1990: 81 ff.). Für eine politische Gegenelite kam genaugenommen nur das alternativ-linke Milieu in Frage, da sich im hedonistischen Milieu eher kulturelle Gegeneliten tummelten. Allzu schematisch ließen sich diese Milieus nicht abgrenzen, und gegen ihre begriffliche Abgrenzung erhoben sich schwere Bedenken, weil die Typologie nach unterschiedlichen Kriterien konzipiert wurde.

In der frühen Elitenforschung war der *Stratifikationsansatz* stark vertreten. Er sah die soziale Herkunft als determinierenden Faktor auch für den Aufstieg in politischen Hierarchien an. Die Umsetzung von Herkunft in hohe Positionen blieb bei diesem Ansatz weitgehend im dunkeln (Herzog 1975: 22). Der Sprung in der sozialen Blackbox konnte allenfalls bei einzelnen Karrieren nachvollzogen werden. *Persönlichkeitstheoretische Ansätze*, wie sie in Machiavellis Unterscheidung der Füchse und der Löwen eher metaphorisch vorgenommen worden waren, spiegelten sich noch in Paretos grober Klassifikation von Rentnern und Spekulanten wider, die Charaktereigenschaften ins Wirtschaftliche transponierte. Lasswell hatte in der frühen politischen Psychologie die Unterscheidung zwischen autoritärem und demokratischem Charakter beigesteuert. Solche Erklärungsmuster versagten vor der Frage, warum eine große Anzahl demokratischer oder autoritärer Charaktere, die sich über die Gesellschaft verteilten, nicht Politiker wurden und welche Mechanismen der Politik die Karriere des einen oder anderen Typs begünstigten. Die Weichenstellungen in den Institutionen, von den Parteien bis zu den Parlamenten, wurden in dieser Betrachtungsweise meist vernachlässigt.

Gegenüber diesen beiden Ansätzen war der *Karriereansatz* ein großer Fortschritt. Er war politiknah und realitätsgesättigt. Er ging nicht von festen Typologien aus, sondern gewann diese durch die Verfolgung von Karrieren in der Politik. In ihm spielten soziale Herkunft und Bildungsgang nur eine sekundäre Rolle.

Die These von der Angleichung des sozialen Hintergrunds der Eliten wurde durch neuere Untersuchungen der Eliten der SPD-Opposition bestätigt (Weege 1992: 191 ff.). Die SPD wies keine klassenspezifischen Rekrutierungsmuster mehr auf. Es zeigte sich lediglich eine gewisse Tendenz zur Verengung und Konzentration auf bestimmte soziale Gruppen, die jedoch auch in anderen Volksparteien vorkamen.

Diese Angleichung ist um so auffälliger, wenn man sie mit dem sozialen Hintergrund der Nachkriegseliten in der politischen Führung vergleicht. Nicht die NS-Belastung, sondern das konservativ-mittelständische Rekrutierungsmuster ist das eigentlich Auffällige an der westdeutschen Nachkriegselite. Die Bundesrepublik ist mit einer Mittelschichtrekrutierung von über 50% in der politischen Elite freilich kein herausstechender Fall. Bei den italienischen Führungsspitzen etwa fällt auf, daß sogar die linken Parteien keine nennenswert anderen Rekrutierungsmuster ihrer Parteispitzen und Parlamentarier aufweisen als die bürgerlichen Parteien – eine Angleichung, die sich in der Bundesrepublik erst in den 70er Jahren vollzogen hat, seit die SPD mehr und mehr den Charakter einer Volkspartei entwickelte.

Eine Mannheimer Elitenstudie auf der Basis von Interviews ermittelte eine weniger eindeutige Bevorzugung der Ober- und Mittelschichten: 8,8% des Samples stammten aus der Oberschicht, 23,3% aus der Mittelschicht (Enke 1974: 71). Die Ergebnisse der verschiedenen Elitenstudien sind jedoch nicht leicht zu vergleichen, da die Mannheimer Untersuchung sich zum Beispiel nicht auf politische Eliten beschränkt hat, sondern auch andere Sektoren in die Betrachtung miteinbezog. Die Oberklassenrekrutierung dominiert demnach in der Bundesrepublik vor allem unter den Managereliten, unter den Professoren und in der protestantischen

Kirche. Mittelschichtrekrutierung herrscht vor bei den bürgerlichen Parteien, den Wirtschaftsverbänden und in der Verwaltung. Eine überdurchschnittliche Unterschichtenrekrutierung findet sich in den Gewerkschaften, in abnehmendem Maße bei der SPD und bei Teilen der Hierarchie in der katholischen Kirche. Katholische Kirche und Gewerkschaften – die beiden Großorganisationen, die bis heute immer wieder als mitentscheidend für das politische Verhalten der Bürger angesehen werden – galten lange als die einzigen Führungsgruppen in Deutschland, in denen auch Unterschichtenangehörige reale Aufstiegschancen besaßen.

Die meisten empirischen Untersuchungen für die Bundesrepublik basieren auf Daten der 50er und 60er Jahre. In den 70er Jahren haben globale Machtstrukturanalysen die Sozialprofilstudien weitgehend verdrängt. Der Machtwechsel von 1969 schien der unteren Mittelschicht und der Arbeiterklasse zunächst größere Mobilitätsaussichten in den höheren politischen Rängen zu eröffnen. Seit dem Ende der Reformeuphorie haben sich jedoch auch die Rekrutierungsmuster der SPD-Regierungen wieder dem alten Trend von vor 1969 angeglichen. Selbst die sichtbar starke Gewerkschaftsrepräsentation in den Spitzenpositionen hat seit dem Rücktritt von Arendt und seit der Regierungsumbildung Anfang 1978 abgenommen, nachdem drei alte führende Gewerkschaftler wie Leber, Ravens und Rohde ausgeschieden waren.

Auffällig bleibt der hohe Anteil an Positionsinhabern, deren Väter Beamte waren. Auch bei der Wirtschaftselite zeigte sich ein ähnliches Bild: Die meisten Führungskräfte kamen aus dem Beamtenmilieu und der gehobenen Angestelltenschaft (Eberwein/Tholen 1990: 45). Die Akademisierung der Wirtschaftselite hielt mit der Akademisierung im Bereich der Politik Schritt. Im Gegensatz zur politischen Klasse spielte jedoch bei den Wirtschaftsführern zu 55% die Lehre, die dem Studium vorausgegangen war, eine Rolle.

Eine einzige Angleichung der sozialen Merkmale hat sich gerade in Deutschland stark verzögert: die Gleichberechtigung der Frauen in der politischen Klasse. Der Kampf um die Repräsentanz der Frauen in der politischen Elite begann in den 80er Jahren. Auf diesem Gebiet hat sich zweifellos der größte Wandel vollzogen. Nur zugunsten der Frauen kam es zu einer gezielten Elitenrekrutierungspolitik. Die staatliche Gleichstellungspolitik versuchte, die Rekrutierung der Verwaltungseliten zu beeinflussen. In der Politik hingegen lag die Initiative bei den Parteien. Die deutschen

Parteien haben in der Frauenfrage eine sehr unterschiedliche Politik verfolgt. CDU und FDP lehnten Quotierungsregelungen ab, versuchten aber seit 1987, die Gleichstellungspolitik als Selbstverpflichtung voranzutreiben. Die Grünen haben 1986 eine 50%-Frauen-Quote für alle Gremien der Partei beschlossen. Die SPD hat sich 1988 auf ihrem Parteitag in Münster dafür ausgesprochen, eine 40%-Quote in zwei Etappen bis 1994 für parteiinterne Ämter und in drei Etappen bis 1998 für alle Kandidaturen der Partei bei Wahlen einzuführen (Frauen 1989: 80). Die Parteien hatten trotz einiger guter Absichten Schwierigkeiten, da der geringe Anteil der Frauen unter ihren Mitgliedern – mit Ausnahme der Grünen – dem Ziel höherer Repräsentierung der Frauen in Führungspositionen nicht entgegenkam. In der SPD waren 1990 nur 27,3% der Mitglieder Frauen, in der CDU 22,5% (1988), in der CSU 15,3% (1990) und in der FDP 24% (1988).

Zur Rekrutierung der administrativen Eliten sind seit 1979 in allen Bundesländern Gleichstellungsämter geschaffen worden, in sechs Ländern als Ministerien, in den anderen als eigenständige Landesbehörden (Bremen) oder als Stabsstelle bei der Regierungsspitze bzw. bei einem Ministerium. Die Koalitionspolitik auf Landesebene drängt zunehmend auf die Einrichtung von Frauenministerien. Die Gleichstellungsämter arbeiten mit Informationen, Appellen und Überredungsdirigismus. Die Erfolge von 1986 bis 1989 waren bescheiden. Der Anteil der Frauen unter den Beamten des höheren Dienstes im unmittelbaren Bundesdienst ist nur um 1% auf 6% gestiegen (BT Drucksache 11/8129). Kalkuliert man das Verhältnis von Bewerbungen und Einstellungen, so hat es sich in bezug auf Bewerberinnen noch verschechtert. Richtlinien, die nur verlangen, unter »Beachtung des Leistungsprinzips Frauen angemessen zu berücksichtigen«, haben eine geringe Schubkraft entfaltet (Landfried 1991 a: 40).

Erfolgreicher war die Gleichstellungspolitik für die Frauen in der Politik. Im 12. Bundestag, der nach der ersten gesamtdeutschen Wahl zusammentrat, sind 20,6% der Mandatsinhaberinnen Frauen, im 11. Bundestag waren es noch 15,4%. Damit liegt Deutschland über dem europäischen Durchschnitt von 14,5%, den die interparlamentarische Union errechnet hat. Frauenquoten in den Parteien waren erfolgreich: Bei der SPD wurden 27,1% der Mandate an Frauen vergeben. Die Selbstverpflichtung der Unionsparteien hat nur zur Verdoppelung des Frauenanteils in der Fraktion auf 14,1% geführt. Befragungen von weiblichen und männlichen Spitzenpolitikern auf Landesebene zeigten, daß die amtierenden Eliten nur von einer Quotenregelung die nötige Schubkraft für eine erfolgreiche Gleichstellungspolitik erwarteten (Landfried 1991 a: 45).

Die Erforschung der sozialen Repräsentativität der Eliten hat zwar gezeigt, daß die Wähler den Aspekten proportionaler Präsenz nicht die Bedeutung beimessen, die manchmal in der Öffentlichkeit des Bundestages unterstellt wird. Selbst bei Frauen war das erkennbar. Im Durchschnitt erwarteten nur ca. 10-13% von ihnen die Vertretung des eigenen Geschlechts im Bundestag (Rebenstorf/Weßels 1989: 421). Dieser Prozentsatz kann jedoch durch politische Gleichstellungskampagnen angehoben werden. In Konfliktfällen spielen Fragen der sozialen Repräsentanz der Eliten im Zweifel eine Rolle. Die Parteien wären nicht gut beraten, die Abkopplungshypothese in dem Sinne zu verstehen, daß sie auf soziale Repräsentanz nicht mehr zu achten hätten. Im Falle der Gleichstellung der Frauen sprechen ja auch grundsätzliche menschenrechtliche Erwägungen dafür und nicht nur die Frage der politischen Zweckmäßigkeit publikumswirksamer Repräsentationsschlüssel.

Die Berufsstruktur und Gruppenzugehörigkeit der parlamentarischen Eliten (vgl. Tab. 5, S. 112) ist in kaum einer Demokratie so gut dokumentiert wie in Deutschland. Auch in den 80er Jahren rekrutierte sich ein Drittel der Abgeordneten aus Beamten und Angestellten des öffentlichen Dienstes. Der Prozentsatz der Angestellten politischer und gesellschaftlicher Organisationen, dessen Rückgang mehrfach prognostiziert worden war, schwankte zwischen 13% und 14%. Der Anteil von Selbständigen und Angestellten in der Wirtschaft nahm weiter ab. Die politisch Zugehörigen im engeren Sinn, Mitglieder und ehemalige Mitglieder der Regierung, machten bis zu 14% (10. Wahlperiode) aus.

Gruppenzugehörigkeiten spielen eine wichtige Rolle für die Elitenrekrutierung, vor allem in den früheren Stadien der Karriere. Beim Karrierestart sind sie für die beiden größten Parteien im Bundestag von unterschiedlicher Bedeutung, wie Rekrutierungsstudien gezeigt haben. Bei der SPD sind regionale Gruppen und Kreisverbände ausschlaggebend, bei den Unionsparteien hingegen haben funktionale Gruppen und Jugendorganisationen ein größeres Gewicht (Zeuner 1970: 86). Da die Verbindung zwischen der

Tabelle 5: Berufsstruktur der parlamentarischen Elite

Berufsgruppen	9. WP 1980-83	10. WP 1983-87	11. WP 1987-90
Regierungsmitglieder	8,7	14,3	12,7
Beamte	32,8	31,1	32,2
Angestellte des öff. Dienstes	3,1	2,3	1,7
ev. Pfarrer	0,2	0,4	0,0
Angestellte politischer und gesellschaftlicher Organisationen	12,9	13,6	14,0
Angestellte in der Wirtschaft	10,2	8,3	7,9
Selbständige	12,5	12,8	11,0
Freiberufler	16,0	12,5	14,1
Hausfrauen	1,3	1,5	2,1
Arbeiter	1,7	1,9	1,7
keine Angaben u. a.	0,6	1,3	2,7

Quellen: Datenhandbuch zur Geschichte des Deutschen Bundestages 1980 bis 1987; Wiss. Dienste des Deutschen Bundestages, Baden-Baden, Nomos, 1988: 194.

SPD und den Gewerkschaften lockerer ist als diejenige zwischen skandinavischen oder britischen Arbeiterparteien und Gewerkschaften, kann der Einfluß der Gewerkschaften bei der Aufstellung von Parlamentskandidaten nicht mit anderen Ländern verglichen werden. In der Zeit der SPD-Opposition waren viele Parteiführer der SPD über führende Posten in den Jugendorganisationen aufgestiegen. Im ganzen nimmt ihre Bedeutung jedoch ab (Herzog 1975: 221), wobei die Junge Union für die CDU noch immer eine wichtigere Rekrutierungsfunktion wahrnimmt als die Jungsozialisten für die SPD. Durch die Reideologisierung der Politik und die Konfrontation der Generationen als Folge der Protestbewegung seit Ende der 60er Jahre ist das Verhältnis zwischen Partei und Jugendorganisation bei allen Parteien gespannter geworden. Die verhältnismäßig geringe Zahl von dissentierenden Jugendlichen, die durch die Filter der Elitenrekrutierung der Parteien ins Parlament gelangt, wird erfahrungsgemäß durch ein Netz hierarchischer Beziehungen im Parlament und in den Fraktionen einem wachsenden Anpassungsdruck unterworfen, der zu einem zunehmenden Konservatismus auch der Jungabgeordneten führt (Badura/Reese 1976: 70 ff.).

Berufszugehörigkeit und Berufsausbildung haben ebenfalls einen gewissen Einfluß auf die politische Karriere. Beamte und Ange-stellte sind die größten Gruppen, die im Bundestag repräsentiert sind. Die Zahl der Beamten und Bediensteten der öffentlichen Hand im Deutschen Bundestag ist kontinuierlich gestiegen. Im 1. Bundestag machte diese Gruppe 16,8% aus, im 8. bereits 41,9% (Neumann 1978: 77).

In der Verwaltungselite war die Berufsvererbung auffällig. 43,8% der Bonner Beamtenelite stammten aus Familien, in denen der Vater schon dem höheren Dienst angehört hatte. Nur 5% der Spitzenbeamten stammten von Arbeitern und kleinen Angestell-ten ab. Mit dem Regierungswechsel von 1969 verschoben sich die Rekrutierungsmuster der deutschen Eliten leicht zugunsten der Beamten. Diese Tendenz wurde durch den abermaligen Macht-wechsel von 1982 wieder rückgängig gemacht. In der politischen Elite im engeren Sinn stammten 21,2% aus Familien des höheren Dienstes (vgl. Tab. 6, S. 114, aus: Derlien/Pippig 1990: 33).

Die Vormacht der Beamten in deutschen Parlamenten wird kriti-siert, seitdem es sie gibt. Mitte der 70er Jahre hat man versucht, die Beamtenflut in den Parlamenten einzudämmen. Amt und Mandat wurden für unvereinbar erklärt. Beamte werden nunmehr für die Dauer der Mandatsausübung ohne Bezüge beurlaubt. Trotz finanzieller Einbußen haben die Beamten noch immer einen Vorteil gegenüber anderen Berufsgruppen: Sie haben Aussichten, keinen Karrierestop zu erfahren, und ihre Weiterbeschäftigung nach dem Mandat ist gesichert. Die Juristen unter den Beamten können sich zudem schon während ihrer Abgeordnetentätigkeit als Anwälte niederlassen. Andere Freiberufler – vor allem wenn sie kleinere Betriebe leiten – haben diese Möglichkeiten nicht (Kaack 1988: 129).

Die Stärke des öffentlichen Dienstes war durch Unvereinbarkeits-regelungen nicht zu brechen. Die Delegiertenkonferenzen der Parteien, welche die Kandidatenaufstellung vornehmen, zeigten vielfach die Neigung, Bewerbern aus dem Beamtenstand eine be-sondere Kompetenz zugute zu halten. Die Begünstigung der Be-amten ist auch Teil der legalistischen politischen Kultur Deutsch-lands. Die Struktur der Repräsentanten des öffentlichen Dienstes hat sich umgeschichtet. Juristen sind durch Lehrer ersetzt wor-den. Diese Entwicklung wurde von den Grünen noch gefördert, bei denen die sozialen und Lehrberufe eine dominante Rolle spie-

Tabelle 6: Sozialstrukturelle Merkmale der politischen Elite (bis 1984)

		Staatssekretäre %	n = 100%	Abteilungsleiter %	n = 100%	Beamte gesamt %	n = 100%	Politiker %	n = 100%
Regionale Herkunft	heute Ostdeutschland ehemalige Ostgebiete, Berlin	34,0	147	31,9	427	32,4	574	24,0	192
	NRW	13,6		22,7		20,4		19,8	
	Bayern, Baden-Württemberg	18,4		15,9		16,5		27,0	
Konfession	katholisch	30,9	97	42,4	203	38,7	300	43,8	153
	evangelisch	68,0		56,7		60,3		54,9	
	konfessionslos	1,0		1,0		1,0		1,3	
Soziale Herkunft	Arbeiter, einfacher Angestellter	4,1	98	5,1	137	4,7	235	19,7	137
	Beamter	47,9		49,6		48,9		34,3	
	davon höherer Dienst	40,8		46,0		43,8		21,2	
Bildung	Universitätsabschluß	93,9	148	97,6	505	96,8	653	71,7	191
	Studium: Jura	62,2	135	66,0	427	65,1	562	59,6	136
	Ökonomie	17,8		11,0		12,6		14,0	
Karrieretyp	Laufbahnbeamter	49,7	149	54,0	415	52,8	564	–	193
	verzögerter Laufbahnbeamter	11,4		19,8		17,6		–	
	Mischtyp	38,9		26,3		29,6		13,5	

Prozentdifferenz zu 100 = sonstiges.

Quelle: Derlien/Pippig 1990: 33.

len. Als das Bundesverfassungsgericht 1975 im Diätenurteil die Versteuerung der Diäten für notwendig erklärte und die Nichtfortzahlung der Beamtengehälter während der Mandatsausübung Gesetz wurde, ist die Entwicklung des Berufspolitikertums besonders gefördert worden.

Die *Erziehung* war in vormodernen konstitutionalisierten, aber nicht voll demokratisierten Systemen der wichtigste Faktor der Unterscheidung von Eliten und Nichteliten. Diese Unterschiede sind in Systemen wie dem der Bundesrepublik verwischt worden, wo sich die Tendenz entwickelte (v. Beyme 1974: 51 ff.; Highley u. a. 1976: 184 ff.; Derlien/Pippig 1990: 32), daß 40% einer Alterskohorte zum Studium drängen, und alle tröstlichen Botschaften der Bildungsplaner falsifizierte, daß mit sinkender Geburtenrate auch die Nachfrage nach höheren Bildungsqualifikationen zurückgehen werde. Mit wachsender Bildungsqualifikation der Gesamtbevölkerung differenzierten sich die Möglichkeiten der Elite mit höherer Bildung. Für die Eliten mit immer höherem Bildungsstand wurde Politik ein eher exzentrisches Handlungsfeld. Politik birgt kein besonderes Prestige, am wenigsten sogar dort, wo politische Machtpositionen noch direkt an ökonomische Privilegierung gebunden waren, wie im realen Sozialismus. Die Politikfremdheit einer immer größeren Zahl von Bildungseliten ist nur in Zeiten rascher Demokratisierung für kurze Zeit unterbrochen worden: nach 1945 in den ehemals faschistischen Systemen, in den 70er Jahren in Südeuropa, ab 1989 in Osteuropa. Die Intellektuellen spielten in der politischen Klasse anfangs eine gewisse Rolle. Sie mußten sich jedoch entweder professionalisieren oder zurückziehen – ein Prozeß, der selbst in der archaischen Struktur Osteuropas schon begonnen hat.

Ausbildung spielt Ende des 20. Jahrhunderts eine größere Rolle als zu Zeiten Moscas. Mosca und andere Elitentheoretiker hatten nicht zu hoffen gewagt, daß Bildung zum Auslesekriterium werden könnte. Noch immer gilt, was Pareto (1955, § 2035) festgestellt hat: »In der Wirklichkeit gibt es keine Prüfungen, mittels derer in diesen Klassen jedes Individuum seinen Platz erhalten könnte.« Man muß sich mit anderen Mitteln behelfen: »Bestimmte Etiketten ersetzen die Prüfung schlecht und recht. Auch wo es Prüfungen gibt, gibt es solche Etiketten... Entsprechend finden sich in der regierenden Elite Leute, die das Etikett politischer Funktionen von einem gewissen Rang tragen, z. B. Minister,

Senator, Abgeordneter, Staatssekretär, Obergerichtspräsident, General, Oberst usw., mit einem unvermeidlichen Anteil solcher, denen das Eindringen in diese Ränge gelungen ist, ohne daß sie dem Etikett entsprechende Eignung besitzen.« Als Auslesekriterium für die politische Elite nannte Pareto nach dem Niedergang der Erblichkeit vor allem »Familien- und andere Beziehungen«. Das war sehr stark an der Cliquenwirtschaft romanischer Länder orientiert. Er übersah, oder konnte noch nicht wissen, daß die Parteiendemokratie gerade ein Mittel für das »corriger la fortune« war. Politisches Engagement und Aktivismus in einer Partei stellen keine Aufstiegsgarantie, aber eine notwendige Voraussetzung des Aufstiegs dar. Durch bloße Beziehungen kann in einer Parteiendemokratie kaum noch jemand Minister werden.

Im Bildungsstand haben sich die Profile von Regierungs- und Oppositionsparteien angeglichen. Hochschulbildung ist keine zureichende, aber eine ziemlich unerläßliche Vorbedingung für eine politische Karriere. Im Prozentsatz der Parteiführung mit Hochschulstudium lag die SPD sogar leicht über dem Niveau der Unionsparteien. Schon 1981 war die Akademisierung der Eliten bei 68% angelangt (Hoffmann-Lange 1983: 16) und stieg in den folgenden zehn Jahren noch einmal um ca. 10%. Engholm, ein Mann des zweiten Bildungsweges, ist eine durchaus atypische Erscheinung. In bezug auf die Studienfächer weist die SPD-Führung eine etwas gleichmäßigere Verteilung auf als die bürgerlichen Parteien. Die Naturwissenschaften sind mit 9,5% eher weniger vertreten als bei anderen Parteien, wenn man die ostdeutschen Repräsentanten abzieht, von denen 41,7% Naturwissenschaften studiert haben. Die Geisteswissenschaften (27%), die Sozialwissenschaften (30,2%), die Wirtschaftswissenschaften (23,8%) und die Rechtswissenschaften (25,4%) halten sich in etwa die Waage (Weege 1992: 205). Die Akademisierung der ehemaligen Arbeiterpartei hat gewaltig zugenommen, aber sie läßt mehr Heterogenität in den Bildungskarrieren zu als die bürgerlichen Parteien. Trotz dieser Unterschiede konnte der relativ einheitliche Typ der Partei des öffentlichen Dienstes und der Lehrer entstehen. Ihm folgt sogar die große Anti-Partei der Grünen, welche einen noch größeren Anteil von Lehrern und Sozialarbeitern in ihre Eliten aufnahm als andere Parteien.

Demokratische Parteien können keine Kaderpolitik betreiben. Sie geben allenfalls Richtlinien für die Kandidatenaufstellung heraus und können froh sein, wenn die Proporzrichtlinien bezüglich der konfliktfähigen Gruppen, wie etwa der Frauen, eingehalten werden. Ein Bildungs- und Berufsproporz ist kaum durchsetzbar und wird von den Wählern auch nicht erwartet, wie man an der Lokkerung der sozialen Erwartung an den Repräsentanten sehen konnte.

Die *Lebensstile* innerhalb der politischen Klasse haben sich angeglichen. Der frühbürgerliche Lebensstil der klassischen politischen Klasse fand sein nivelliertes Pendant, seit die Lebensstile zweier Klassenstrukturen – wie sie in der ersten Hälfte des 20. Jahrhunderts bestanden haben – abgeschliffen worden sind. Die unauffällige Kleinbürgerlichkeit des Lebensstils wird in Ländern verstärkt, die stark föderalistisch gestimmt sind und in denen die Hauptstadt als kulturelles Zentrum keine Rolle spielt, ob sie nun Washington, Bonn oder Canberra heißt. In den Unionsparteien mag es noch immer mehr Politiker geben, die in ihre Jagdhütte fahren, wenn sie behaupten, zu ihrem Wahlkreis zu müssen. Aber im ganzen hat sich ein mittelständischer Stil bei Unions- wie bei SPD-Politikern herausgebildet. Wenn Giscard d'Estaing nach einem Besuch bei seinem Freund Helmut Schmidt in Hamburg gesagt haben soll, man könne das Understatement auch übertreiben, so dürfte die Enttäuschung Mitterrands beim Besuch in Ludwigshafen kaum geringer gewesen sein.

Die Statussicherheit in einer anonymisierten Gesellschaft hat in Deutschland kaum zur Demonstration von Macht und Reichtum geführt. Der Lebensstil der deutschen politischen Klasse ist nicht dazu angetan, Klassenneid zu provozieren. Die Feststellung eines kärglichen Lebens machte auch vor intellektuellen Figuren der politischen Elite nicht halt, wie in einer Einlassung über die Privatsphäre von Gustav Heinemann: »Wie in seinem gemieteten Einfamilienhaus in Essen huldigt der Justizminister auch über der skandinavischen Sitzgruppe seiner Bonner Bude einem ›ganz begabten‹ Landschaftsmaler aus Worpswede. Weiterhin beweist er mit der farbigen Reproduktion eines Paul Klee einen für diese Regierung schon beinahe avantgardistischen Kunstgeschmack« (Brügge 1968: 49 ff.).

Das Fehlen einer Metropole als Hauptstadt, die Karriereunsicherheit, der Föderalismus der Bundesrepublik mit seinen zentrifugalen Tendenzen haben dazu beigetragen, daß das Leben der politischen Elite in der Hauptstadt über eine Möbliertenkultur nicht hinausgekommen ist. Die Politiker suchen ihren gesellschaftlichen Bezugsrahmen auch nach langjähriger Bonner Amtszeit noch in ihren Heimatorten. Hans Dichgans (1968: 63) schilderte dies für die Parlamentarier mit den Worten: »Die Wahl in den Bundestag führt manchen Abgeordneten in seine Studienzeit zurück: Ein möbliertes Zimmer, eine Wirtin, die ihn recht und schlecht betreut, die von ihren Erinnerungen erzählen will.« Dohnanyi (1969: 172) zog das Fazit aus der mangelnden informellen Kommunikation der Elitensektoren in der Hauptstadt: »Bonns Politik kann aber auf die Dauer nicht besser sein als sein geistiges Klima.«

Die Beobachtungen dieser Politiker gelten keineswegs nur für die Abgeordneten, sondern auch für viele Minister, die schon lange in Bonn amtieren. Trotz der Eingemeindung zahlreicher Vororte Bonns und trotz des Zusammenwachsens mit dem Köln-Düsseldorfer Raum verstärkte sich die Tendenz der Ausdifferenzierung der Hauptstadtfunktionen, und Frankfurt, Hamburg und München gelangten in den Rang von Teilhauptstädten. Wenn der Trend zur horizontalen Mobilität zwischen den Elitensektoren und zum Positionstausch anhält, wird die Bindung zahlreicher Funktionsträger unter den politischen Eliten an die Teilhauptstädte sich in absehbarer Zukunft nicht abschwächen, selbst wenn Berlin sich schließlich als Regierungssitz etabliert.

Zu den Folgen des sozialen Aufstiegs gehört allgemein eine Ausweitung des beruflichen Sektors, die Einschränkung der außerberuflichen Sozialkontakte und nicht selten auch eine gewisse Abkehr von der Familie, die häufig zu Ehescheidungen führt (Fürstenberg 1962: 109). In der älteren CDU-Ära gehörte das »intakte Familienleben« so sehr zum Image des Politikers, daß familiäre Krisen weit weniger sichtbar wurden. Erst mit dem Abbau der CDU-Familienideologie und mit dem Aufstieg einer neuen Generation von Politikern, die zum Teil ungewöhnliche Karrieren hinter sich hatten, traten familiäre Krisen weit stärker ans Licht der Öffentlichkeit (z. B. bei Politikern wie Carlo Schmid, Karl Schiller, Alex Möller). Als Novum erschien bereits, daß man sich in seiner Amtszeit ohne großen Prestigeverlust scheiden lassen konnte. Ob diese Aussage auch für Politiker auf unterer Ebene galt, müßte etwa anhand von geschiedenen Abgeordneten und Bewerbern um ein Bundestagsmandat untersucht werden. In England wurde in einer Studie über die Kandidatenauslese festgestellt, daß etwa die Hälfte der Geschiedenen unter Druck von seiten des Wahlkreises stand, mit dem Ziel, sie zum Rücktritt zu bewegen. Es ist nicht auszuschließen, daß auch in der Bundesrepublik die Delegierten vor allem ländlicher Wahlkreise bei der Abwägung der Argumente für die Kandidatenaufstellung sich in Fragen des Familienlebens der Bewerber weniger liberal verhalten würden als die politischen Eliten bei der Kooptation von Bewerbern um hohe Exekutivposten.

Im Vergleich zu den USA sind auch die Medien in Deutschland weniger aggressiv bei der Untersuchung der Personenstandsverhältnisse der Politiker. Dies erspart dem Land eine öffentliche Hypokrisie, die in Amerika seltsame Blüten treibt, die man allenfalls von einigen heuchlerischen Fernseh-Evangelisten erwarten würde.

In den angelsächsischen Ländern wird von Zeit zu Zeit nach der Intervention des Staates gerufen, vor allem nach gesetzlicher Beschränkung der Medien, die mit der »kollektiven Lüsternheit« der Nation Geschäfte machen. In den kontinentalen Ländern hingegen scheint sich ein Gemisch aus toleranter Zurückhaltung und ironisch-distanzierter Kritik einzuspielen, das es der politischen Klasse erlaubt, im Amt zu bleiben, auch wenn die Regenbogenpresse sich in Enthüllungen überbietet. In den angelsächsischen Ländern hingegen gilt eher noch die Regel Kelvin MacKenzies, des Chefredakteurs von *Sun*: »Wenn du nicht in der Zeitung erscheinen willst, dann ziehe nicht deine Hose aus« (zitiert in: *Die Zeit* 32/1992: 2). Der angelsächsische Enthüllungsjournalismus, der so manche Politikerkarriere beendet hat, wird meist unter dem Blickwinkel der öffentlichen Heuchelei betrachtet. Bemerkenswerter ist der systemtheoretische Aspekt: Nur wenig komplexe Gesellschaften beruhen in ihrer Erwartungssicherheit auf personalen Rollenkombinationen. Nur in ihnen werden Verfehlungen in der amtsfernen Rolle auf andere Funktionen übertragen. Der Komplexitätsgrad der amerikanischen Gesellschaft müßte eigentlich längst das Stadium fundamentalistischer Sehnsucht nach der Einheit aller Rollen hinter sich gelassen haben.

Ralf Dahrendorf hat einmal bedauert, daß es an Studien fehle, die das *Aufstiegserlebnis* der Eliten zu messen versuchten. Die Mannheimer Elitenstudien haben in den 70er Jahren Fragen nach der Zufriedenheit mit der gegenwärtigen Position aufgenommen. Eine Reihe von Politikern nannte andere Positionen, die sie lieber bekleiden würden. Bei der Auswahl der Befragten handelte es sich aber nur zum kleinen Teil um Spitzenpolitiker. Selbst Mitglieder des inneren Zirkels haben nicht immer das Ressort bekommen, das sie sich gewünscht hätten. Mancher Politiker wäre gern Außenminister und ärgert sich vielleicht, daß dieses Amt in der Regel einem FDP-Politiker zufällt. Aber aus solchen Befunden kann nicht auf eine generelle Unzufriedenheit mit der Politik als Beruf geschlossen werden. Spätestens Herzogs Karrierestudie (1975: 195) hat den Mangel der älteren Elitenforschung behoben: 61% seines Samples waren mit ihrer politischen Karriere zufrieden, nur 27% äußerten Unzufriedenheit. Wie in anderen Laufbahnen nahm die Zufriedenheit mit dem Alter und der Dauer der Ausübung politischer Funktionen zu.

3. Die Professionalisierung der Politiker

Die soziologische Theorie der klassischen Moderne bei Weber und Durkheim sah die Professionalisierung aller Karrieren als Teil einer umfassenden Modernisierung. Die enttäuschten Parlamentarismuskritiker und Elitentheoretiker in Italien hatten diesen Aspekt noch wenig herausgestellt und daher die innere Kohäsion der politischen Klasse allzusehr auf soziale und wirtschaftliche Grundlagen zurückgeführt. Der deutsche Obrigkeitsstaat mit seinem unvollkommenen Parlamentarismus hat die Professionalisierung der Politiker zunächst stark behindert (Hohm 1987: 3 ff.). Paradoxerweise professionalisierte sich die unterprivilegierte Gegenelite in der SPD schneller als die Führung der bürgerlichen Parteien. 1920 waren von 113 Reichstagsabgeordneten der SPD bereits 87 Berufspolitiker (Leif 1992: 180). Inzwischen ist das Modernisierungsgefälle abgebaut worden. Großbritannien war nach dem Zweiten Weltkrieg ein Nachzügler hinsichtlich der Professionalisierung, während sie in Deutschland im Vergleich zu anderen Ländern weit fortgeschritten ist. Als Indikatoren dafür können gewählt werden:
– Zahl der Jahre im Beruf vor Erreichung des ersten wichtigen politischen Amtes,
– berufliche Nebentätigkeit neben den politischen Ämtern,
– Bereitschaft zur Rückkehr in den Ausgangsberuf. Immer häufiger zeigt sich jedoch, daß die Arbeit als Anwalt, wie sie sich

Barzel, Ehmke oder Lambsdorff noch als Option offenhielten, selbst für Juristen heute nicht mehr sehr üblich ist. Üblicher ist es, Auffangpositionen für die Abgänger zu schaffen. Die Zugehörigkeit zur politischen Klasse wirkt als Schwimmgürtel, der den Abstieg nach dem Ausscheiden aus dem Amt verhindert. Die Professionalisierung der Politiker ist schon früh (Herzog 1975: 222) als Vehikel der Herausbildung einer Art von politischer Klasse erkannt worden, weil dieser Prozeß zur notwendigen Entfremdung des Politikers von seinem Herkunftsberuf führt. Die politische Karriere wurde zur zweiten Karriere, die immer weniger im Zusammenhang mit der ersten stand. Nur vorübergehend kann die politische Karriere mit der beruflichen noch eine Weile verzahnt sein. Die von Michels geäußerte Sorge über den Parteibürokraten erwies sich als überflüssig. Die Tendenz, auch die berufliche Karriere in die Partei zu verlagern, war gering. Der Parteifunktionär hatte keine guten Aufstiegschancen in der Politik. Er gehörte eher einem negativen Rekrutierungszirkel an (Herzog 1975: 225).

Der Prozeß der Karrierisierung und Professionalisierung wird vielfach als »Amerikanisierung« empfunden. Als Produkt erscheint der außengeleitete glatte Durchschnittspolitiker. Seine berufliche Erfahrung hat sich überwiegend im Außenverhältnis von Betrieben und Organisationen abgespielt. Wenn der politischen Karriere berufliche Bewährung vorausging, so fand sie eher im »staff« als in der »Line« statt, also eher in Stabsaufgaben als in der Routinebürokratie. Schon im Beruf wurden so übertragbare Qualifikationen des Umgangs mit Personen statt mit Akten und die Gewohnheit zur Disposition über die eigene Arbeitszeit erworben (Weege 1992: 213).

Psychologische Ansätze, wie der Ambitionsansatz von Schlesinger (1966), sind oft von einem universalen Machtstreben der Personen ausgegangen, die für die Politik optiert hatten. Der Ambition steht aber die »opportunity« entgegen. Ambitionen sind durch Möglichkeiten vorstrukturiert. Es ist kein Zufall, daß die Lehrberufe in der Politik immer stärker dominieren. Lehrer haben eine geringe Karrieremobilität. Professoren bleiben Professoren – in der Regel ihr Leben lang. Die Angehörigen des öffentlichen Dienstes arbeiten politiknah und haben keine Einbußen zu befürchten, wenn sie das Wagnis einer politischen Karriere auf sich nehmen. Medienarbeiter sind ebenfalls stark vertreten. Überraschend erscheint eigentlich nur die wachsende Zahl der leitenden Angestellten aus der Privatwirtschaft, die in der politischen Klasse auftauchen. Hingegen nimmt die Zahl derjenigen, die ihre Laufbahn in klassischen Großorganisationen begannen – bei der SPD selbst die Gewerkschaftskarrieren – in der politischen Elite immer mehr ab.

Unter sozialdemokratischen Regierungen schien sich die Professionalisierung im Vergleich zu Zeiten christdemokratischer Vorherrschaft zu beschleunigen (Armingeon 1986). Aber Professionalisierung hat viele Aspekte. Der Indikator »Jahre in einer Profession« vs. »Full-time-Job in der Politik« ist vergleichsweise oberflächlich. Die Verweildauer ist ein weiterer Indikator. Wo es nicht möglich ist, Mitglieder der politischen Klasse ins Nichts zu rotieren, wie es bei der Grünen Gegenelite anfangs versucht worden ist, wächst die horizontale Mobilität. Der Wechsel vom politischen in den wirtschaftlichen Sektor hat in Europa nicht die gleiche Bedeutung wie in Amerika. Aber das Wechseln in die Bürokratie und in quasi-staatliche Organisationen hat zugenommen.

Noch wichtiger als die objektiven Kriterien für Professionalisierung erscheinen die subjektiven Anzeichen: Politiker haben eine stärker professionalisierte Perzeption ihrer Rolle als frühere Eliten. In Großbritannien war man lange stolz auf seine allgemeine Bildung, und mancher Wirtschaftsminister brüstete sich damit, eigentlich klassische Philologie studiert zu haben. In der neueren Parteidemokratie werden nicht nur der Ausbildung gemäße Felder der Spezialisierung gewählt, sondern die Politiker versuchen, sich inhaltlich zu profilieren.

In diesem Professionalisierungsprozeß gibt es noch starke Perzeptionsunterschiede zwischen den Eliten und ihren Wählern. Wähler orientieren sich mehr an herkömmlichen Berufsbildern und honorieren die Tätigkeiten des politischen Kommunikationsingenieurs weit weniger. Kanzler Kohl ist wohl das beste Beispiel für einen Politiker ohne professionelle Spezialkenntnis. Auch die Angabe in Kürschners *Volkshandbuch des Deutschen Bundestages,* er habe Rechts-, Sozial- und Staatswissenschaften und Geschichte studiert, kann nicht darüber hinwegtäuschen, daß er kein Jurist ist (allgemeine Staatslehre war damals in Heidelberg Mußverbindung mit Soziologie oder Politikwissenschaft) und daß sich hinter dem staatserhaltenden Etikett Staatswissenschaften die Politikwissenschaft verbirgt. Wissenschaftlicher Mitarbeiter und kaufmännischer Angestellter in einem Wirtschaftsverband sind die einzigen Berufsbezeichnungen in seinem *Kürschner*-Steckbrief. Die Nennung der Parteiämter zeigt auch dem Uneingeweihten, daß diese Begleiterscheinungen einer politischen Karriere waren, ebenso wie die wissenschaftlichen Themen, die er als »wissenschaftlicher Mitarbeiter« bearbeitet hat (Wahlen und später Karriereauslese in dem Bundesland seiner politischen Aktivität) (Kaufmann u. a. 1961). Solche Details werden gern voller Häme erzählt, was unangebracht ist. Die auf kleiner Stufe entwickelten organisatorischen Fähigkeiten erklären auch seinen Erfolg als Kanzler. Sie liegen weder in der innovativen Politikformulierung noch in der gediegenen Bearbeitung eines Politikfeldes. Konfliktmanagement zwischen Bonn und München, zwischen CDU und FDP hat er besser beherrscht als jeder CDU-Kanzler vor ihm, was seiner Regierung Dauer und Erfolg ermöglichte. Allzu profunde Spezialkenntnisse in einem Feld können den Blick für das politisch Wesentliche sogar verstellen, wie das Beispiel Erhard gezeigt hat.

Das Weimarer System wurde noch zu einem Viertel von »Politikern ohne Partei« – wie Hans Luther sich brüstete – beherrscht. Nach der ersten Regierung Adenauer hatten diese Fachmänner kaum noch eine Chance. Leussink war der letzte wenig erfolgreiche Fachmann ohne parteilichen Stallgeruch in einer Regierung. Nichtprofessionelle Politiker wurden häufig als Dilettanten belächelt (Wassermann 1986: 119). Diese gaben die Kritik weiter, wenn – wie in Ostdeutschland – noch dilettantischere Politikeriten an die Macht kamen, die dann als »Laienspieler« abqualifiziert wurden.

Nachdem Michels' Vision von der Herrschaft der Parteibürokraten sich als übertrieben herausgestellt hatte, versuchte man vor allem in Italien immer wieder den Professionalismus der politischen Klasse in eine Typologie zu bringen (Panebianco 1982: 431). Dabei unterschied man sieben Typen:

- Manager (vom prämodernen Boß bis zum postmodernen Parteiführer),
- Notable,
- repräsentative Bürokraten,
- exekutive Bürokraten,
- Stabsprofessionelle (z. B. Wahlmanager),
- Kryptoprofessionelle (z. B. in parastaatlichen Einrichtungen),
- Halbprofessionelle (z. B. Parlamentspersonal).

Solche Typologien sind nicht immer säuberlich abgrenzbar. Die verschiedenen Typen weisen in unterschiedlichen Parteidemokratien höchst verschiedene Mischungsverhältnisse auf. Aber sie sind Ausdruck der Tatsache, daß der Webersche oder gar der Michelssche Parteibürokrat heute einem vielfältigeren Anforderungsprofil gewichen ist (vgl. Larson 1977: 191). Auch der Typ und die Ideologie der Partei spielen eine Rolle. Für das Muster des »administrativen Intellektuellen«, das sich in der italienischen Linken entwickelte (Fraser 1976), gab es in den pragmatischeren Arbeiterparteien des Nordens kein Pendant. Bemerkenswert bleibt jedoch, daß auch die Parteiführung verwissenschaftlicht wurde, selbst wenn sie sich in Nordeuropa eher in parteinahe Stiftungen und andere Einrichtungen verlagerte, seit die klassische Arbeitsteilung zwischen Führung und Ideologieproduktion, zwischen Bebel und Kautsky sich nicht mehr reproduzieren ließ.

In der Wahrnehmung der Bürger ist der *Berufspolitiker* noch kaum positiv besetzt, obwohl Befragungen der Bürger zeigen, daß diese in bezug auf soziale Merkmale ihrer Abgeordneten toleranter geworden sind. Sie finden ganz überwiegend, daß die Schichtzugehörigkeit oder die regionale und Generationenbindung keine große Rolle spielen muß (Herzog u. a. 1990: 56). Die Wähler haben ihre Einstellung zur politischen Elite soweit modernisiert, daß sie den wachsenden Anteil von Politikern, der von der Politik lebt, zu akzeptieren bereit sind. Die Höhe der Diäten wird immer wieder als anstößig empfunden. Dabei wird selten einkalkuliert, daß die – eigentlich verfassungswidrigen – Abgaben der Abgeordneten an die Fraktion darin enthalten sind. Die Höhe des Aufwandes für eine gute Wahlkreisbetreuung und den Wahlkampf wird vom Bürger ebenfalls kaum berücksichtigt. Nicht akzeptiert wird der Politiker, der keine Berufserfahrung hat. Genau dieser Typ des Berufspolitikers aber tritt immer häufiger in Erscheinung. Wenn der Eintritt in die Politik früher erfolgt, Studien länger dauern und Politik professionalisierter wird, dann können Honoratioren mit langer Berufserfahrung nicht mehr der Normalfall des Politikers sein. 25% der deutschen Abgeordneten haben den Beruf neben einem überwiegenden politischen Engagement herlaufen lassen. 30% der Abgeordnetenkarrieren wiesen weniger als zehn Berufsjahre außerhalb der Politik auf (Kaack 1988: 131). Die Berufspolitiker mit parteibezogenen Berufstätigkeiten machten 1969-1983 25% aus. Zu ihnen lassen sich noch 12% Verbands-

und Gewerkschaftsfunktionäre hinzuzählen, so daß etwa ein Drittel nicht nur für die Zeit der Mandatsausübung zur Berufspolitikerschaft gerechnet werden kann. Zu den politiknahen Berufen gehören auch die Angehörigen des öffentlichen Dienstes und ein großer Teil der Lehrberufe, die etwa ein Achtel der Abgeordnetenschaft umfassen.

Die Berufsstruktur der Parlamente darzustellen stößt noch immer auf Schwierigkeiten. Die Handbücher des Bundestages gehören zu den »diskretesten Nachschlagwerken der Welt« (Eschenburg 1959: 66). Die Berufsbezeichnungen sind vielfach uneinheitlich und irreführend. Regierungsmitglieder und Funktionäre von Gruppen müssen daher stärker gesondert werden. Die Unterrepräsentation der Arbeiter fällt nach Abzug ihrer Funktionäre noch mehr ins Auge. Selbst Gruppen, die von Statusfurcht bedroht sind und deren relatives Gewicht in den 70er Jahren abgenommen hat – wie die Gruppen der Einzelhändler und Landwirte –, können sich in der parlamentarischen Elite noch in überdurchschnittlichen Anteilen behaupten.

Während die *Berufserfahrung* mit wachsender Professionalisierung der Elite abnimmt, wächst die *Berufsqualifikation*. Nur 15% der Bonner Exekutivelite hat lediglich einen Grundschulabschluß. 70% hingegen hatten ein Universitätsstudium absolviert (Derlien/Pippig 1990: 34). Schon vor dem ersten Machtwechsel 1969 lag der Anteil der Akademiker bei 69% (v. Beyme 1974: 56). Lediglich innerhalb der Akademikerschaft hat es einige Umschichtungen gegeben. Bis 1969 dominierte die Rechtswissenschaft bei Spitzenpolitikern mit 42%, bei Staatssekretären mit 65%. Spätere Analysen ermittelten innerhalb der Verwaltungselite 65,1% und unter den Politikern 59,6% Juristen, kamen aber gleichwohl zu dem milden Schluß, daß die »Juristendominanz ... mit einem 65%-Anteil gar nicht so extrem ausgeprägt« sei, wie man annehmen könnte (Derlien/Pippig 1990: 34). Schon Dahrendorf hatte einst die Dominanz der Juristen von wenigen etablierten Universitäten als das funktionale Äquivalent der Elitenschulen anderer Länder aufgefaßt. Vor allem für die Verwaltungseliten gibt es kein Pendant zur französischen »École normale d'administration«. Die Verwaltungshochschule in Speyer hat wichtige Fortbildungsfunktionen, aber zu einer ENA ist sie nicht geworden. Die Konzentration der Elite auf wenige Hochschulen wie Oxford und Cambridge in Großbritannien entwickelte sich in Deutschland nicht. Hochburgen der politischen Elite, Orte, wo Politiker im Durchschnitt am häufigsten studiert haben, sind Frankfurt, München, Tübingen und Hamburg. Bei den Verwaltungseliten kommen Köln, Freiburg, Göttingen und Heidelberg hinzu (Derlien/Pippig 1990: 34). Köln erklärt sich vermutlich durch den wachsenden Anteil an Ökonomen (14% bei den Politikern, 12,6% bei den Spitzenadministratoren). Die drei anderen Großstädte – mit Ausnahme des Sonderfalls Berlin – sind vermutlich schlicht aufgrund der hohen Zahl ihrer Absolventen repräsentiert. Die kleinen Traditionsuniversitäten Freiburg, Heidelberg, Tübingen und Göttingen gehören zu den Regionaluniversitäten, die einen unverhältnismäßig hohen Anteil der regionalen Eliten schon immer ausgebildet haben. Alle vier fallen darüber hinaus unter die wenigen Universitäten Deutschlands, deren Studenten sich schon seit dem 19. Jahrhundert durch eine große örtliche horizontale Mobilität auszeichneten. 22% der Spitzenbeamten haben auch im Ausland studiert, bei den Staatssekretären sogar 26%.

Unter SPD-geführten Regierungen in Bund und Ländern kam es zu einer größeren Diversifizierung der Karrieren. Als Folge der Politisierung der Verwaltung befürchteten Konservative eine Aufweichung der Karrieren – zu Unrecht. Der Seiteneinsteiger ist noch immer eine Randerscheinung. Der klassische Beamte war reiner Laufbahnbeamter. Der Mischtyp, der auch eine gewisse Zeit außerhalb der Verwaltung Karriere machte, hat – vor allem unter SPD-Regierungen – zugenommen. Vor 1969 gehörten etwa ein Fünftel der administrativen Eliten dem Mischtyp an. In der Zeit der Dominanz der SPD stieg dieser Anteil auf etwa 30%, ein Trend, der unter den Regierungen Kohl erhalten blieb. Der Schluß ist daher zulässig, daß es sich um eine dauerhafte Auflockerung der Karrieretypen handelt, die nicht das Produkt von Parteiprofilen in ihrer Auffassung von politischer Steuerung der Verwaltung ist.

Die Naturwissenschaften nahmen nach 1969 leicht an Bedeutung zu. Aber als Ursprungsstudienfach erreichen sie noch immer nicht den Rang, der ihrer gestiegenen Bedeutung in der Gesellschaft entspricht. Unorthodoxe Studienfächer und Karrieren haben sich durch den Einzug der ostdeutschen Politiker in den Bundestag 1990 vermehrt. Ca. 40% der ostdeutschen Abgeordneten haben naturwissenschaftliche und technische Studien absolviert. Der Anteil wird sich vermutlich nicht dauerhaft halten. Einmal wird die Karriere in politisch unbelasteten Berufszweigen eine abnehmende Rolle spielen, zum anderen werden sich die Ausbildungsgänge in Ostdeutschland an das westdeutsche Muster angleichen.

Sozialwissenschaftler unter den Politikern sind immer noch Einzelfälle, die sich vor allem unter den Ministerpräsidenten und in Landeskultusministerien finden. Einige Untersuchungen haben jedoch mit Recht davor gewarnt, aus dem Studienberuf allzu weitreichende Schlüsse für das Verhalten zu ziehen. Entscheidender als das Studium ist häufig die Frage, wo ein Beruf ausgeübt wird. In zielbestimmenden Funktionen der Politik ist die Innovationsbereitschaft von Absolventen einzelner Studienfächer, denen im allgemeinen eine bewahrende Tendenz nachgesagt wird, größer als in rein adaptiven Funktionen. Juristen in adaptiven wie in zielbestimmenden Sektoren haben sich zudem häufig als innovationsfreudiger erwiesen als Naturwissenschaftler, denen gelegentlich allzu voreilig Modernität und damit reformerische Aufgeschlossenheit unterstellt wird (Sahner 1975: 198).

Ist in der Protestpartei der Grünen eine Gegenelite entstanden, die dem Anspruch einer Partei neuen Typs gerecht wird? Erste Untersuchungen der parlamentarischen Eliten lassen Zweifel daran aufkommen. In einigen Punkten weichen die Grünen von dem Muster der etablierten Parteien ab. Sie sind im Durchschnitt jünger, überwiegend nach 1945 geboren, und höher gebildet. Aber sie kommen zu noch höheren Anteilen aus dem Dienstleistungsbereich als die anderen Parteien.

Sie sind mittelständisch, aber ohne die für Postmaterialisten sonst übliche berufliche und soziale Sicherheit, da sich unter ihnen ein hoher Anteil an Arbeitslosen und Hochschulabsolventen ohne Anstellung findet. Das Prinzip der Rotation zur Verhinderung der Verfestigung von Eliten änderte an diesem Sozialprofil wenig. Wie ein Grüner selbst einmal beklagte: »Was nützen uns die Nachrükker, wenn wieder nur Lehrer darunter sind« (Fogt 1983: 509). Unter den etablierten Parteien kursierte das böse Wort von »Systemveränderer mit Pensionsansprüchen« (G. Verheugen in: Mettke 1982: 233).

Trotz der Repräsentationsdefizite sollte man jedoch die Grünen nicht strenger beurteilen als die anderen Parteien. Schließlich wäre es eine Illusion, eine für den Durchschnitt der Bevölkerung »repräsentativ« zusammengesetzte politische Elite an sich schon für

einen Garanten demokratischer und pluralistischer Verhaltensweisen zu halten, so sehr man sich auch für den Abbau der Ver-
zerrungen in der Berufsstruktur bei der Elitenrekrutierung einsetzen sollte.

Im Gegensatz zu früheren deutschen Systemen spielen Militär
und Klerus als Gruppen innerhalb der politischen Elite keine
Rolle mehr. Eine Klausel des Konkordats mit dem Vatikan von
1933 sah ein Verbot politischer Betätigung von Priestern vor; sie
wurde niemals rechtlich verbindlich. Die katholische Kirche hat
aber nach dem Krieg so gehandelt, als ob sie gültig wäre.

Neu war zwischen 1969 und 1982 eine Zunahme von Politikern
mit Gewerkschaftskarriere in politischen Spitzenpositionen, in
Einzelfällen sogar unter den Staatssekretären, die im allgemeinen
einem konservativen Rekrutierungsmuster folgten (mittelständi-
sche Herkunft, Jurastudium). Angesichts der Organisiertheit und
des politischen Gewichts der Gewerkschaften in Deutschland ist
jedoch der Positionsaustausch zwischen Gewerkschaften und der
politischen Führungselite gering.

In Deutschland spielten aufgrund der Diskontinuität der vier Regime, die das Land im 20. Jahrhundert durchlaufen hat, die *politischen Generationen* eine größere Rolle als in anderen Ländern mit
mehr konstitutioneller Kontinuität. Das *Eintrittsalter* in den Bundestag lag anfangs bei 46 Jahren, es hat sich seit Beginn der 70er
Jahre auf ca. 41 Jahre verringert. Die durchschnittliche *Verweildauer* im Parlament beträgt etwas über neun Jahre mit der Tendenz, sich zu verlängern. Bei einer vorgezogenen Wahl wie 1983
wurden die altgedienten Parlamentarier durch kurze Anlaufzeiten
für neue Kandidaten vorübergehend begünstigt. Als Faustregel
kann noch immer gelten: die *Wiederwahlquote* hat noch kein
amerikanisches Ausmaß erreicht. Sie liegt bei 80% für eine einma-
lige Wiederwahl. Zwei Drittel werden zweimal, die Hälfte dreimal
und 30% mindestens viermal wiedergewählt (Kaack 1988: 137).

Diese objektiven Daten sind bedeutsamer als die Befunde von
Interviewstudien unter der parlamentarischen Elite. Nach den Er-
gebnissen der Interviews gaben immerhin 70-80% der Parlamentarier zu, daß die Wiederwahl ihnen »sehr wichtig« oder »wichtig« sei. Für die Wiederwahl war die Wahlkreisarbeit von entscheidender Bedeutung. 79% aller Abgeordneten hielten die Arbeit im
Wahlkreis für »sehr wichtig«. Am höchsten war dieser Anteil bei
der SPD (85%) und den Unionsparteien (82%), geringer bei einer

Partei, die selten ein Direktmandat errang, wie der FDP (53%). Am unwichtigsten schien die Wahlkreisarbeit für die Grünen-Abgeordneten (48%), trotz der aufwenig propagierten Ideologie der Basisarbeit (Puhe/Würzberg 1989: 21f.). Fairerweise muß freilich hinzugefügt werden, daß die Grünen eher eine funktionale Auffassung von Basisarbeit in Bürgerinitiativen und Gruppen haben und weniger auf die territoriale Gesamtheit der Wähler eines ganzen Wahlkreises ausgerichtet sind.

Die Karrierespitze wird von den meisten Politikern nach ca. 25 Berufsjahren mit etwas über 52 Jahren erreicht. Der *Eintritt in die Spitzenpositionen* erfolgte 1983 gegenüber 1949 rund fünf Jahre früher. Die administrativen Spitzen haben eine besonders kurze durchschnittliche Verweildauer im höchsten erreichten Amt von ca. fünf Jahren. Dann werden sie ausgetauscht und gehen mit etwa 57-58 Jahren in den Ruhestand. Nur jeder fünfte Elitebeamte erreicht die gesetzliche Altersgrenze im Dienst. Bei 30% werden gesundheitliche Gründe für vorzeitiges Ausscheiden angegeben (Derlien/Pippig 1990: 35). Das »preußische Ministerfieber«, das im 19. Jahrhundert schon von Treitschke belächelt wurde, hat stark abgenommen, weil die Muster der politischen Ablösung bei Kritik aus dem Parlament und der Hierarchie im parlamentarischen System der Bundesrepublik transparenter geworden sind. Aber die 30% Rücktritte aus Gesundheitsgründen enthalten noch heute einen guten Anteil an »persönlichkeitsschonenden Interpretationsmustern« für den Rücktritt.

Ein *Positionsaustausch* der Elitensektoren untereinander ist relativ selten. Am häufigsten tritt er bei Politikern nach dem Abgang aus dem höchsten Amt ein. Nicht wenige Ex-Politiker sind an die Spitze von Verbänden oder Unternehmen getreten. Die Rekrutierung von Wirtschaftsmanagern für die Politik hingegen – wie sie in den USA häufiger vorkommt – ist die Ausnahme geblieben. Der Wechsel von Wirtschaftsminister Fridrichs vom Ministerium in ein Großunternehmen auf dem Höhepunkt der politischen Laufbahn ist eher Ausdruck eines umgekehrten Trends. Auch zwischen kultureller und wissenschaftlicher Elite und der politischen Führung ist der Austausch gering. Nach 1969 gab es einige »Senkrechtstarter« aus dem Bereich der Wissenschaft. Sie spielten alle nach einigen Jahren keine dominierende Rolle mehr oder sind wieder aus der Politik ausgeschieden.

Der eigentliche Wandel im Verhältnis der Sektoren Wissenschaft und politische Führung liegt in der *Verwissenschaftlichung der Politik*. Einige hundert Beiräte von Regierungsämtern und -einrichtungen institutionalisieren die engere Verbindung zwischen beiden Bereichen. Im ganzen ist dabei die Mitte eines pragmatischen Modells (Habermas) zwischen dem dezionistischen (nur gelegentliche Konsultation des Sachverstandes bei Entscheidungsmonopol der Politiker) und dem technokratischen Modell (mit Vorkanalisierung) eingehalten worden. Auch die Einstellung der Spitzenpolitiker gegenüber der Wissenschaft und dem Sachverstand hat sich stark gewandelt. Eine Untersuchung der Schriften von Politikern in den 50er und 60er Jahren zeigte eine mangelnde Vorbereitung auf die Komplexität des Informationsprozesses. Die Ansichten über die Führungsaufgaben waren stark von vorrationalen und außerwissenschaftlichen »Stilfragen« bestimmt, die im Sinne einer älteren Auffassung von Substanzeliten formuliert wurden (v. Beyme 1974: 162 ff.). Einzeluntersuchungen zum Sachverstand der Parlamentarier in zentralen Bundestagsausschüssen förderten einen unzureichenden und veralteten Informationsstand bei vielen Politikern zutage (Schatz 1970: 32 ff.). In diesem Punkt hat sich in den 70er Jahren vieles gebessert. Die Schriften der Politiker, die ein Fachgebiet vertreten oder sich in der Opposition für eines zu profilieren suchen, sind zweifellos kompetenter und stärker am neuesten wissenschaftlichen Stand orientiert als früher. Die gewachsene Zahl der Politiker und Ex-Politiker, die Lehraufträge an Hochschulen wahrnehmen, ist ein weiteres Zeichen für eine gewisse Annäherung der beiden Sektoren Wissenschaft und Politik.

Die Tendenz zur Professionalisierung der politischen Elite ist je nach Untersuchungszeitraum unterschiedlich bewertet worden. In den Regierungen Brandt schien die Zahl der Juristen zurückzugehen und die Studienfächer der Minister und ihre Karrieren sich auszudifferenzieren. Dieser Trend hat sich dann schon in den Regierungen von Helmut Schmidt nicht mehr fortgesetzt (Armingeon 1986). Solche neueren Befunde sind freilich kein Argument gegen den Trend der Professionalisierung. Dieser ist nicht nur an den Studienfächern und Karrieremustern auszumachen. Der Generalist ohne Spezialkenntnisse, die für ein bestimmtes Ressort prädestinieren, kann es immer noch weit bringen, wie Helmut Kohl demonstriert hat. Die meisten Führungskräfte in der Demokratie aber professionalisieren sich – unabhängig von früheren

Studien und Karrieren – für bestimmte Politikfelder. Auch mündliche und schriftliche Beiträge zur Demonstration des eigenen Profils haben sich professionalisiert. Was immer Wissenschaftler gegen die Bücher von Biedenkopf, Blüm oder Späth eingewandt haben, ihr Professionalisierungsgrad liegt weit über den Meinungsäußerungen von Ministern der späten Adenauer-Ära, als noch Titel überwogen wie *Wir brauchen eine heile Welt* (G. Schröder) oder *Gesichtspunkte eines Deutschen* (R. Barzel). Auch Spitzenpolitiker, die auf ein Ressortwissen zurückgreifen können, das in einer Karriere der Interessenvertretung für bestimmte Gruppen erworben wurde, haben sich zunehmend um professionellere Darstellung ihrer Anliegen bemüht.

Im Bereich des Politikverständnisses hat sich die politische Elite seit der Adenauer-Zeit ebenfalls stark modernisiert.

Die unpolitische und konfliktfeindliche Einstellung der politischen Elite, die nach dem Krieg die Bindung an ältere Wertvorstellungen der vordemokratischen Zeit noch erkennen ließ, hat sich gewandelt. Die Internationalisierung der demokratischen Werthaltung bei den politisch Aktiven hat auch in Deutschland zugenommen (Hoffmann-Lange 1976: 66). Die unpolitische Konzeption ihrer Aufgaben ist nicht einmal mehr in der bürokratischen Elite dominant.

4. Die Einkommen der politischen Klasse

Der Klassenbegriff hat eine längere Karriere als der Terminus »Elite«. Für die Abgrenzung von Klassen spielte einst bei Marx die »Dieselbigkeit der Revenuen und Revenuequellen« eine Rolle (*MEW*, Bd. 25: 893). Arbeitslohn, Profit und Grundrente konstituierten für Marx die drei großen gesellschaftlichen Klassen in der Gesellschaft. Marx hielt es sogar für möglich, von dieser Typologie aus »z. B. Ärzte und Beamte« als Klassen anzusprechen. Profit und Grundrente wurden später in der Soziologie als *Besitzklassen* zusammengefaßt und den *Erwerbsklassen* gegenübergestellt. Der Wohlfahrtsstaat machte diese Typologie ergänzungsbedürftig. Besitz und Einkommen wurden für die Bestimmung der Lebenslage nicht mehr ohne den Filter der öffentlichen Versorgungschancen wirksam (Lepsius 1990: 131). In der Regel dachte man bei den *Versorgungsklassen* an jene, die überwiegend von staatlichem

Transfereinkommen lebten. Aber nicht nur unterprivilegierte Versorgungsklassen lassen sich feststellen. Die Beamten waren schon immer die wichtigste privilegierte Versorgungsklasse. Die Angleichung der Angestellten an die Beamten hat manche dieser Privilegierungen abgebaut.

Neue Formen der Privilegierung sind entstanden. Die politische Klasse könnte auch als eine Art Versorgungsklasse angesehen werden. Obwohl die *classe dirigente* im engeren Sinn nicht aus Beamten besteht (mit Ausnahme der Staatssekretäre, wenn man diese hinzuzählt), haben sie beamtenähnliche Privilegien in einer herausgehobenen Altersversorgung und in Sicherungsmaßnahmen zugunsten der Kontinuität von Karrieren. Die politische Elite im weiteren Sinne (inklusive Verwaltung, Medien und öffentliche Wirtschaft) umfaßt zudem zahlreiche Positionsträger mit Beamten- oder Quasi-Beamtenrechten. Zur Versorgungsklasse wird die politische Klasse auch dadurch immer stärker, daß ihre Privilegien und Revenuen durch politisch-administrative Maßnahmen geschaffen werden, von der Diätengesetzgebung bis zur Parteienfinanzierung.

In frühen parlamentarischen Systemen mit geringen oder gar keinen Diäten hatte die politische Klasse keine einheitlichen Revenuen. Sie sind erst entstanden, als die Besitzeliten sich kaum noch für politische Karrieren interessierten. Mit der Professionalisierung der Politiker (Kap. III, 3.) glichen sich die Formen des Lebensunterhalts der politischen Elite an. Die politische Klasse wurde zu einer Mischung der vorteilhaften Seiten von Erwerbs- und Versorgungsklassen.

Diäten waren ursprünglich eine Unkostenpauschale für Repräsentanten, die ihren Lebensunterhalt durch einen Beruf verdienten. Einkommensvorteile haben sich durch die Professionalisierung der Politik mit Karriereprivilegien verquickt, die sich an der Verwaltungselite orientierten. Die Verwaltungseliten ihrerseits waren auch in der Politik privilegiert, weil sie sich mit dem geringsten Risiko eine politische Karriere leisten konnten. Politiker mußten in der Frühzeit der Demokratie lavieren zwischen dem, was Max Weber »innere« und »äußere Abkömmlichkeit« genannt hat. Die »äußere Abkömmlichkeit« bedeutete, daß man sich eine politische Karriere finanziell leisten konnte; »innere Abkömmlichkeit«, daß der Politiker genügend Distanz zu privatwirtschaftlichen Alltagsinteressen bewahrte. Da die äußere Abkömmlichkeit der politischen Klasse sich verringerte, wurde sie von dritter Seite kompensiert: Verbände sicherten die finanzielle Unabhängigkeit der Politiker (Eschenburg 1959: 71). Da diese Substituierung einer persönlichen Abkömmlichkeit durch organisierte Interessen gefährlich war, mußten demokratische Systeme folgerichtig die Diäten so erhöhen, daß der Politiker auch »von der Politik« leben konnte.

Nicht die Höhe der Diäten der politischen Klasse in einer Demokratie war anrüchig, sondern eher die einseitige Auslese von Kandidaten, die ein solches System begünstigte. Es hielt sich das populäre Vorurteil: »Die Bezahlung des Berufs Politiker darf nicht so interessant sein, daß er allein des hohen Verdienstes wegen angestrebt wird« (Scheuch 1992: 123). Sieht man den Aufwand, den ein Politiker für dieses Einkommen einsetzt, kann kaum vom Primat der finanziellen Motivation ausgegangen werden. Politiker werden zur Klagemauer und zu »Animateuren« hedonistischer Wähler (Becker 1992: 77). Sie müssen sich eine Durchleuchtung ihres Privat- und Geschäftslebens gefallen lassen, die kaum jemand sonst auf sich nehmen würde. Ihnen wird erbarmungslos Präsenz bei nichtigen Anlässen abgefordert. Die Responsivität müssen sie wie eine heilige Hostie vor sich hertragen und ritualisieren. Gemessen an diesem Einsatz ist die Bezahlung eher bescheiden. Allenfalls ein paar Hinterbänklern und Anfängern könnte man überwiegend finanzielle Motive unterstellen. Der politischen Elite im engeren Sinn wäre es jederzeit möglich, in anderen Sektoren von Wirtschaft und Gesellschaft ähnliche Einkünfte bei geruhsamerem Leben zu erzielen. Sie hat dies nach dem Ausscheiden aus höchsten Exekutivämtern häufig unter Beweis gestellt.

Im Laufe der Geschichte der Bundesrepublik Deutschland hat sich die Professionalisierung einerseits und die staatliche Alimentierung der Politiker andererseits in wachsenden Zahlen von Amtsträgern niedergeschlagen, die überwiegend von der Politik leben.

Nach dem Kriterium älterer Klassendefinitionen näherten sich vor allem die Angehörigen der politischen Elite im engeren Sinne in bezug auf die Revenuen einander immer stärker an. Schon im 6. Bundestag waren 25% der Abgeordneten ausschließlich auf ihre Diäten angewiesen. 1964 waren es laut Umfrage von Loewenberg (1967: 80) 27%. 40% davon waren SPD-Abgeordnete. Die Zahl der vermögenden Abgeordneten, die der Besitzklasse zuzurechnen waren, war auf etwa 30 geschrumpft (Klatt 1971: 356). Nur für diese Minderheit waren die Diäten ein zusätzliches Taschengeld.

a) Die Nebeneinkünfte der politischen Klasse und die Verhaltensregeln für die Abgeordneten

Die Einkommen der politischen Klasse wurden in zwei Wellen zum Thema der öffentlichen Diskussion. In den 80er Jahren machten Korruptionsfälle eine Verschärfung der Regeln für Nebeneinkünfte nötig, um eine größere Transparenz zu gewährleisten. In den 90er Jahren geriet die direkte Bedienung der politischen Klasse aus der Staatskasse ins Zentrum der Kritik.

Bei einem Teil der Abgeordneten, bei Anwälten, Steuerberatern, Wirtschaftsprüfern und freien Publizisten, kann ein Abgeordnetenmandat zu erhöhten Einkünften führen. Im 6. Bundestag wurde die Größe der betreffenden Gruppe auf 20% geschätzt (Klatt 1971: 359). Politiknahe Berufe dürfen dabei jedoch nicht schematisch zusammengezählt werden: Ein Teil solcher Mandatsträger hat auch eher finanzielle Verluste erlitten, weil er die Absorbierung durch das Mandat unterschätzt hat.

Die Kampagne gegen die politische Klasse hat jedoch gezeigt, daß gerade Professoren, die zäh um die Erhaltung ihrer Privilegien an Nebeneinnahmen und gegen demo-bürokratische Übergriffe kämpften, intolerant waren, wenn es um die Nebeneinkünfte der Politiker ging. Eine faire Argumentation kann jedoch nicht auf die Minimisierung der Revenuen der Politiker gerichtet sein, sondern es geht um die Vermeidung von Verflechtungen, welche die Objektivität politischer Entscheidungen untergraben.

Die Autonomie des Parlaments führte zur Selbstkontrolle. 1980 wurden Verhaltensmaßregeln für die Mitglieder des Deutschen Bundestages als Anlage 1 zur Geschäftsordnung des Bundestages eingeführt (BGBl 1980 I: 1255). 1986 erwiesen sie sich bereits als überarbeitungsbedürftig, nachdem der Fall Barzel neue Formen der Korruption offenbart hatte. Die Fraktionen der Regierungsparteien und der SPD-Opposition brachten Entwürfe zur Änderung des Abgeordnetengesetzes ein (10/3544, 10/3557). Der Ausschuß für Wahlprüfung, Immunität und Geschäftsordnung fügte sie zu einer Beschlußvorlage zusammen, die gegen eine Enthaltung im Ausschuß angenommen wurde. Weiterreichende Vorschläge der Grünen wurden niedergestimmt. Die allgemeinen Vorschriften des Artikels 44a (Verhaltensregeln) wurden durch Grundsatzvorschriften über die Pflichten der Mitglieder des Deutschen Bundestages und über Verfahren bei Verstößen gegen diese Regeln konkretisiert. Die Anlage 1 der Geschäftsordnung des Deutschen Bundestages sollte Einzelbestimmungen über Anzeigepflichten vor und nach Übernahme eines Mandats und über die Offenlegung der Höhe von Einnahmen und Spenden in bestimmten Verfahren aufnehmen. Die beratenden und mitberatenden Ausschüsse (Inneres, Rechtsausschuß) gingen davon aus, daß mit den neuen Vorschlägen alle bis damals aufgedeckten Konfliktfälle abgedeckt waren. Das neue Verhaltensrecht erweiterte die geltenden Regeln in vierfacher Hinsicht:

– Bei anzeigepflichtigen Tatbeständen wurde nicht mehr zwischen entgeltlichen und unentgeltlichen Tätigkeiten unterschieden.

– Die Anzeigepflicht für wirtschaftliche Betätigungen wurde ausgeweitet bis hin zur Verpflichtung einer Bekanntgabe von Beteiligungen an Kapital- und Personengesellschaften. Dies geschah allerdings unter der Einschränkung, »wenn dadurch ein wesentlicher wirtschaftlicher Einfluß auf das Unternehmen begründet wird«.

– Die Fälle, in denen dem Präsidenten die Höhe der Einnahmen anzuzeigen sind, wurden vermehrt.

– Die Fälle, in denen eine Veröffentlichung der Angaben des Abgeordneten im Amtlichen Handbuch erforderlich ist, wurden erweitert (Drs. 10/106687: 8).

Ziel dieser Novelle war es, die Abgeordneten vor der Fremdbestimmung durch wirtschaftliche und finanzielle Anreize zu schützen. Verflechtungen der politischen Klasse mit Wirtschaftsunternehmen wurden transparenter gemacht. Die Grenze der Transparenz war das Prinzip »Schutz der Persönlichkeit des Abgeordneten«. Die Öffentlichkeit wurde somit abgestuft: Ein Teil der Daten ist der Publikationspflicht unterworfen. Ein anderer Teil unterliegt einer Öffentlichkeit, die keine ist: der Bekanntmachung gegenüber dem Präsidenten des Deutschen Bundestages. Bei der Bekanntmachungsgrenze von Spenden über 10 000,– DM an einzelne Abgeordnete ist der Persönlichkeitsschutz zu weitherzig ausgefallen. Der Schutzgedanke hat zu Einschränkungen der schriftlichen Rechenschaftspflicht gegenüber dem Bundestagspräsidenten geführt. Artikel 2.6 legt fest, daß Verträge über die Beratung, Vertretung oder ähnliche Tätigkeiten anzuzeigen sind, aber das gilt nicht für Mitglieder des Bundestages, die einen beratenden Beruf angegeben hatten, der nach § 35 der StPO zur Zeugnisverweigerung im »Rahmen der üblichen Tätigkeiten dieses beratenden Berufes« berechtigt.

Durch Erweiterung der Verhaltensmaßregeln erreichte man eine größere Transparenz. Die Einkommenshöhe wurde damit kaum tangiert – allenfalls in solchen Fällen, in denen ein Politiker auf Nebeneinnahmen verzichtete, um keine Diskussion auszulösen, die seiner Kandidatur abträglich sein konnte. Der Ruf nach mehr Transparenz und erweiterten Katalogen von Unvereinbarkeiten des Mandats mit einträglichen Nebenaktivitäten erwies sich als zweischneidiges Schwert. Der Fluch der guten Tat war nicht auszuschließen: Je schärfer die Kontrolle der Nebeneinnahmen, desto größer war die Versuchung für die Mitglieder der politischen Klasse, sich auf dem Weg der Diätenerhöhung direkt aus der Staatskasse zu bedienen. Auch ein Anwachsen der Korruption ist zu befürchten, wenn die Offenlegung allzu rigoros gehandhabt wird. Dies wurde im Oktober 1992 auch gegen den Entwurf eines Antikorruptionsgesetzes eingewandt, das der französische Premierminister Bérégovoy in der Nationalversammlung einbrachte. Mit Ausnahme der Kommunisten polemisierten alle Parteien mit den oben genannten Gründen gegen den Gesetzesentwurf.

b) Die Skandalchronik der Diätendebatte

Die Diäten der Politiker erscheinen in diesem Licht als die unproblematischste Einkommensquelle. Sie stehen freilich unter dem Verdacht der Selbstbedienungsmentalität, weil die Abgeordneten die einzige Elitengruppe sind – vielleicht mit Ausnahme der Spitzenmanager in den großen Wirtschaftsunternehmen –, die selbst über ihr Einkommen entscheiden.

Im Jahr 1992 kam es zu einem außerordentlich unglücklichen Timing der Korruptionsverdachtsmomente. Gerade war durch den Prozeß vor dem Verfassungsgericht der Wildwuchs der staatlichen

Parteienfinanzierung in die Nähe einer Lösung gerückt, als die politische Klasse durch eine Reihe von Diätenkandidaten in Hamburg, Hessen und im Saarland ins Gerede kam.

Die Höhe der Diäten gilt beim Durchschnittswähler immer als anrüchig. Er vergleicht sie mit dem eigenen Einkommen und nicht mit dem anderer Elitensektoren. Zudem gibt es ganz unangemessene Vorstellungen, wieviel Geld man sparen könne, wenn die Politikereinkommen beschnitten würden. Diese Vorstellungen erinnern an die Naivität wohlmeinender Jungsozialisten in den 70er Jahren. Sie glaubten, astronomische Summen für gute soziale Zwecke zu gewinnen, wenn sie nur den deutschen Spitzensteuersatz auf schwedisches Niveau anhöben. Daß diese Summe kaum 1-2% des Haushalts ausgemacht hätte und daß Kapitalflucht und Ausweichmanöver nicht einmal diese Mehreinnahmen garantiert hätten, wurde verdrängt.

Der an sich lobenswerte deutsche Föderalismus hat den Nachteil, daß eine große Zahl von Landesparlamenten wachsende finanzielle Begehrlichkeiten entwickeln. Das Verfassungsgericht hat selbst geholfen, die Schleuse zu öffnen, als es die Landesparlamentarier zu Berufspolitikern erklärte und mit Ansprüchen auf eine angemessene Entschädigung ausstattete.

Im Bereich der Länder wurden 1992 die größten Skandale der letzten Zeit ruchbar. Ausgerechnet die Freie und Hansestadt Hamburg, die stolz auf ihr Freizeitparlament war, hat 1987 in einem Senatsgesetz den Senatoren üppige Ruhegehaltsregelungen beschert. Die Hamburger Privilegien waren von der Bürgerschaft noch nicht kassiert, als es zu einem neuen Eklat, diesmal um Oskar Lafontaine kam. Der »Saar-Napoleon« geriet so stark ins Schußfeld der Kritik, daß er sich zu einer ganz unverständlich uneinsichtigen Verteidigungsstrategie verleiten ließ. »Der Junge ist erledigt«, soll sein Parteifreund Apel geurteilt haben. Daß die Selbstversorgung der Politiker an der Saar angemessen war, solange das Land so stark am finanziellen Tropf des Bundes hing, mußte bezweifelt werden.

Daß in drei Bundesländern die Partei, die in Bonn die Opposition als Hoffnungsträger darstellte, in derartige Skandale verwickelt war, war ein Aspekt, der die Parteienverdrossenheit steigerte, weil keine Hoffnung auf Alternative offengehalten wurde. Als die Kampagne lief, wurden täglich neue Skandale entdeckt. Die populäre Bundestagspräsidentin kam mit einer an sich harmlosen

Dienstwagenaffäre ins Gerede. Die Reisetätigkeit der Abgeordneten wurde genauer unter die Lupe genommen. Überall bot sich das Bild von Selbstbedienung und Privilegierung. In den Landtagen hagelte es Anfragen über die Versorgung der Eliten in hohen Exekutivämtern.

c) Kriterien für die Angemessenheit des Soldes der Politiker

Hans Herbert von Arnim gebührt das Verdienst, einige dieser ungerechtfertigten Bereicherungen in den Ländern so scharf attackiert zu haben, daß ganze Gesetze zurückgenommen werden mußten. Der »Sold des Politikers«, über den Theodor Eschenburg schon 1959 wichtige Überlegungen vorgelegt hat, ist nicht leicht zu berechnen. Eine schlichte Indexierung paßt nicht zur Politik der Geldwertstabilität, die gegen die Gewerkschaften immer verteidigt wurde. Dennoch ist ein Index der Entwicklung wichtiger ökonomischer Daten (Lebenshaltungskosten, Entwicklung der Einkommen im öffentlichen Dienst, Inflationsrate) eine Richtschnur auch für den Sold des Politikers.

Die Betroffenen *vergleichen* sich, was das Einkommen betrifft, am liebsten *mit anderen Spitzenpositionen*. Die Führungskräfte in der Wirtschaft hatten schon immer ein mitleidiges Lächeln für die Politikereinkünfte übrig. Die Wirtschaftsmanager haben sich auch in krisengeschüttelten Branchen in den letzten Jahren kaum zurückgehalten. In den Führungsetagen der Wirtschaft zeigt sich eine ähnliche Selbstbedienungsmentalität wie in der Politik. Die Wirtschaftsführung wurde bei der Jagd auf die politische Klasse in Mitleidenschaft gezogen. Siemens-Pressesprecher Enzo von Kühlmann-Stumm antwortete auf die Frage nach der Notwendigkeit der Selbstbeschränkung bei den Einkommen der Manager: »In der Politik ist dieser Vorschlag sachdienlich. Die Minister sind gewählt, bei uns sind es die Marktpreise; das ist nicht vergleichbar« (Reicherzer 1992: 27).

Das ist nicht völlig falsch. Spitzenmanager können drohen, ins Ausland zu gehen, Professoren werden abgeworben. Der Politiker ist an sein Land und seinen Sprachraum gebunden, wenn er nicht abgehobene Politik in internationalen Organisationen machen will. Mit dem Hinweis auf die Wettbewerbsfähigkeit einer nationalen Wirtschaft lassen sich steigende Marktpreise rechtfertigen. Ein wachsender Teil von erfolgsbedingten Einnahmen – in Deutschland erst ca. ein Viertel – läßt sich in der Politik nicht nachahmen. Was sollte als *Erfolgskriterium des Politikers* gelten? Die Zahl der durchgebrachten Gesetzesentwürfe oder die Zahl der gehaltenen Reden? Der Popularitätsindex in den Zeitungen oder die »gute Presse« in den gehobenen Medien? Krisengeschüttelte Firmen müssen einer neuen Führungskraft häufig besonders hohe Einkünfte als Risikoprämie versprechen. Staaten »sind« pleite, aber sie »gehen« nicht pleite. Niemand würde das Gehalt des Bundeskanzlers an die Erfolgsquote beim Abbau der Staatsverschuldung koppeln. Trotz dieser Einschränkungen sind nach weit verbreiteter Einschätzung die Einkommen der Spitzenmanager mit 6-8% pro Jahr weit mehr als die Einkommenslage ihrer Betriebe oder die Entwicklung der Tariflöhne gestiegen.

Auch in der Wirtschaft formiert sich der Widerstand gegen ungerechtfertigte Einkommenssteigerungen. In den USA haben die Aktionäre bereits gegen die Selbstbedienungsmentalität in den Vorstandsetagen zu rebellieren begonnen. Lee Iacoccas Devise, »wer viel verdient, ist ein Vorbild für die Jugend«, wird so undifferenziert auch vom amerikanischen Credo nicht mehr abgedeckt. In Japan haben Krisenbranchen der Computer- und Unterhaltungselektronik begonnen, die Gehälter der Spitzenkräfte drastisch zu verringern. Die Spitzensaläre in der Politik stehen in jeder Zeitung, die Einkommen von Verwaltungseliten kann man weitgehend in Tabellen des öffentlichen Dienstes nachrechnen. Die Spitzengehälter in der Wirtschaft hingegen sind sorgfältig gehütetes Geheimnis. Umfragen von Wirtschaftszeitschriften wie *Forbes* haben jedoch ergeben, daß Deutschland sich auch in diesem Bereich nach vorn geschoben hat. Nach den USA – wo noch das Doppelte in vergleichbaren Positionen verdient wird – liegt Deutschland nach der Schweiz auf Platz 3 der Weltrangliste.

Wirtschaftsführungskräfte, die in die Politik wechseln, müssen selbst in Amerika starke Einkommenseinbußen hinnehmen. Das ist aber nur einer der Gründe, warum der Elitenaustausch zwischen Wirtschaft und Politik eine Seltenheit ist. Professoren, die in die Politik wechseln, haben kaum starke Einkommensgewinne zu erwarten, da in einem Ministeramt die Möglichkeiten zum Nebenverdienst stark beschnitten sind. Eine Ex-Ministerin wie Ursula Lehr hat glaubhaft versichert, daß keine Kumulation von

Ansprüchen aus der Hochschulkarriere und der Politikerlaufbahn entstehen kann. (*Der Spiegel* 25/1992: 12). Nicht einmal jeder Gewerkschaftsspitzenfunktionär würde seine Bezüge gegen ein Ministergehalt tauschen.

Es ist nicht umstritten, daß Politiker angemessen entschädigt werden müssen. Norbert Blüm hat erklärt, daß er sein Geld wert sei, und wenn er berechnet, daß ein Minister in der Regel eine doppelte 35-Stunden-Woche absolviert, kann dies sogar für den in Stundenlohn umgerechneten Sold des Politikers gelten. Je schlechter die Diäten der Politiker, um so mehr verstärkt sich der Trend zum Berufspolitiker, den Erwin Scheuch und andere gerade mit Einkommensreduktionen bekämpfen möchten.

Neben dem Vergleich mit den funktionalen Eliten anderer Bereiche ist der *internationale Vergleich* üblich. Die Diäten der Abgeordneten in Deutschland sind nach der Aufstellung, die ein eher ärmlich bezahltes Parlament wie das Irische in Auftrag gegeben hat, im internationalen Vergleich im Spitzenfeld angesiedelt. Die USA, Frankreich und Italien scheinen etwas höher zu liegen. Aber die USA sind nicht vergleichbar, und in Frankreich liegt eine höhere Steuerlast auf höheren Diäten. Hinter der Ausstattung und der Regelung der Altersentschädigung verbergen sich in Deutschland jedoch weitere Privilegien (vgl. Tab. 7).

In föderalistischen Systemen ist die Belastung der öffentlichen Hände auf parlamentarischer Ebene höher als in zentralistischen. Die politische Klasse scheint aufgebläht. Aber niemand hat bisher die Einkommen aller Präfekten und Unterpräfekten in einem zentralistischen Land wie Frankreich gegen die Kosten an Diäten für Landesparlamentarier aufgerechnet.

Ein wirkliches Problem stellen auch nicht die Einkommen der Spitzenpolitiker dar. Das Problem ist die Masse der Hinterbänkler, die an der Fiktion der Gleichheit an Rechten und Einkommen festhält. Fraktionsführungen konnten daher in vielen Ländern keine adäquate Hierarchisierung der Einkünfte durchsetzen. Enthüllungen der Bezahlung von Oppositionsführern in einigen Demokratien lenkten von dem Problem adäquater Bezahlung herausgehobener Funktionen ab und brachten allenfalls eine Diskussion über die Gefahren einer allzu starken Einbindung der gutbezahlten Oppositionsführung in das System in Gang. Die Höhe der Einkommen sollte zudem nicht ohne Rücksicht auf die Wirtschaftskraft von Systemen bewertet werden. An diesem Kri-

Tabelle 7: Abgeordnetenbezüge im internationalen Vergleich

Land[1]	Entschädigung je Monat	Entschädigung Jahresbetrag	steuerfrei %	Kosten-pauschale	Personal-kosten	Aufwands-zuschläge	Zuschläge am Parlamentssitz
Deutschland	9 664,00	115 968,00		65 316,00	139 200,00[9]		
Australien	6 868,52	82 422,21		28 868,50 41 861,54	3 Vollzeit-mitarbeiter		Übernachtungsgeld: 178,15 sonst bis 293,00 in Canberra
Belgien	8 759,64	105 115,66	50	Teil der Entschädigung	57 877,01 für 1 Mitarb.		
Dänemark	8 843,29	92 609,07[8] 105 230,00	Beträge über 84 248,00		28 155,12 für 1 Schreibkr.		
Frankreich	11 012,12	132 145,44[3]	45	25% d. Entsch. ca. 33 036,36	169 273,23[3]	Familienzuschl.	Residenzzulage 3%: 3 136,35
Griechenland	3 493,26	41 919,06	50	5 707,71[9] 7 610,29	1 Vollzeit-mitarbeiter	5% d. Entsch. je Sitzungstag Fam.-Zuschlag pa – Ehefrau Kind	480,46 240,23
Großbritannien	7 261,18	87 134,12		81 708,16	aus der KP	3 675,46[8] 31 791,76	
Irland	6 651,39[2]	79 576,66		10 730,40	Assistenten vom Parlament über Fraktion		je Nacht: 120,99
Italien	10 613,37	127 600,49		48 000,00		Steuerzuschuß 18 413,00	Übernach.-Geld 13 392,21
Kanada	9 853,89	85 418,76 +28 251,86[8] 37 403,87		213 016,33[6] 220 444,08[8]	aus der KP	6 830,84[8] 27 323,38	Übern.-Geld bis zu 7 958,00 pa

1 Stand 1990 (Auswertung einer Umfrage des Irischen Parlaments: Umrechnung 1 IR£ = 2,826 DM
2 neue Anpassung in 1990 geplant.
3 o. best. Abgaben 104 544,84 DM
4 zzgl. Jahresgratifikation
5 nach Abzug v. Steuern u. SozVers verbleiben Verh 1 Ki 62 105,44
6 gegen Zahlungsnachweis
7 Steuerpflichtig: nachgew. Kosten absetzbar
8 Größe und Entfernung des Wahlkreises
9 SozVers u. Zuschläge zahlt der Staat

Land[1]	Entschädigung je Monat	Entschädigung Jahresbetrag	steuerfrei %	Kosten-pauschale	Personal-kosten	Aufwands-zuschläge	Zuschläge am Parlamentssitz
Luxemburg	6 448,08	77 376,70	50		41 267,51 + 1 Assistent + 1 Hilfe d. Frakt.	8 770,88 für Büromiete	
Niederlande	7 641,56[2]	91 698,67[5]		15 252,22[6] 30 503,52	31 716,38[9]		
Norwegen	5 614,81	67 377,74		4 300,14	über Fraktion	Essens- und Übern. Zuschl. wie Beamte	40,86[8] 81,71 je Tag
Österreich	9 228,47	97 074,84[8] 124 408,32		steuerfr. Amtsausstattung d. Fraktion	über Fraktion	2 591,79	je nach Entf. von Wien
Portugal	6 043,52	72 522,24		Amtsausstatt. durch Fraktion	über Fraktion		ja
Schweden	6 867,43	70 409,10		11 796,17[7] 14 417,18[8]	1/3 Sekretär		66,47 je Tag
Schweiz	1 788,40	21 460,80	15	14 323,13		358,07 je Arbeitstag fürs Parlament	101,46 Essensgeld 165,16 Übern.-Geld
Spanien	4 817,71	57 812,50		14 703,65[8] 32 347,97	über Fraktion		
USA	15 908,82	190 905,78		206 491,07[8] 484 714,49	787 062,85 (18 + 4 Mitarb.)	269 399,94 Miete + Ausst. Wahlkreisbüro	

Land	Büro am Parlamentssitz	Telefon/ Porto	Büro im Wahlkreis	Telefon/ Porto	Schreibbedarf	Verkehrsmittelbenutzung	DienstreiseKostenerstatt.
Deutschland	einger. Büro luK/Fax	frei/frei	Fax 2 500,00 EDV-Möbel		bis 2 200,00	Bahn Flugzeug Fahrbereit.	ja
Australien	ja, Schreibpool Anrufbeantw.	frei/ bis 11 453,00	Büroausst. Telefon frei		unbegr.	Inlandsreisen frei Fahrbereit.	ja
Belgien	ja 15 m² Schreibpool	frei/ begr. Zahl				Bahn Flugzeug	
Dänemark	Büro m. DV durch Fraktion	frei/ in Europa frei		nein/ frei		Öffent. Bef.-mittel frei	
Frankreich	ja, Schreibpool	frei/ frei f. amtl. Post	Faxinstalla-tion		unbegr.	Bahn u. Taxi frei Flüge begrenzt Fahrbereit.	ja
Griechenland	nein	324 000 x frei/ 12 000 Briefe frei		nein / unbegr. Freium-schläge	nein	öffentl. Verk.-mittel frei 52 Flüge frei Gutscheine für Freifahrten	
Großbritannien	Einzel- oder Gemeinsch.-Büros mit Grundausst.	frei/frei					
Irland	Büro mit PC, Fax zur Mit-benutzung	frei/frei			ja 6 000 Kopien p.a.		
Italien	Bürobenutzung o. 4 000 DM	frei/ 3 600 Briefe frei			unbegr.	öffentl. Verkehrs-mittel zwischen Rom u. Wahlkr.	

Land	Büro am Parlamentssitz	Telefon/Porto	Büro im Wahlkreis	Telefon/Porto	Schreibbedarf	Verkehrsmittelbenutzung	Dienstreise-Kostenerstatt.
Kanada	Büro m. PC, Drucker, TV, Video, Kopierer		3 979,13 je Büro u. Wahlperiode				ja
Luxemburg	Büro über Fraktion	frei/nein			ja		243,07 je Auslandstag
Niederlande	Einzel- oder Gemeinsch.-Büros, Schreibpools	frei/frei		Telefoninstallation			ja
Norwegen	ja	frei/frei		Telefon bis 517,00 frei		öffentl. Verk.-mittel frei	ja
Österreich						öffentl. Verk.-mittel frei	
Portugal	Mitbenutzung über Fraktion	frei/nein	Fahrtkosten-erstattung		ja	öffentl. Verk.-mittel frei	
Schweden	Büro mit PC und Fax	frei Inland/ nein	Telefon, PC, Fax	1 Leitung n. Oslo frei		öffentl.Verk.-mittel frei / Flüge nur dienstlich	ja
Schweiz	Begr. Zahl zur Mitbenutzung	fre./frei				Bus u. Bahn frei	
Spanien	Büros über Fraktion zur Mitbenutzung	frei/frei		frei/frei	ja		
USA	3 Büros mit Grundausst.	frei/frei bis 245 322 p.a.		nein/frei			ja

Land	Übergangsgeld	Pension/Rente	Beitrag	Sozialversicherung
Deutschland	bis zu 36 Mon. Anrechnung ö. Bezüge	ab 8 J. 35% mit 65 bis 18 J. 75% mit 55		
Australien	ja	ab 8 J. 50% ab Aussch. bis 18 J. 75% ab Aussch.	18 J. 11,5% dann 5,75%	
Belgien	bis zu 12 Mon.	ab 8 J. 30% mit 55 + 3,75% p.a.	6,5%	
Dänemark	6-12 Mon. (außer Niederlegung)	ab 1 J. 262,76 + 5% bis 20 J. 4 233,76 mit 60		
Frankreich		ab 55	7,8%	Pflichtmitglied 3 387,16 p.a. Solidaritätsbeitrag 2 438,16 p.a. Rente 10 887,70 p.a.
Griechenland		ab 1 J. 25% mit 55 bis 80%		
Großbritannien	bis 65 und je nach Länge der Mitgliedschaft	ab 1 J. 2% mit 65 + 2% bis 2/3 der Entsch.	9%	

Land	Übergangsgeld	Pension/Rente	Beitrag	Sozialversicherung
Irland		5-8 J. 2,5% p. Jahr ab 60 ab 8 J. bis 2/3 sofort	6%	
Italien		ja	5,6% rd. 23 000,—	
Kanada	nur wenn kein Pensionsanspruch	ab 6 J. 30% mit Aussch. bis 15 J. 75% mit Aussch.	11%	
Luxemburg		je nach Dienstjahren		
Niederlande	2-6 Jahre, ggfs. bis 65, 1 J. 80% 2 J. 70% dann 60%	wie Beamte	9,1%	
Norwegen		ab 3 J. mit 65 bis 12 J. 60% = 44 468,41	2%	
Österreich		ab 10 J. 48% mit 55 + 1,6% bis 80%	13%	
Portugal		ab 5 J. – wie öffentl. Dienst	6%	
Schweden	nach 6 J. bis 65 zwischen 33 und 66%	Rentenversicherung + 16% ab 12 J.		Soz. Vers. Beitrag insges. 2 983,99 p.a.
Schweiz				
Spanien				zahlt das Parlament
USA				Beitragspflicht

terium gemessen, fällt die Bescheidenheit der Politiker in den Beneluxstaaten und in Skandinavien auf.

d) Karrieresteuerungsfunktionen der Diäten

Die Argumentation gegen die Höhe der Politikereinkünfte ist weitgehend widersprüchlich. Die Medien beklagen immer wieder, daß die alten Gesichter der politischen Klasse in immer neuer Zusammensetzung präsentiert werden und daß neue Personen nur selten den politischen Durchbruch erleben. Die finanziellen Gründe für diese Kontinuität an der Spitze sind immer geringer geworden, weil die Ruhegehaltsregelungen für ausgeschiedene Politiker immer großzügiger wurden. Beim Übergangsgeld von bis zu drei Jahren ist Deutschland ungewöhnlich spendabel. Die Pensionsansprüche schon nach acht Jahren Amtszeit sind im internationalen Vergleich hoch. Die Frist orientiert sich an zwei Legislaturperioden. Daran ist bei Abgeordneten keine Kritik zu üben. Auch Populisten und Grüne, welche die Wiederwahl von Abgeordneten drastisch beschränken möchten, halten in der Regel zwei Legislaturperioden für angemessen. Selbst die Grünen haben ihren Rotationsdruck inzwischen abgeschwächt. Aber wie die Skandale in den Ländern im Jahre 1992 – vor allem in Zusammenhang mit den Ruhegehaltsregelungen Hamburger Senatoren – zeigten, besteht die Tendenz, Ministern immer höhere Pensionsansprüche nach immer kürzeren Fristen zuzugestehen. Unversorgtheit bedeutete früher gelegentlich eine gewisse Einschränkung der Richtlinienkompetenz der Regierungschefs. Man feuerte nicht gern einen Minister, der seine Anspruchszeiten noch nicht erfüllt hatte. Mit der Verkürzung dieser Fristen ist aber die Mobilität in den Kabinetten keineswegs größer geworden.
Ein Argument gegen eine hohe Bezahlung von Politikern ist die Behauptung, sie seien *Generalisten ohne Sachwissen*. Bundespräsident von Weizsäcker ließ sich sogar zu der Formulierung hinreißen: »Bei uns ist ein Berufspolitiker im allgemeinen weder ein Fachmann noch ein Dilettant, sondern ein Generalist mit dem Spezialwissen, wie man politische Gegner bekämpft« (*Die Zeit* 26/1992: 3). Abgesehen von der Kränkung des Bundeskanzlers, auf den man dieses Wort gemünzt sah, läßt sich die Verallgemeinerung so kaum halten. Das Wissen, wie man politische Gegner

bekämpft, ist in einer Wettbewerbsdemokratie so wichtig wie Marketing in der Wirtschaft. Nicht dieses Wissen ist anrüchig, sondern allenfalls gewisse Arten der Anwendung des Wissens unterhalb der Gürtellinie. Wo Politiker, wie Rau oder Engholm, sich damit zurückhielten, wurde ihnen das selbst im nicht sehr konfliktfreudigen Publikum geradezu als Führungsschwäche ausgelegt.

Es gibt keine Einigkeit über die *Qualifikationen,* die zu einer hohen Bezahlung der Politiker berechtigen. Erwin Scheuch machte den weltfremden Vorschlag, daß Kandidaten für ein politisches Amt nur wählbar sein sollten, wenn sie sich über einen Zeitraum von mindestens zehn Jahren in ihrem Beruf bewährt hätten, der den eigenen Lebensunterhalt voll deckte. Da liegt noch ein recht archaisches Bild beruflicher Lebensläufe zugrunde. Kohls karge Angaben über die berufliche Laufbahn vor seiner Zeit als Berufspolitiker: Tätigkeit als wissenschaftlicher Mitarbeiter; Aktivitäten in einem Verband müßten jedenfalls ausreichen. Lebensläufe der jüngeren Generation sind gemeinhin »unordentlicher« als die der Älteren. Da schachteln sich Projektmitwirkungen mit Teilzeitjournalismus zu einem Kaleidoskop zusammen, das den Vergleich mit der lapidaren Erklärung »zehn Jahre Tätigkeit als Anwalt« nicht auszuhalten scheint. Nimmt man zur Kenntnis, daß die heutige politische Elite zum Teil diesem erratischen Berufsbild der Jugend schon näher kommt als der Durchschnitt ihrer Generation, so wird man den meisten Politikern einen 10-Jahres-Bonus zuerkennen müssen. Die Anforderungen an die Berufserfahrungen der politischen Klasse in der Öffentlichkeit erinnern fatal an manche Ausschreibungen für bescheidene Positionen, in denen ein Studium, Berufserfahrung und ein Alter »nicht über 32« verlangt wird.

Inkonsequenz der Argumentation wird auch sichtbar, wenn man das Medienecho auf die Ernennung jüngerer Politiker und vor allem Politikerinnen zu Kabinettsministern verfolgt. »Wer ist Brigitte Unger-Soyka?« wurde polemisch gefragt, als Erwin Teufel eine 43jährige Sonderschullehrerin ins Kabinett holte. Das schlecht geschnittene Ministerium wurde von der Schattenministerin für das Hochschulministerium, deren Ansprüche durch die große Koalition in Stuttgart verlorengingen, als Ministerium für »Bildung und Bauchtanz« verhöhnt. Es half nichts, daß die neue Ministerin erklärte: »Mich hat niemand gefragt, ob ich es anders haben möchte« (*Der Spiegel* 24/1992: 77). Vor allem Frauen haben es schwer, wenn es ausnahmsweise dazu kommt, daß ein Regierungschef ein bisher unbekanntes Gesicht präsentiert. Das Ausscheiden eines großen alten Mannes, wie Genscher, hat den Aufstieg von Klaus Kinkel ins Außenministerium schon schwierig genug gemacht. Das kurze Gedächtnis der Medien ist nicht geeignet, sich daran zu erinnern, daß auch der damals nicht mehr unbekannte Genscher beim Eintritt ins Außenministerium mit Häme begrüßt wurde: Die Figur mit den schlechtesten Sprachkenntnissen im ganzen Kabinett wird Außenminister! Genscher hat den Makel rasch getilgt. Er überraschte die EG-Außenministerrunde damit, daß er im Vergleich zu Scheel zwar ein holpriges Englisch sprach, aber im Gegensatz zu seinem Vorgänger die ihm unvertraute Runde mit klarem Kurs zu führen wußte. Als auf Kinkel im Justizministerium eine Vierzigjährige folgte, waren viele der ersten Kommentare wieder von Häme gekennzeichnet. »Wer ist Frau Leutheusser-Schnarrenberger, die Frau mit dem unaussprechlichen langen Namen?« Erst am zweiten Tag wurde recherchiert: »Korrekt, kompetent und rege« lautete nun die Schlagzeile (*Hamburger Abendblatt* 30.4./1.5.1992: 2).

Die neue Kampagne gegen die politische Klasse Anfang der 90er Jahre pflegt die Anpassungsfähigkeit der Generalisten nicht als Sonderwissen, das ein gewisses Einkommen verdient, zu honorieren. Wenn ein Übelwollender Bundeskanzler Kohl eine echte Berufserfahrung abspricht, so bleibt er doch voller Bewunderung für seine Spezialbegabung, eine heterogene Partei aus der Opposition zu führen, Kabinette voller Primadonnen mit einer gewissen Wurstigkeit zusammenzuhalten und schwierige Koalitionen, in denen sowohl FDP wie CDU ab und zu das rostige Schwert der Drohung mit dem Bruch der Koalition von der Wand holen, über Jahre immer wieder zu integrieren. Alle großen Generalisten der Nachkriegszeit wie Adenauer, Brandt, Strauß, Schmidt und andere erwiesen sich als All-Round-Talente. Gelegentlich erwarben sie sich – ohne abgeschlossenes Studium – Spezialwissen in einer schwierigen Materie wie der Wirtschaft (Strauß), auch wenn das vom Diplomvolkswirt Helmut Schmidt immer wieder lächerlich gemacht wurde. Bei einigen Spitzenpolitikern im zweiten Glied wurde ihre generalistische Fähigkeit unterschätzt, weil sie im Dienst ihrer Partei in einem undankbaren Ressort wie etwa dem Verteidigungsministerium verschlissen wurden, was ihre einstigen

Meriten verdunkelte. Leber, Apel und Stoltenberg können zu dieser Gruppe gerechnet werden. *Der Abstieg* (Apel 1990) ist voll von Bitterkeit über entsprechende Erfahrungen eines verdienstvollen Mehrzweckpolitikers. Organisationstalent, Anpassungsfähigkeit, die Fähigkeit, auf mehreren Ebenen gleichzeitig zu agieren – vom Wahlkreiskönig bis zum kompetenten Minister –, sollten bei der Fixierung des Politikersolds ebenfalls zu Buche schlagen. Wiegen diese Fähigkeiten für ein System geringer als der vergleichende Index von Lebenshaltungskosten?

Politische Spitzenpositionen wirken als Schwimmgürtel, der niemanden nach dem Ausscheiden aus dem höchsten Amt wirklich untergehen läßt. Risikoprämien müssen daher kaum noch einkalkuliert werden. Aber man kann nicht beides gleich scharf geißeln: zu hohe Rentenansprüche für politische Frühpensionäre und die Fähigkeit der politischen Klasse, die Ausscheidenden in staatsnahen Bereichen angemessen weiterzuvermitteln. Bekämpft man die Verfilzung des Parteienstaates mit vielen gesellschaftlichen und wirtschaftlichen Bereichen, so darf man auch künftig nicht allzu kleinlich mit den Versorgungsansprüchen der politischen Klasse sein. Teile der Eliten anderer Sektoren aus der Verwaltung und dem Erziehungswesen rücken mit allen bisher ruhenden Privilegien wieder in alte Karrieren ein. Der Politiker ohne diese zusätzliche berufliche Absicherung erscheint benachteiligt. Selbst freiberufliche Anwälte können sich nach einigen Jahren des politischen Geschäfts nur schwer in den Alltag ihres Lernberufs zurückfinden. Bei der Hatz auf den neuen Leviathan der politischen Klasse wird übersehen, daß auch andere Hierarchien ähnliche Probleme haben: Ein Professor, der Jahre als Rektor gedient hat, fällt nur nicht öffentlich auf, wenn er den wissenschaftlichen Anschluß an sein Fach kaum wiedergewinnt. Er weicht vielfach durch Tätigkeit in überregionalen Wissenschaftsgremien dieser Reintegration geradezu aus. Wirtschaftsmanager, die für Sonderaufgaben in anderen Sektoren eingesetzt wurden, werden ebenfalls häufiger als bekannt in ehrenvolle, aber einflußlose Positionen abgeschoben. Die politische Klasse sollte mit strengen Maßstäben gemessen werden, aber nicht mit wesentlich strengeren als andere Elitensektoren.

Der demokratische Mythos geht immer noch davon aus, daß tendenziell jeder Bürger für politische Leitungsaufgaben einsetzbar ist. Jeder Bürger hat das passive Wahlrecht, wenn es ihm nicht richterlich aberkannt worden ist; aber die Opportunity-Struktur der Politik hat sich der anderer Elitensektoren angepaßt. Das Verfassungsgericht hat selbst auf der Landesebene den Weg zum Berufspolitiker rechtlich geebnet, was Folgen für die Kostenentwicklung der politischen Klasse haben muß. Gleichwohl bleibt es ein Ärgernis, daß Hamburg mit seiner Selbstauffassung eines Freizeitparlaments im Hinblick auf die Selbstbedienung gerade diesem Image 1992 am wenigsten gerecht wurde.

Die Wiedervereinigung brachte neue Karrieremobilität für Landespolitiker, deren Zeit als abgelaufen galt (etwa Bernhard Vogel und Kurt Biedenkopf). Einige Landesminister(innen) gelangten in wichtige Positionen, wie Birgit Breuel als Chefin der Treuhandanstalt oder Remmers als Minister in Sachsen-Anhalt. Dieser Schub des politischen »Recycling« war einmalig und sollte sich mit zunehmender Festigung der demokratischen Eigenkräfte in Ostdeutschland auch nicht wiederholen. Das Problem, was macht ein Politiker nach dem Ausscheiden aus dem höchsten Amt, bleibt. In der Bundesrepublik sind einige Politiker an die Spitze des Verbandes getreten (z. B. Preusker), mit dem sie zuvor als Minister zusammengearbeitet hatten. Keine wünschenswerte Erscheinung! Andere machten, als Parlamentarier getarnt, einträgliche Nebengeschäfte, wie Rainer Barzel. Hier bewegt man sich am Rande der Korruption. Die nachpolitische Karriere der Eliten muß sorgfältig studiert werden, ehe man die Altersversorgung der Politiker neu regelt.

Der Vergleich des Einkommens der politischen Klasse mit dem anderer Eliten ist unbeliebt. Gegen den Vergleich mit anderen Elitensektoren hat Arnim (1992: 36) eingewandt, daß gerade jene Abgeordneten, die in ihrem Beruf nicht gleich viel verdienen können wie mit ihren Diäten, sich an ihr Mandat klammern würden. Das Argument ist nicht von der Hand zu weisen, vor allem in den Landtagen. Für Minister könnte es sogar noch stärker gelten. Immer wieder kommen Außenseiter durch die Proporzerwägungen der Kabinettsbildner auf Landesebene in exekutive Spitzenpositionen. Je mehr Rücksicht in einem System auf die Inhaber kurzlebiger Ressorts, die aus koalitionstechnischen Gründen geschaffen wurden, genommen werden muß, um so mehr muß man die Amtsinhaber durch großzügige Versorgungsregeln zufriedenstellen, weil ein Überleben des Ressortzuschnitts bei den nächsten Landtagswahlen nicht garantiert werden kann. Lafontaine hat den

Umstand verteidigt, daß man als Minister schon nach einem Tag Anwartschaften erwirbt. Der Wählerschaft war dies nicht zu vermitteln.

Die Politiker rechtfertigen die Höhe ihrer Bezüge weniger mit systemtheoretischen Argumenten als mit dem Hinweis auf ihre *vielfältigen Belastungen*. Ein streitbarer Minister wie Norbert Blüm (1992) hat festgestellt: »Ich bin mein Geld wert.« Salopp klang die Äußerung: »Ich würde es auch für weniger machen. Aber warum denn? So nützlich wie jeder Sparkassendirektor und ein mittelmäßiger Bundesligafußballspieler bin ich auch.« Der Vergleich mit Privatsektoren der Wirtschaft ist weniger angemessen. Aber der Sparkassendirektor einer kommunalen Bank könnte mildes Licht auf die »Kosten der politischen Klasse« werfen. Gewichtiger war das funktionale Argument mit dem Hinweis auf seine doppelte 35-Stunden-Woche. Ein weiteres Argument für hohe Politikerbezüge lautet, sie dienten zur *Wahrung der Unabhängigkeit der Politiker*. Solange die Abgeordnetenbestechung in Deutschland noch nicht unter Strafe steht, scheint die politische Klasse diesen Aspekt ihrer Verteidigung noch nicht ernst zu nehmen.

Die Argumente zur Verteidigung hoher Bezüge stehen so lange auf schwachen Füßen, wie die Parteien sie nicht einbetten in Überlegungen, wie man den Politikerberuf für weitere Kreise der Bürger wieder attraktiver machen könnte. Die Karrieremobilität ist durch die Wiedervereinigung für einige Ostdeutsche beschleunigt worden. Die normale Ochsentour erlaubt es im allgemeinen nicht, daß jemand – wie Frau Leutheusser-Schnarrenberger – schon nach zwei Jahren Zugehörigkeit zum Bundestag bereits in ein wichtiges Ressort aufsteigt. Die Ochsentour erforderte in der Frühzeit der Republik 15-20 Jahre bis zum höchsten Amt. In den 70er Jahren hat sie sich etwas verkürzt; aber sie blieb langwierig genug (v. Beyme 1974: 121 ff.; Derlien/Pippig 1990).

Welchen Anreiz finanzielle Motivationen durch Diäten und Privilegien für angehende Politiker darstellen, ist nicht erforscht. Selbst Umfrageforschungen helfen kaum weiter, weil die Politiker in der Regel beteuern, daß sie ihre multifunktionale Tätigkeit kaum des Geldes wegen ausüben würden. Von Tocqueville bis zu Pareto hielt sich in der politischen Theorie die Ansicht, daß unbezahlte Honoratiorenpolitik in die Plurokratie führen müsse. Nicht die abstrakte Höhe von Diäten kann die Motivation beeinflussen, sondern allenfalls der Vergleich mit der Summe, die man in einem gegebenen Karriereabschnitt in seinem Beruf verdienen könnte. Dietrich Herzog (1975: 189) hat in einer Studie über politische Professionalisierung festgestellt, daß für 47% der Befragten der Eintritt in die hauptberufliche Politik zu materiellen Verbesserungen führte. Ein Paradoxon tat sich auf: Je früher dieser Eintritt erfolgte, desto größer war der Anteil derjenigen, die materielle Vorteile erlangten. Bei den unter 29jährigen waren es 93% der Befragten. Je älter die Politiker beim Eintritt waren, desto weniger konnte ihre Motivation wirtschaftlicher Art sein. Einerseits sind jüngere Politiker erwünscht, andererseits profitieren sie am meisten von einem materiellen Nutzenzuwachs. Ältere Politiker müssen überwiegend andere Motivationen mitbringen als wirtschaftliche. Die Hauptmotivation für den Politikerberuf ist, ähnlich wie in der Wissenschaft, die Freiheit der Gestaltung seines Tageslaufs und, häufiger als bei Wissenschaftlern, der Umgang mit anderen Menschen.

1992 hat die Kampagne gegen die politische Klasse erste Wirkungen gezeigt. Als Geste der Solidarität im Zeichen der Mittelkürzungen hatte Bundeskanzler Kohl einen Verzicht auf 5% der Einkünfte vorgeschlagen. Der Vorschlag wurde nicht akzeptiert. Es kam nur zu einer Null-Zuwachsrunde für zwei Jahre. Der Fraktionsvorsitzende der Unionsparteien, Schäuble, hatte die Abgeordneten aufgerufen, diesem Vorschlag auch in bezug auf die Parlamentarier zu folgen. Die Autonomie des Bundestages erfordert bei solchen Regelungen ein Gesetz – sonst wären Verzichte rechtlich gesehen nur freiwillige Spenden. Durch diese hochformalisierte Prozedur wird die rechtliche Anfechtung von Einkommenseinbußen jedoch geradezu herausgefordert. Das Bundesverfassungsgericht hatte sich hinsichtlich einer angemessenen Entschädigung von Abgeordneten unter anderem an den *Lebenshaltungskosten* orientiert. Diese sind 1992 nicht gesunken. Klagen von Abgeordneten gegen eine gesetzliche Diätensenkung hätten also gute Aussichten. Ein weiterer Vergleichsmaßstab waren die Tarifabschlüsse. In den Unionsparteien wurde der Einwand laut, die Diätenerhöhung des Vorjahres von 4,8% sei unter den *Tarifabschlüssen im öffentlichen Dienst* gewesen (*FAZ* 29. 4. 1992: 5). Das Bundesverfassungsgericht hatte aber in seinem Urteil von 1975 die Bindung der Diäten an die Einkommen im öffentlichen Dienst verworfen. Selbst die Forderung nach

Festsetzung der Diätenhöhe durch eine *unabhängige Kommission* war auf verfassungsrechtliche Bedenken gestoßen. Unbestritten ist, daß eine Kommission die Höhe der Diäten nicht festlegen kann. Aber sie kann Empfehlungen aussprechen, von denen die Bundestagsmehrheit nur mit sehr guten Gründen abweichen könnte. Das Bundesverfassungsgericht gab in seinem Urteil vom April 1992 grünes Licht für eine solche Kommission, die im Parteienfinanzierungsurteil en passant als »obiter dictum« erwähnt wurde (vgl. Kap. IV, 3.).

Die Autonomie des Parlaments muß heute nicht mehr wie zur Zeit Bismarcks verteidigt werden. Die empfehlende Mitwirkung einer Gutachterkommission ist daher weniger bedenklich. Bismarck hatte einst Diäten für die Reichstagsabgeordneten abgelehnt, um sicherzustellen, daß nicht zu viele Politiker aus unterprivilegierten und aufmüpfigen Schichten Einzug ins Parlament hielten. Der Schaden schien in einem Parlament, in dem 1871 unter 382 Abgeordneten noch 148 Adlige vertreten waren, gering. Es wurde nur bekannt, daß Schulzes Reichstagsrestaurant einging, weil die Abgeordneten ohne Diäten in bezug auf ihr leibliches Wohl knauserten (Schmädeke 1981: 17). Die Presse nahm damals dieses beiläufige Ereignis zum Anlaß, über die Diätenlosigkeit der Abgeordneten nachzudenken. Damals wurde auch ein gewisser »Mangel an Lebensart« gerügt – heute würde ein solches Argument zugunsten besserer Dotierung der Politiker nur Hohn ernten.

Aber es geht nicht ernsthaft um Kürzungen. Wenn Professorengehälter gekürzt werden sollen, wird eine Allianz von Hochschulverband und GEW den Untergang der deutschen Universität beschwören und breite öffentliche Unterstützung mobilisieren können. Wo ein Bruchteil der Gehaltssumme, die der Staat für die Wissenschaftler ausgibt, umstritten ist, kommt es zu einer breiten populistischen Allianz, die von den Professoren bis zu den Gewerkschaften reicht. Nur die Wirtschaftseliten würden ironisch lächeln angesichts der kleinen Summen, um die es da geht, sowohl beim Ausgangsniveau als auch bei den vorgeschlagenen Kürzungen.

Im Juni 1992 wurde vom Bundespräsidenten eine Kommission einberufen, die sich mit der Parteienfinanzierung befassen soll. Der Ältestenrat des Bundestages hat parallel eine Kommission bestellt, welche die Diätenfrage durchleuchten wird. Es wäre wünschenswert, beide Kommissionen zusammenarbeiten zu lassen. Die Zusammensetzung von Kommissionen kann Vorentscheidungen treffen über deren Ergebnisse. Die Mitglieder einer solchen Kommission sollten möglichst unabhängig von etablierten Interessen sein. Da es aber zum Auftrag der Präsidentenkommission gehört, alle finanz- und wirtschaftspolitischen Gesichtspunkte zu prüfen, wurden doch Verbandsrepräsentanten in Gestalt von Ex-Vorsitzenden der Spitzenverbände der Tarifpartner berufen. Damit wurde der schärfste Kritiker der politischen Klasse, von Arnim (1992: 36); mit seiner Forderung nach Repräsentation des Bundes der Steuerzahler in gewisser Weise entlastet. Aus seinem Plädoyer ist nämlich geschlossen worden, daß er vor allem sich selbst vorgeschlagen hat, da der Bund der Steuerzahler kaum einen kundigeren Repräsentanten anzubieten hatte.

Interessenverbände müssen sich ins Gespräch bringen. Die Verschleierung des Eigeninteresses durch Gemeinwohlbeschwörungen ist normal. Anormal ist im Vergleich, vor allem mit Amerika, daß die schärfsten Kritiker sich in der Tradition des deutschen Etatismus in staatliche Einrichtungen einbinden lassen. Ralph Nader hat als Ein-Mann-Institution in Amerika eindrucksvoll gezeigt, wie man jeder Einbindung trotzen kann. Die deutsche Tradition umfaßt auch ihre Kritiker. Daß die politische Klasse den schärfsten Kritiker einzubinden versucht, ist verständlich. Daß der schärfste Kritiker seine Unabhängigkeit aufgab, entspricht der deutschen Tradition der Staatsorientiertheit. In Amerika wäre dies kaum denkbar. Ralph Nader (1973), als der berühmteste Einzelkämpfer gegen Vorteilsnahmen der politischen und wirtschaftlichen Klassen, hat schon früh vor der Symbiose von Regierenden und wissenschaftlichen Experten als »Hidden Government« gewarnt. Jede Mitarbeit in der Kommission zwingt zu Kompromissen. Es bleibt zu hoffen, daß nicht ein neuer »kritischster Kritiker« gebraucht wird, wenn die Kommission ihre Arbeit beendet hat.

iv. Was tut die politische Klasse?

Die soziale Angleichung der Mitglieder der politischen Klasse in
vier Punkten heißt noch nicht, daß die objektiv feststellbare
»Klasse an sich« auch im Bewußtsein eine »Klasse für sich« geworden ist, wenn diese Begriffe des 19. Jahrhunderts erlaubt sind.
Im Gegensatz zu anderen Großaggregaten, wie dem Proletariat,
die auch häufig nicht so einheitlich handelten, wie sie nach der
Theorie von Karl Marx hätten handeln müssen, erscheint die Be-
wußtseinsbildung bei einer so kleinen »Klasse« einfacher. Hier
müssen nicht Millionen mobilisiert werden. Einige hundert Entscheidungsträger können täglich interagieren.
Der Anspruch der Demokratie führt jedoch dazu, daß ein im
Bewußtsein verfestigtes Aggregat politische Klasse für die Betroffenen nicht akzeptabel ist. In der älteren Elitentheorie, vor allem
bei Michels (1989: 42 ff.), unterstellte man noch ein *Führungsbe-
dürfnis* der Nichteliten. Dies läßt sich in der wissenschaftlichen
Forschung zwar noch immer nachweisen, obwohl die »deference«, der Respekt vor der Führung, abgenommen hat. Aber ein
demokratisches Selbstverständnis der Delegationseliten zwingt
die politische Klasse, ihre *Responsivität* (responsiveness) zu beto-
nen. Die Kommerzialisierung der Wahlkämpfe und der Einsatz
der Medien (Kap. iv, 2.) hat dazu geführt, daß sich die politische
Klasse eher diskreter Führungsmethoden bedient. Die minutiöse
Buchführung über alles, was der Wähler angeblich will, hat bewirkt, daß die strukturell abgehobene politische Klasse sich gern
hinter den Meinungen der Geführten versteckt.
Die nivellierte Mittelstandsgesellschaft hat den Kampf um die
Stimmen der neuen Mittelschichten, um die alle Parteien – die
Grünen nicht ausgenommen – kämpfen, härter werden lassen.
Gerade gegenüber den Interessen dieser Gruppen muß eine be-
sondere Responsivität entwickelt werden. Dennoch lassen sich
auch einige Bereiche aufzeigen, in denen die politische Klasse als
Ganze durch ihr Handeln die eigene Autonomie gegenüber den
Wählern stabilisiert hat. Auch diese sind überwiegend auf den
Ausbau des Parteienstaats zurückzuführen.

1. Die politischen Unternehmer und die Integration der Gegeneliten im System

Die Formen und Möglichkeiten der Partizipation im politischen System haben sich gewandelt. Politische Unternehmer können in einer offeneren und responsiveren Gesellschaft leichter neue Bewegungen etablieren, die schon nach verhältnismäßig bescheidenen Organisationserfolgen einflußreich werden. Mancher Bürokrat hätte eine Bürgerinitiative nicht einmal empfangen, wenn er gewußt hätte, wie wenige Menschen sie mobilisieren konnte. Die Theorie der neuen sozialen Bewegungen zeigt, wie politische Unternehmer erfolgreich »Ressourcen« mobilisieren (McCarthy/Zald 1977).

Dieser Wandel der Organisationsformen hat dazu geführt, daß die Gegeneliten, die früher auch existierten, aber in den alten Elitenzirkulationsmechanismen Generationen brauchten, um zur Machtteilhabe vorzudringen, in der postmodernen Gesellschaft rascher aufsteigen. Zyklen, der Überproduktion von Intelligenzija haben sich seit über 100 Jahren nachweisen lassen – praktisch seit es die allgemeine Schulpflicht gibt. Noch immer rekrutieren sich die Gegeneliten häufig aus dem Milieu der »Zu-kurz-Gekommenen«, all jener, die keine Position finden konnten, die ihrem Ausbildungsstand adäquat erschien. Die Führung der Grünen rekrutierte sich nicht zuletzt aus der Gruppe arbeitsloser Lehrer und Sozialarbeiter. Manchmal ist diese Gruppe förmlich zu einer »neuen Klasse« hochstilisiert worden. Die Bildungseliten schienen von der politischen Klasse in der organisierten Parteiendemokratie blockiert. *Aufsteiger* und *Aussteiger* kamen jedoch nicht mehr – wie in der klassischen Moderne – aus unterschiedlichen sozialen Schichten. Es ist nicht mehr durch Geburt in eine Klasse weitgehend vorbestimmt, wer sich in der alten und wer sich in der neuen Politik engagieren wird (vgl. Feist/Liepelt 1983:94).

Soziale Bewegungen haben zu allen Zeiten *Gegeneliten* hervorgebracht. Die frühe Elitentheorie hat vor allem die revolutionäre Machtergreifung der Gegeneliten beleuchtet. Das war verständlich am Ende eines Jahrhunderts der Revolutionen. 1917 kam die wohl radikalste Gegenelite der neueren Geschichte an die Macht. Die Bolschewiki und ihre »Bruderparteien« behielten bis in die Gegenwart etwas von der Geheimbundmentalität ihrer Kampfzeit. Was in der Zeit einer übermächtigen zaristischen Geheimpolizei nötig schien, wurde nach Erlangung der Macht zunehmend dysfunktional. Die Stasi-Akten enthüllen, daß das ubiquitäre Mißtrauen des Systems schließlich das System von innen her zerfraß. In den letzten 15 Jahren der Existenz der DDR soll sich die Zahl der Mitarbeiter der Staatssicherheit noch einmal verdoppelt haben.

Institutionen, die den Staat schützen sollten, bereiteten seinen Untergang vor. Andropov – und sein Protegé Gorbatschow – und die Spitzen des KGB waren besser über die Lage der Gesellschaft informiert als die Partei. Es ist kein Zufall, daß sie zuerst von der Notwendigkeit von Reformen überzeugt waren. Als das System zusammenbrach, waren KGB- oder Stasi-Offiziere vielfach am Buyout der alten Betriebe durch das frühere Management beteiligt. Sie fanden sich in der neuen Marktwirtschaft schneller zurecht als die Eliten der friedlichen Kerzenrevolution. Alle Nomenklaturaeliten im realen Sozialismus waren unfähig, die Gegenelite beizeiten zu kooptieren und zu integrieren. Diese Fähigkeit hatten westliche Demokratien aufgrund ihrer Pluralität besser entwickelt. Auch im Westen wären die Ex-Revolutionäre vielfach nicht in den Staatsdienst gekommen. Aber es gab genügend Elitensektoren, die vor dem Zugriff der staatlichen Kaderplaner relativ sicher waren. Im Sozialismus haben nur zwei Systeme der Gegenelite schrittweise gewisse Spielräume eingeräumt: zuerst Polen der Gewerkschaft Solidarität; später Ungarn. Nur in Ungarn kam es zu einer korporativen »ausgehandelten« Revolution zusammen mit den Gegeneliten. Sie konnte das sozialistische System nicht retten, aber sie erleichterte den Übergang in die Marktwirtschaft. Nur in Ungarn gab es Nischen für eine kleine marktwirtschaftliche Elite. Es ist kein Zufall, daß im Parteiensystem Ungarns die Liberalen vergleichsweise am stärksten vertreten sind.

Seit den 70er Jahren wird in der Literatur die Unmöglichkeit einer Revolution im technokratischen System gefeiert. Die Studentenbewegung war die letzte alte Bewegung – mit ihrem Traum der systemumspannenden Koalition von Proletariat, fortschrittlicher Intelligenz und Dritter Welt – und die erste neue soziale Bewegung mit den gewaltlosen Formen der Verunsicherung des Establishments. In Berlin kursierten im SDS Listen mit Namen der Genossen, welche Senatsämter besetzen sollten. Der Traum zerrann. Große Teile der Gegeneliten wurden rasch in die politische

Klasse absorbiert. Ein Teil der jungen Gegenelite fand in der SPD eine neue Heimat. Weit mehr fanden außerhalb der Politik Unterschlupf in den Medien, in der Wissenschaft, in kommunikativen Teilen der privaten Wirtschaft.

Ein weiterer Teil der alten Gegenelite machte den Umweg der Reintegration über kommunistische Studentenparteien und ihre anarcho-libertären Herausforderer mit. Sie landeten schließlich bei den Grünen, und zwar nicht selten beim Realo-Flügel (Joschka Fischer, Daniel Cohn-Bendit).

Die *Provokationseliten* der 68er Generation verloren mit der erfolgreichen Verallgemeinerung des unkonventionellen politischen Verhaltens ihre generationsspezifische Überzeugungskraft (Roth 1992: 367). Der Konflikt zwischen Realos und Fundis bei den Grünen ist auch als der letzte interne Konflikt der 68er Generation gedeutet worden. Die Fundamentalisten hielten stärker an den elitären Avantgardekonzeptionen der 68er fest. Die Realorevolte war zum Teil ein Protest der Nach-68er-Generation gegen diese elitäre Attitüde, wurde aber zum Teil von denjenigen in der 68er Generation geführt, die keine Bedenken mehr hatten, endlich »erwachsen« zu werden. Der »Adamismus« der 68er – nach Adam, dem einzigen Menschen, der laut Bibel ohne Sozialisationsprozesse fertig auf die Welt kam – war Ende der 80er Jahre nicht mehr gefragt. Den »langen Marsch durch die Institutionen« hatten Teile der alten Gegenelite auf sich genommen. Aber er hat allenfalls zu »kritischer Anpassung« geführt. SDS-Nostalgieabende – zum Teil sogar von der Friedrich-Ebert-Stiftung gefördert – waren nicht mehr Protestpolitik, sondern symbolische Politik – in der Art wie einst Hegel am Jahrestag der Französischen Revolution, obgleich er längst konservativer Staatsphilosoph geworden war, eine Flasche Rotwein entkorkte.

Bei den verbleibenden Bewegungseliten ersetzte *subjektive Betroffenheit* zunehmend die Attitüde der aufklärerischen Einsicht in den Geschichtsverlauf, der in der 68er Generation dem Dogmatismus Vorschub geleistet hatte. Postmoderne Partialisierung erfaßte die Bewegungen. Am krassesten zeigte sich das in der Frauenbewegung. Lokale St. Florians-Initiativen (Roth 1992: 375) ersetzten die »gesamtgesellschaftliche Analyse«, welche die 68er Generation einst noch vor die Aktion gesetzt hatte.

Wo die Gegenelite überlokale Initiativen im Auge behielt, verließen sie rasch das Milieu der Selbstkontraktion kleiner Zirkel von

Friedens-, Anti-AKW- und Frauenbewegten, die einander durch Solidaritätsresolutionen Mut machten, eine tröstliche Wirkung jedoch nicht so recht entfalten konnten, weil der Selbstbetrug der Gegeneliten nicht so weit ging, darüberhinwegzusehen, daß so manche Solidaritätsadresse von immer den gleichen Leuten unter dem Namen verschiedener Bewegungen verabschiedet worden war.

Wo die neuen sozialen Bewegungen und ihre »Unternehmer« Erfolge erzielten, kam es bald zur Rückbindung an die etablierten Interessengruppen, Gewerkschaften, Parteien und Kirchen. Selbst das Wahlverhalten der Protestler funktionalisierte sich. Das Instrument der Erst- und Zweitstimmenverteilung wurde auch in den Protestbewegungen erstaunlich rational gehandhabt. In einigen stark betroffenen Sektoren kam es zur »Gegenimplementation von unten« (H. Wollmann). Diese Erfolge waren jedoch nicht denkbar ohne die zunehmend flexibleren Reaktionsweisen der etablierten Verwaltungseliten. Die Frauenbewegung erzielte die größten Erfolge im politischen Bereich durch die beharrliche Arbeit des Staatsfeminismus an der Quotenregelung (vgl. Kap. III, 2.).

Die Interaktion von politischer Klasse und Gegenelite ist im Dreieck von Kooptation, Responsivität und Exklusion angesiedelt (Roth 1992: 380). *Kooptation* spielt sich in der Politik weniger gegenüber Personen als im Agenda-Setting ab. Themen werden rasch adaptiert. Die Moralisierung der Politik erfaßt periodisch auch die politische Klasse. Ihre Vertreter offenbaren dann die Frucht eines Gesprächs mit ihren Kindern im Bundestag, als ob sie ein Staatsgeheimnis enthüllten. Die *Responsivität* ist die Kooptation in der Sache. *Exklusion* findet noch immer gelegentlich statt. Aber niemand erinnert sich gern daran, daß einmal darüber diskutiert wurde, die Grünen als verfassungswidrig zu verbieten.

Theorien der neuen Mittelschichten wurden nach Aufbrechen der neuen postmateriellen cleavages mit einer Theorie der *neuen Klasse* verbunden. Wertstrukturen als neue Spaltungslinie weichen vom Paradigma der Wachstumsökonomie ab. Die alten Kriterien der »Revenuequellen« spielen nicht mehr die gleiche Rolle (Wessels 1991: 106 ff.). Die alten und neuen politischen Unternehmer unterscheiden sich in ihrer Zielsetzung: auf der einen Seite technokratische Spezialisten, welche die politischen Maschinen in Betrieb halten, und auf der anderen neue, unprofessionell sich gerierende Eliten, welche ihre Klientel in ihrer Autonomie gegen die vorherrschende »Technostruktur« verteidigen (Kriesi 1989: 1085).

Vor allem die emphatische Bewegungsforschung hat jedoch vielfach den Fehler gemacht, die *Intentionen* der politischen Unternehmer für wichtig zu erachten und die *funktionalen* Verselbständigungsprozesse in der Gesellschaft herunterzuspielen. Organisatorische Imperative der als »Technostruktur« mystifizierten dominanten Organisationskultur des Systems machen auch vor den neuen sozialen Bewegungen nicht halt. Man hat die neuen Gegeneliten mit denen des 19. Jahrhunderts verglichen. Es gab da einige oberflächliche Ähnlichkeiten: die Sozialdemokratie, die sich als »revolutionäre, aber keine Revolution machende Partei« (Kautsky) definierte, verweigerte regelmäßig die Zustimmung zum Staatshaushalt. Das haben auch die Grünen getan. Während die SPD diese Praxis jedoch jahrzehntelang verfolgte, differenzierte sich die Haltung der Grünen schon nach wenigen Jahren. Schneller als die alten Großbewegungen gerieten sie in die Politik des Amendements und der partiellen Kooperation. Die Differenziertheit des deutschen Föderalismus – erstmals seit 1871 kein Scheinföderalismus – gab ihnen vielfältige Ansatzpunkte. Der erste Grüne Minister leistete seinen Eid im Landtag noch in Turnschuhen. Bei der zweiten Vereidigung trug er schon fast einen Nadelstreifenanzug, jedoch noch ohne Krawatte. Beim dritten Mal könnte er schon fast so aussehen, wie der Durchschnitt der politischen Klasse. Dies war nur ein sehr äußerliches Zeichen für eine Beschleunigung der Integration in die organisatorischen Notwendigkeiten des Systems. Als die Exponenten der Arbeiterparteien zur Vereidigung als Minister zum Präsidenten der Republik oder gar zu einem Monarchen gingen, hatte es auch Debatten in ihren Parteien gegeben, ob sie bei dieser Gelegenheit einen »Stresemann« tragen sollten (vgl. v. Beyme 1973: 453 ff.). Der Unterschied lag jedoch darin, daß die alte Gegenelite den zeremoniellen Dreß nicht zu Hause im Schrank hängen hatte, sondern im Pfandhaus leihen mußte. Neue Gegeneliten haben kein Problem mit der Verfügbarkeit von Insignien des Establishments, sondern haben beschlossen, das Ritual nicht mitzumachen.

Die integrative Kraft organisatorischer Imperative wirkt jedoch nicht nur von außen. Sie setzt sich auch hinter dem Rücken der Intentionen der Beteiligten im Innern der eigenen Organisation durch. Michels (1989: 340) hatte bereits darauf hingewiesen, daß auch anarcho-libertäre Bewegungen organisatorischen Zwängen unterlagen. Die Herrschaft der Parteibürokraten sagte er für alle Parteien voraus. Bei den Parteien des Systems erwies sich das als Fehlprognose, für die libertären Bewegungen sollte er hingegen recht behalten. Die neue bürokratische Oligarchie entstand gerade dort, weil die repräsentativen Ämter der Rotation unterworfen wurden, während es für die bürokratischen Funktionen im Fraktionsmanagement keine strikten Regeln gab. Die unsichere Situation der parlamentarischen Elite hat gerade die bürokratischen Agenten im Zentralapparat der Grünen unverhältnismäßig stark gemacht.

2. Die Kommerzialisierung der Wahlkämpfe

Politiker werden zu Unternehmern auch noch in einer anderen Hinsicht. Der politische Markt führt zu einer Annäherung des entideologisierten politischen Sektors und des auf Effizienz und Rationalität geeichten Bereiches der Wirtschaft. Während die Eliten – mit Ausnahme des Teils der öffentlichen Wirtschaft, den die Parteieliten als Patronagebereich kolonialisiert haben – auseinanderrückten, näherten sich die Codes ihrer Handlungsweisen immer stärker an.

In Amerika ist seit Schumpeter und Downs die Politik als Markt begriffen worden, auf dem die Eliten um die Regierungverantwortung konkurrieren. Es ist kein Zufall, daß in Amerika die Kommerzialisierung des politischen Wettstreits am weitesten entwickelt ist. Die mangelnde Organisationskraft der Parteien zwang die amerikanischen Wahlkämpfer schon früh, durch Kauf von Werbekraft in den Medien das mangelnde Engagement ihrer Mitglieder zu kompensieren. Auch in Europa kamen »Stabsprofessionelle« (Panebianco 1982) vor allem im Bereich des Wahlkampfmanagements auf. Sie waren auch hier wichtige Agenten des Kommerzialisierungsprozesses.

In Europa verfügen die Parteien über höhere Eigenmittel aus Mitgliedsbeiträgen. Aber trotz der Ausdehnung der öffentlichen Parteienfinanzierung nahmen die Parteien seit den 70er Jahren immer mehr Kredite auf. Die Sachverständigenkommission des Bundespräsidenten (Bericht 1983: 161) sah in dieser Entwicklung mit

Recht eine Gefahr und schlug eine Obergrenze für die Nettokre-
ditaufnahme vor. Sie wurde mit 20% der Parteieinnahmen für
einen Zeitraum von zwölf Monaten angegeben. Der Gesetzgeber
hat den Vorschlag nicht in die Tat umgesetzt. Dabei hat die Schul-
denpolitik gezeigt, daß eine gesetzliche Beschränkung für die Eindämmung der Ausgabenpolitik der Parteien durchaus sinnvoll gewesen wäre (Landfried 1990: 269). Die Abhängigkeit der Parteien
von den Kreditgebern mußte wachsen. Der Zwang, den Abbau
des Schuldenberges durch eine Spendenpolitik zu bewerkstelli-
gen, die sich am Rande der Korruption bewegte, wuchs.
Die eigentliche Kommerzialisierung von Teilen der politischen
Klasse liegt jedoch in der Ausdehnung des amerikanischen Prinzips »Leistung gegen Geld«. Nur eine vielfach noch archaische
Wahlkampfpolitik in den Wahlkreisen in Deutschland hat diesen
Kommerzialisierungsprozeß bisher in Grenzen gehalten. Die Par-
teizentralen sind von dieser Entwicklung stärker erfaßt worden
als die Untergliederungen der Parteien. Letztere geben ihr Geld
nach wie vor für Kandidatenfaltblätter, Drucksachen und Anzeigen in Lokalblättern aus. Die Existenz starker Mitgliederparteien
erschwert das Fortschreiten der Kommerzialisierung. Von den
Wahlkampfstrategen unter den wissenschaftlich geschulten Stabs-
professionellen ist der »Papierkrieg« im Wahlkampf längst als
nicht sehr sinnvoller Einsatz von Mitteln erkannt worden. Aber
man duldet seine Fortsetzung, nach der zynischen Devise eines
amerikanischen Wahlkampfmanagers, der nach wenig sinnvollen
lokalen Wahlkampfaktionen gefragt wurde und lakonisch zur
Antwort gab: »It's to keep the membership happy.« Mitgliederparteien sind weiterhin darauf angewiesen, die Mitglieder mit für
sie erreichbaren Kommunikationsmitteln auszustatten, um dem
Faktor »Arbeitskraft« im Wahlkampf Rechnung zu tragen. Amerikanische Wahlkämpfer werben hingegen Sympathisanten *ad hoc*
an, um sie als Begleitung und Kulisse für das »canvassing« der
Kandidaten zu benutzen. Diese Form des Einsatzes von Wahl-
kampfhelfern hat sich nach einigen Experimenten der Mobilisie-
rungszeit (vgl. v. Beyme u. a. 1974a) in den meisten Ländern nicht
durchgesetzt. Hausbesuche und Straßenbegehungen finden zwar
vereinzelt statt. Im ganzen aber überwiegt im Wahlkampf doch
eher der »Stand«, an dem der Kandidat auf Fragen Antwort gibt
und von dem aus seine Helfer Propagandamaterial verteilen. Po-
litikangebote werden von den Bürgern überwiegend noch als

»Holschuld« angesehen. Die »Bringschuld« der Politiker – vor allem bei Hausbesuchen – erfreut sich zweifelhafter Beliebtheit und eines sehr ungewissen Erfolges.

In Amerika hat der Einsatz der Massenmedien dazu geführt, daß man den Spitzenleuten der Elite mehr Aufmerksamkeit schenkte. Die Macht hat sich damit zentralisiert. Die dafür verantwortlichen Stäbe werden bei allen Abgeordneten ausgebaut. Sie lagen in den 80er Jahren bei 18.2 Helfern für Mitglieder des Repräsentantenhauses und bei 37.7 Helfern für die Senatoren (Loomis 1988: 138). Viele von ihnen sind Kommunikationsspezialisten. Der Abgeordnete, der sie sinnvoll einsetzen will, wird zunehmend zum Unternehmer. Die unternehmerischen Fähigkeiten schlagen sich in Werbung nieder, weniger in einer substantiellen Bemühung um politische Inhalte.

Kommerzialisierte Agenten schieben sich zwischen die Repräsentanten und ihre Wähler. Die Wahlkampfstrategie ermöglicht seit 1960 durch Innovationen von Louis Harris im Wahlkampf Nixon/Kennedy die sofortige Messung der Wirkung von Fernsehduellen. Dafür brauchen die »Perzeptionsanalytiker« Geld. Im Wahlkampf von Bush 1987 etwa 10 000 Dollar pro Einsatz (Luntz 1988: 207 f.). Der Einsatz von immer komplizierterer Technologie läßt die Kontakte von Wählern und Kandidaten zunehmend über den »Pollster« laufen. Diese Entwicklung läßt sich in Europa nicht voll nachahmen. Der Wahlkampf ist vor allem in Deutschland nicht so stark von dem Gefühl »unsafe at any margin« (unsicher bei jedem noch so großen Vorsprung) geprägt. In Amerika profitieren die Verteidiger eines Mandats mehr von der Technologie. In Deutschland erscheint es als weniger notwendig, mit dem Einsatz von Technologie gleichzuziehen. Es ist für den Herausforderer sinnvoller, sich im Kampf für einen guten Listenplatz in seiner Partei zu engagieren als in der Nachahmung der technologisierten Kampagne seines Gegners.

Auch in Europa gibt es inzwischen *professionalisierte Wahlkampfmanager*, die zum Teil in Amerika gelernt haben. In europäischen Massenparteien kommen solche Experten aber überwiegend aus den Parteien. Selbst wenn sie aus kommerziellen Instituten rekrutiert wurden – wie Wolfgang Gibowski vom Mannheimer Forschungsinstitut »Wahlen«, der bis zum stellvertretenden Leiter im Bundespresseamt aufstieg –, waren sie nicht völlige Außenseiter für die Partei, die ebensogut für eine andere Partei gearbeitet hätten, wenn ihnen ein günstigeres Angebot vorgelegen hätte. In der Bundesrepublik wuchs die Bedeutung privater Werbefirmen im Einsatz bei Wahlkämpfen, erlangte aber noch nicht eine vergleichbare Bedeutung wie in den USA.

Die *Demoskopie* spielt eine zunehmende Rolle auch in der Politik der europäischen Länder. Die Konsultation von Demoskopen wurde vor allem von Kohl im Kampf um die Rückkehr der Unionsparteien an die Macht früh eingesetzt, vor allem als Elisabeth Noelle-Neumann noch das Ohr des späteren Kanzlers hatte (Hofmann 1991: 2). Aber daß die »Pollsters« so nahe an das Zentrum der Macht rückten, ist ein neuerer Trend. Wahlkampfmanager waren auch vorher schon Professionelle, wie Radunski. Aber auch sie konnten in einer etablierten bürokratischen Organisation nicht völlig von außen kommen. Sie kamen entweder aus dem Stab der Partei oder aus einer Agentur, die von der Partei gegründet worden war oder ihr nahestand (Radunski 1980: 24).

Die Folgen der Kommerzialisierung für die Wahlkämpfe in Europa sind jedoch schon ähnlich wie in Amerika. Mit der Entideologisierung spielt die *Imagepflege* und das Prägen werbekräftiger Slogans eine wachsende Rolle. Die Konzentration der zentralen Wahlkampfwerbung auf das Fernsehen wie seit dem Wahlkampf 1960 zwischen Kennedy und Nixon (Sabato 1981: 116) war im etatistischeren System der deutschen Fernsehmedien (Kap. II, 3., b) nicht in gleicher Weise möglich, solange Werbezeiten noch gratis zur Verfügung gestellt wurden. Mit dem Ausmaß der Privatisierung der audio-visuellen Medien wird jedoch Europa vermutlich auch in diesem Punkt aufholen. Die Folgen sind die Konzentration auf Wirkungen der Person und die Vernachlässigung der politischen Inhalte. Wie ein Journalist nach der Beobachtung eines Wahlkampfes in Großbritannien, der fast nur über das Fernsehen gelaufen war, salopp formulierte: »Thatcher hat da 'ne Menge gelernt. Hat fast nur gelächelt. Nie aggressiv gewesen. Als ob sie Tabletten geschluckt hätte. Voll gebrieft... Dabei wußte jeder, daß sie 'ne Zicke ist« (Bolesch, in: *Kursbuch* 77/1984: 89).

Der Kommerzialisierungsprozeß wird von der Kooperation der politischen Klasse mit den Medieneliten begünstigt, selbst wenn es dabei noch nicht um kommerzielle Tauschbeziehungen geht, weil das semistaatliche Treuhandmodell (Kap. II, 3.) noch keinen direkten Kauf von Medienwirksamkeit zuläßt. Politiker und Medieneliten arbeiten bei der Inszenierung von Schaupolitik zunehmend Hand in Hand. Journalisten verstärken die Verselbständigungstendenzen in der politischen Klasse. Der »symbolische Gebrauch von Politik« nimmt zu, je weniger ideologisch verfestigte Grabenkämpfe die politische Arena beherrschen. Der Terminus »Politikarena« in der Policy-Forschung ist hier verräterisch. Selbst in streng sachbezogenen Bereichen hat sich der Schaukampf-arenen-Begriff in die wissenschaftliche Terminologie eingeschlichen. In der älteren Elitenforschung wurden die Massen vielfach als uninformiert und realitätsfern dargestellt. Inzwischen hat die Elitenforschung auch die Mechanismen in die Betrachtung einbezogen, die zu einem Realitätsverlust der politischen Klasse führen können. Bei längerer Amtsdauer beginnen Mitglieder der politischen Klasse, »Entscheidungspolitik« und »rituelle Politik« zunehmend zu verwechseln (Landfried 1991 b: 207).

Inszenierte Politik zwingt die Mitglieder der politischen Klasse zu bestimmten Verhaltensformen, die einen Platzvorteil versprechen. Analysen von Elefantenrunden haben gezeigt, daß sich in der Zuschauerdemokratie vor Wahlen eine unreflektierte Schaukampf-stimmung ausbreiten kann, die jede differenzierte Problembetrachtung hintanstellt. In den Streitgesprächen zwischen Kohl und Rau wurde der brutale Django-Stil des Kanzlers als Zeichen der Stärke bewertet und die milde Dialogorientierung des Herausforderers als Schwäche wahrgenommen (Merten 1991).

Das »Treuhandmodell« hat nicht im gleichen Maße einen investigativen Journalismus begünstigt wie das »Marktmodell«. Jeder politiknahe Wissenschaftler ist schon einmal zu Podiumsdiskussionen mit Politikern eingeladen worden. Dabei wurde ihm versichert, daß man kritisch mit den Regierenden umgehen wolle. Gleichwohl gab der Moderator der Selbstdarstellung der Politiker nach und benachteiligte die wissenschaftlichen Diskutanten. Professoren sind – wie Politiker – gewöhnt, unaufhörlich zu reden. Sie haben aber in ihrer Sozialisation nicht gelernt, ständig um das Wort zu kämpfen und mit bissigen Zwischenrufen Punkte zu sammeln. So mancher deutsche Wissenschaftler hatte erst in Amerika sein Aha-Erlebnis, wenn er erlebte, wie in »Larry King-Life« der Präsident in einer Diskussion nach einer Minute Abschweifung barsch unterbrochen wurde: »What's your point Mr. president?« In Deutschland arbeiten Politik und Medien weit mehr gemeinsam an einem Politiker-Image.

Politik und Medien kooperieren zunehmend in der *Produktion von Umfragen.* Gemeinsam fördern sie die Illusion, daß Demokratie mit Demoskopie gleichzusetzen sei. Immer weniger werden Umfragen zur Information der Parteien in Auftrag gegeben. Immer häufiger werden sie – bei günstigen Werten – zur Einschüchterung des politischen Gegners eingesetzt.

Auch in europäischen Ländern ist die politische Klasse zur Erarbeitung einer Wahlkampfkampagne und zur Imagepflege der Kandidaten in fast amerikanischem Ausmaß auf bezahlte Konsultanten angewiesen. Die Parteimitglieder und ihr Einsatz zählen immer weniger, obwohl die direkten Gespräche in der Nachbarschaft und am Arbeitsplatz nach wie vor eine große werbende Wirkung haben – für die Union eher im Lebensumfeld, für die SPD eher im Umfeld der Arbeit. Aber blinder Eifer der Mitglieder – zeitlich konzentriert – kann auch schaden. Über den sinnvollen Einsatz knapper Mittel im Wahlkampf kann heute nur noch professionell und auf der Grundlage von Umfragestudien entschieden werden. Mit der Professionalisierung und der Personalisierung von Wahlkämpfen hebt sich auch das Einzelmitglied der politischen Klasse im Wahlkampf von seiner Partei ab. Es hat ein Interesse, daß der Wahlkampf »unter Kontrolle« bleibt. Auch partizipationsoffene Kandidaten müssen folglich den Einsatz freiwilliger Helfer sorgfältig programmieren. Kleine Teams von Vertrauten sind daher die Regel. Nicht wenige von ihnen sind Anwärter für einen Aufstieg in die politische Klasse und haben den *dolus eventualis,* ebenfalls eine politische Karriere zu machen, wie Wahlkampfstudien vor Ort gezeigt haben (v. Beyme u. a. 1974 a). Für einen SPD-Kandidaten ist der Eifer der Jusos im Wahlkampf eher zum unkalkulierbaren Risiko geworden. Aber auch im Wahlkampf gilt die Regel der Herausbildung einer politischen Klasse: Was an Abgehobenheit gewonnen wird, muß an »responsiveness«, an Fähigkeit der Reaktion auf Wählerwünsche, wieder eingebracht werden.

Die Kommerzialisierung der Wahlkämpfe in der modernen Demokratie wird in der Literatur über die politische Klasse vornehmlich unter dem »alteuropäischen« Gesichtspunkt der Kapitalismuskritik oder der »Amerikanisierung« diskutiert. Seltener wird die Frage aufgeworfen, ob dieser Prozeß bei zunehmendem Verlust der Fähigkeit des politischen Systems, die ganze Gesellschaft zu mobilisieren, nicht unvermeidlich ist. Wo das Prestige der politischen Klasse sich auf ihre funktionale Unvermeidlichkeit reduziert, muß die Führung versuchen, zeitlich befristete Aufmerksamkeit für Programme und vor allem für Personen zu organisieren. Nur selten sind Politiker noch die Inkarnation der Wünsche der Mehrheit der Nation, wie sie es zu Zeiten von Bismarck bis de Gaulle noch zu sein schienen. Lediglich populistischer Überschwang kann gelegentlich noch mit simplen Sentenzen eine charismatische Identifikation zahlreicher Bürger mit einzelnen Politikern erzeugen. Nur selten kommt es zu herzzerreißenden Szenen der Enttäuschung, wie 1992, als Ross Perot seine Kandidatur im amerikanischen Wahlkampf zurückzog.

Die Kommerzialisierung der Wahlkämpfe wird mit zunehmendem Einsatz von Medien und Technologien auch in Europa zunehmen. Es geht hier nicht darum, den zahlreichen politischen Kulturkritiken eine weitere hinzuzufügen, sondern nur darum, den Stellenwert dieses Prozesses für die Tendenzen der Verselbständigung der politischen Klasse aufzuzeigen. Wiederum sind systemische Aspekte der Technologie und Gesellschaftsentwicklung eng mit Handlungsaspekten verwoben: Die politische Klasse handelt – aber sie handelt erfolgreich nur im Rahmen gesellschaftlicher Zwänge.

3. Die Kosten des Parteienstaats: Die Subventionierung der Parteien aus dem Staatshaushalt

Die Tendenz zur Etatisierung gesellschaftlicher Organisationen ist vor allem an der Parteienfinanzierung festgemacht worden. Zugleich ist die öffentliche Parteienfinanzierung als Beleg für die zunehmende Verselbständigung der politischen Klasse gewertet worden. Keine moderne Demokratie hat es ganz vermeiden können, daß die Parteien zu Kostgängern des Staates wurden. Aber es gab zwei Wege dafür:

– Die *privatrechtliche Ausgestaltung* der Parteienfinanzierung bei großzügiger steuerlicher Begünstigung von Spenden, verbunden mit einer rechtlichen Regelung von Höchstgrenzen und der Offenlegung gegen Mißbräuche und ungerechtfertigte Einflüsse auf politische Entscheidungen (das angelsächsische Modell).

– Die *öffentlich-rechtliche Regelung* bei Ausbau direkter staatlicher Zuwendungen an die Parteien (das kontinental-europäische Modell).

Die Bundesrepublik hat in bester Absicht versucht, durch die Kombination der beiden Modelle die beste der Welten in der Parteienfinanzierung zu schaffen. Sie schuf hingegen die schlechteste der Welten durch eine doppelte Selbstbedienung der politischen Klasse aus der Staatskasse: Staatssubvention plus steuerliche Begünstigung von Spenden.

Die Systematik der Rechenschaftsberichte gliederte die Einnahmen 1990 in:

- *parteiliche Quellen* wie Mitgliedsbeiträge, Vermögen, Einkünfte aus Veranstaltungen und Publikationen, Spenden und Zuschüsse der Gliederungen
- und *öffentliche Subventionen:* Chancenausgleich, Wahlkampfkostenerstattung.

Diese Systematik hatte sich im Laufe der 80er Jahre gewandelt. Es fehlen in den neueren Rechenschaftsberichten zwei weitere Einnahmequellen: die Kreditaufnahmen – bei der CDU machten sie 1987 immerhin 37% der Einnahmen aus – und die Abgaben der Abgeordneten. Einige Kritiker vermissen auch die Kosten für die Fraktionsarbeit und die staatlichen Zuwendungen an die parteinahen Stiftungen, die aber überwiegend nicht als Teil der Parteienfinanzierung klassifiziert werden.

Trotz mancher Beschönigung der Rechenschaftsstatistik konnten die Parteien den Grundtrend nicht verbergen: die Ausgabenflut wächst. Sie wächst, obwohl nicht wie in den USA über 70% der Ausgaben bei Wahlkämpfen für Anzeigen im Fernsehen ausgegeben werden müssen. Die Etatisierungstendenzen des öffentlich-rechtlichen Rundfunkwesens haben mitgeholfen, eine solche Kommerzialisierung bisher zu vermeiden (Kap. 11, 3., b). In Amerika erwarteten nach einer Umfragestudie 88% aller Wahlkampfmanager, daß die Ausgabenflut weiter wachsen würde (Luntz 1988: 239). Der Einsatz moderner Technologien und teure demoskopische Praktiken treiben auch in Europa die Wahlkampfkosten in die Höhe.

Die deutsche Einheit brachte 1990 einen qualitativen Sprung in die Kostenexplosion, der die Öffentlichkeit stark beunruhigte (vgl. Tab. 8.1). Die Steigerung lag über dem Ausmaß des (außer bei der FDP) eher bescheidenen Zuwachses an Parteimitgliedern. Nur bei der PDS waren die (noch ungeklärten) Eigentumsverhältnisse

Tabelle 8.1: Einnahmen der Bundestagsparteien[1] (in Millionen DM)

Jahr	CDU	CSU	FDP	SPD	Die Grünen
1968	34,4	10,1	10,0	48,0	
1969	49,3	13,9	16,1	65,1	
1970	50,2	12,9	12,0	59,9	
1971	45,2	14,0	10,0	58,0	
1972	114,0	22,9	24,4	114,0	
1973	72,5	13,0	13,8	76,8	
1974	88,6	26,6	19,0	95,7	
1975	113,6	20,0	22,8	130,0	
1976	154,4	33,8	28,5	138,6	
1977	101,2	23,0	17,1	106,2	
1978	122,4	43,0	20,8	127,2	
1979	192,2	42,1	34,5	198,9	
1980	177,0	46,0	35,3	207,1	
1981	122,8	33,0	24,3	122,9	
1982	146,9	42,3	22,7	149,9	7,4
1983	252,9	68,2	41,8	233,4	19,7
1984	217,6	43,4	29,3	209,6	43,3
1985	182,1	40,1	30,7	206,2	34,5
1986	199,3	61,2	34,0	219,1	37,9
1987	198,5	49,5	45,6	225,1	64,6
1988	181,1	44,4	34,2	205,1	39,4
1989	206,5	57,7	45,2	258,0	61,4
1990	339,6	91,2	88,5	343,7	59,6

1 mit Zuschüssen von Gliederungen

Tabelle 8.2: Ausgaben der Bundestagsparteien[1] (in Millionen DM)

Jahr	CDU	CSU	FDP	SPD	Die Grünen
1984	221,2	53,5	39,3	197,6	26,4
1985	188,5	38,2	38,9	181,4	27,8
1986	228,7	59,8	34,2	226,1	35,2
1987	213,3	48,8	36,6	222,4	51,5
1988	177,8	40,4	26,9	193,9	37,7
1989	235,1	54,3	43,7	275,5	58,0
1990	291,5	104,9	83,2	354,4	62,3

1 Mit Zuschüssen von Gliederungen

überwiegend für den Einnahmereichtum verantwortlich zu machen. Aber auch die beiden bürgerlichen Parteien übernahmen ein beträchtliches Vermögen von den alten Blockparteien.

Von den parteieigenen Einnahmequellen stehen traditionell die *Mitgliedsbeiträge* im Zentrum des Interesses. Ihre Höhe gilt als Ausweis der Mobilisierungskraft der Parteien. Die »Staatsfreiheit« der Parteien, die das Bundesverfassungsgericht erhalten wissen will, bedeutet aber nach dem Urteil von 1992 nicht mehr, daß die Parteien am Bild der mitgliederstarken Parteien gemessen werden. Es muß nach dem Urteil »auch Parteien geben können, die sich auf einer schwächeren mitgliedschaftlichen Basis um politischen Einfluß und Wählererfolge bemühen« (EuGRZ 1992: 160). Mitgliedsbeiträge und Spenden sind nicht immer klar zu trennen. Da die Spenden an Parteien ins Zwielicht geraten sind, haben manche Spender, die nicht auf Anonymität bedacht waren, lieber überhöhte Mitgliedsbeiträge abgeführt.

Bis 1982 entsprach die SPD – ihrem Selbstimage gemäß – am stärksten einer mitgliederfinanzierten Partei. 1982/83 wurde sie jedoch von der Union hinsichtlich des Aufkommens an Mitgliedsbeiträgen vorübergehend überrundet. Seit 1984 weist die SPD nur noch einen leichten Vorsprung vor den Unionsparteien in der Entwicklung der Mitgliedsbeiträge auf. Auch in diesen ist ein gewisser Anteil an öffentlicher Parteienfinanzierung verborgen, da der Staat durch die Steuerbegünstigung von Mitgliedsbeiträgen am Beitragsaufkommen beteiligt ist. 1984-1987 ist die Summe der verdeckten Subventionen in der Höhe von zwei Dritteln der Wahlkampfkostenerstattung berechnet worden (Landfried 1990: 113).

Gerade die Spenden sind als verdeckte Staatssubventionierung von Parteien ins Kreuzfeuer der Kritik geraten. Sie drohen immer mehr, die Mitgliedsbeiträge zu überrunden. Die SPD ist noch immer die Partei, bei der die Beiträge eine weit größere Bedeutung haben als die Spenden. 1986 und 1987 war das Verhältnis 5:1, in vielen Nichtwahljahren überwogen die Beiträge noch stärker. Bei der FDP ist das Verhältnis von Spenden zu Beiträgen 0.7:1, bei den Unionsparteien etwa 2:1. Zusätzlich problematisch ist die Gefahr, daß Großspender mit politischem Einfluß den Spendenanteil in die Höhe treiben. Einer Umfrage unter Bundestagsabgeordneten zufolge scheint die Welt in Ordnung zu sein: Es überwiegen Spenden bis zu DM 100,– (Landfried 1990: 131). Bei der CSU wurde der Anteil der Großspenden auf etwa ein Drittel geschätzt. Gleichwohl machten sie nur 5% des Spendenaufkommens aus. Bei der CDU waren es etwa 9,5%, bei der FDP 7%, ca. 1% bei der SPD. Die »Kapitalisierung« scheint somit in Deutschland noch eine wesentlich geringere Gefahr zu sein als in Amerika. Eine eigentliche Kapitalisierungsgefahr ist jedoch in der Neigung vieler Spender gesehen worden, direkte Zuwendungen an Parteiflügel und genehme einzelne Abgeordnete zu machen. Die Verhaltensmaßregeln des Deutschen Bundestages haben hier mehr Transparenz eingeführt (vgl. Kap. III, 4., a). Ein Verbot direkter Spenden an die Abgeordneten ist in Deutschland noch nicht mehrheitsfähig geworden.

Die verdeckte Staatsfinanzierung der Parteien schreitet durch den Ausbau der Abzugsfähigkeit von Parteispenden von der Steuer fort. Der Finanzhunger der Parteien war durch die Grenzen, die das Verfassungsgericht der direkten Dotierung gesetzt hatte, nicht befriedigt. Sie fügte also die angelsächsische Form indirekter Parteiunterstützung dem deutschen Modell der Staatssubvention hinzu. 1980 wurde der Betrag, der abzugsfähig von der Steuer war, verdreifacht (von 600,– DM auf 1800,– DM). Je höher die Abzugsfähigkeit, um so weiter öffnete sich das Tor zur Korruption.

Der Flickkonzern geriet in Verdacht, beim Verkauf von Mercedes-Anteilen Steuernachlässe als Gegengabe für großzügige Parteispenden erhalten zu haben. Noch ehe die gerichtlichen Ermittlungen abgeschlossen waren, versuchte der Bundespräsident durch ein unabhängiges Expertengremium die Neuordnung der Parteifinanzierung vorzubereiten. Die Vorschläge der Kommission (Bericht 1983) sahen eine Abzugsfähigkeit von der Steuer für Spenden bis zu 5% des Einkommens der Spender vor. Im Juni 1983 legte die Regierung in großer Eile einen Gesetzesentwurf vor. Einige Regelungen drohten »zu einer Amnestie durch die Hintertür« (v. Arnim 1983: 26) zu führen, nachdem die generelle Amnestierung der Steuersünden in der Parteienfinanzierung nicht durchgesetzt werden konnte. Nach dem Gesetz, das mit großer Mehrheit verabschiedet wurde, konnte jeder Bürger bis zu 5 Prozent seines Einkommens und jede juristische Person bis zu 2 Promille des Umsatzes und der Löhne steuerbegünstigt an Parteien spenden. Die Grünen klagten, und das Verfassungsgericht entschied im Juli 1986, daß die steuerliche Abzugsfähigkeit nach festen Prozent- und Promille-Sätzen verfassungswidrig sei. Bei der Festsetzung der Spendenhöchstgrenze auf 100 000,– DM war es gleichwohl übertrieben großzügig, weil die Bevorzugung der Großspender erhalten blieb. Dies führte zu der überraschend schnellen Revision der Rechtsprechung im Urteil von 1992.

Nach dem Urteil von 1986 mußte eine Neuregelung getroffen werden. Sie wurde von den Schatzmeistern und Fraktionsspitzen in großer Eile erarbeitet. Der Parteienstaat blieb mit Festsetzung der Höchstgrenze für steuerliche Abzugsfähigkeit von Spenden bis 60 000,– DM unter dem Rahmen, den die Karlsruher Richter gesetzt hatten. Ab 40 000,– DM mußten die Namen der Spender veröffentlicht werden. Die Anonymität von Großspendern schien somit gesichert. Ein auch von Experten kaum zu durchschauender Chancenausgleich sollte Wettbewerbsverzerrungen ausgleichen. Das Ziel ist nicht erreicht worden, wie das Bundesverfassungsgericht 1992 feststellte.

Die Entwicklung des Spendenwesens forderte radikale Vorschläge heraus. In der Ära Adenauer hatten die staatsbürgerlichen Vereinigungen, die die Spenden sammelten, noch um Spenden »gebeten«. In den siebziger Jahren wurden die Parteien aggressiver und direkter. Großunternehmen wurden gleichsam »veranlagt«, verbunden mit Ratschlägen, wie steuergünstig gespendet werden konnte. Kein Wunder, daß der alte Vorschlag, Spenden ganz zu verbieten, wieder Befürworter fand. Theodor Eschenburg hatte einst einen Bürgerbonus vorgeschlagen. Von der Sachverständigenkommission ist der Vorschlag wieder aufgegriffen worden (Bericht 1983). Die Parteien haben – mit Ausnahme der Grünen – eine dritte Finanzstimme bei Bundestagswahlen als »Bonus für Spaßvögel und Querulanten« abgelehnt (Landfried 1990: 211). Amerikakenner schlugen »matching funds« vor, welche Staatszuschüsse an die Aufbringung der Eigenmittel koppelten (Lösche 1984: 125). Den Urteilen des Bundesverfassungsgerichts liegt genau diese Idee zugrunde. Die Staatsmittel müssen unter der relativen Obergrenze der selbst aufgebrachten Mittel bleiben.

Einen Sonderfall von Spenden, die kaum freiwillig zu nennen sind, stellt die *Besteuerung der Abgeordneten* dar. Die Abgaben der Abgeordneten sind eine indirekte staatliche Parteienfinanzierung, weil sie bei der Höhe der Festlegung der Diäten berücksichtigt werden. Die Sachverständigenkommission (Bericht 1983: 122) hielt diese Abgaben bereits für verfassungswidrig. Sie sind aber auch durch das Urteil von 1992 nicht illegalisiert worden.

Die Grünen haben sich vielfach zum Tugendwächter der sauberen

Parteienfinanzierung aufgeworfen. In bester ideologischer Absicht haben sie jedoch bei der Besteuerung ihrer Abgeordneten besonders stark gesündigt, da ihre Volksvertreter nicht mehr als ein Facharbeiter verdienen sollten. Somit kamen beträchtliche Mittel in die Hände der zentralen Parteioligarchie. Die Spenden der Abgeordneten waren vielfach ebenfalls nicht freiwillige Leistungen. Es wurde beträchtlicher sozialer Druck ausgeübt, um die Gelder einzutreiben. Die Folge war – wie Petra Kelly einmal verbittert anmerkte (in: Fücks 1991: 29) – eine »aufdringliche Verletzung ihrer Privatsphäre«.

Die Verselbständigungstendenzen der politischen Klasse wurden auffällig, als die *öffentliche Parteienfinanzierung* aus dem Staatshaushalt eingeführt wurde. Deutschland gilt im Ausland als Erfinder dieses Modells, obwohl es zuerst in Puerto Rico (1957) praktiziert wurde. Aber erst das deutsche Beispiel machte Schule. Zunächst in Skandinavien, später in fast allen europäischen Ländern mit Ausnahme Großbritanniens. Anfangs bestand die Subvention aus frei verfügbaren Zuschüssen aus der Staatskasse. Diese Regelung galt nur zwischen 1959 und 1966. Das Bundesverfassungsgericht (BVerfG 52: 63, 85) legte die Grenze bei 50% des Parteieinkommens fest. Wahlkampfkostenunterstützung und Organisationskosten der Parteien wurden etwas schematisch ausgesondert, bis das Gericht 1992 auch diese, in der Praxis kaum zu haltende und erst recht nicht zu kontrollierende Unterscheidung, aufgab.

Die staatliche Parteienfinanzierung stellt einen abweichenden Fall in der Geschichte der Selbstbedienung der politischen Klasse dar. Es waren in vielen Ländern nicht die besser dotierten konservativen, christdemokratischen und liberalen Parteien, welche diesen Weg der öffentlichen Subvention zu beschreiten vorschlugen. Vielfach waren es die Sozialdemokraten, die in der Marktwirtschaft ihre strukturelle Benachteiligung in der Spendenwerbepolitik ausgleichen wollten. In Deutschland waren die drei wichtigsten Parteien ziemlich gleichmäßig an der Durchsetzung dieser neuen Idee beteiligt. In anderen Ländern gab es schärfere Konflikte mit Konservativen und linken Klassenparteien (vgl. v. Beyme 1984: 266 f.).

Die Etatisierung der Parteifinanzen zwang zu weiteren Interventionen des Staates. Das Parteiengesetz – eigentlich ein Widerspruch in sich für gesellschaftliche Organisationen, die zur »Staatsfreiheit« verpflichtet sind – verdankte seine Entstehung dem allzu ungenierten Zugriff der Parteien auf staatliche Gelder. 1966 erklärte das Bundesverfassungsgericht die seit Ende der 50er Jahre praktizierte Finanzierung der gesamten Organisation aus öffentlichen Mitteln für verfassungswidrig. Rund die Hälfte der Parteieinkünfte wurden damit in Frage gestellt. Die Brücke für den Rückzug der Parteien, die das Gericht baute, war die Erstattung von Wahlkampfkosten. Die Unterscheidung zwischen Subventionen für die Organisationen und der Wahlkampfkostenerstattung war immer künstlich. Angesichts der großen Vorschüsse, welche die Parteien vor den Wahlen nahmen, ließen sich die Ausgaben kaum säuberlich trennen. Spätestens 1990 zeigte sich am Beispiel der Grünen, wie gefährlich diese Unterscheidung war. Als die Grünen in der Vereinigungswahl an der Fünfprozentklausel scheiterten, verloren sie über Nacht Millionen an staatlichen Zuschüssen und Zwangsabgaben von Bundestagsabgeordneten. Das Schicksal der Organisation schien an die Wahlkampfkostenerstattung gebunden. Selbst diese und der Sockelbetrag fielen aufgrund des schlechten Abschneidens der Partei weit niedriger aus, als erwartet. Andererseits wurde der unkonventionellen Antipartei eine Lektion erteilt. Die aufrechte Streiterin gegen die Staatssubventionierung mußte erkennen, wie sehr sie sich selbst an den Goldregen aus der Staatskasse gewöhnt hatte, und ihre Politik in diesem Bereich wurde realistischer.

An den Grünen kann man die Ambivalenz der Wirkungen öffentlicher Parteienfinanzierung besonders gut demonstrieren. Den Grünen kommen unbestrittene Verdienste im Kampf um eine faire Regelung der Parteienfinanzierung zu. Gelegentlich wurde jedoch das Dilemma des Tugendwächters sichtbar: Im Juli 1986 wies das Bundesverfassungsgericht eine Klage der Grünen gegen die Globalzuschüsse an die parteinahen Stiftungen ab, weil die Klägerin nicht über eine Stiftung verfüge. Ein Vorstandssprecher der Grünen wertete das Urteil als »Einladung zur Prostitution« (Murphy, in: Wewer 1990: 328). Im März 1988 wurde die Stiftung der Grünen »Stiftungsverband Regenbogen« gegründet. Der Drang, an der »Staatsknete« zu partizipieren, überwog die Bedenken der Hüter der reinen fundamentalistischen Flamme.

Parteienfinanzierungsskandale und Korruption erschwerten Anfang der 90er Jahre eine sachliche Diskussion um die angemessene Höhe der staatlichen Subventionierung der Parteien. Früh ist moniert worden, daß die Kosten des Parteienstaates sich auf 0,25 %

des Steueraufkommens, 4% der Subventionen der öffentlichen Hand, 10% der Einnahmen der beiden großen Kirchen und 100% der Einnahmen der DGB-Gewerkschaften beliefen (Schleth 1973: 103). Solche Zahlen wurden zitiert, als ob sie für sich sprächen. Warum sollten aber die Parteien in ihrer durch das Grundgesetz herausgehobenen Stellung nicht den gleichen Einkommensbedarf entwickeln wie die Gewerkschaften?

Nicht die absolute Höhe war das Hauptproblem, sondern die relative Höhe des jeweiligen Zuwachses löste eine Debatte aus, in der die Frage aufgeworfen wurde, ob die Parteien nicht bereits »überfinanziert« seien. Eine Sachverständigenkommission des Bundespräsidenten hat sich um die Versachlichung der Beurteilungsmaßstäbe bemüht, und einen Quotienten aus Personalkosten, Lebenshaltungskosten, Parteimitgliedern und Zahl der Wahlberechtigten entwickelt. An ihm gemessen, erschienen die Parteien Anfang der 70er Jahre als *unterfinanziert* (Bericht 1983: 100), obwohl die Einnahmen der Parteien sich von 1969 bis 1988 um das Viereinhalbfache vermehrt hatten, stärker als die Einkommen, die Preise oder das Bruttoinlandsprodukt (Landfried 1990: 91). Aber solche Kosten müssen mit dem Anschwellen der Organisations- und Wahlkampfkosten verglichen werden. Diese hatten weit stärker zugenommen als die Einnahmen der Parteien.

Nach der Verabschiedung der Novelle zum Parteiengesetz konnte man für Anfang der 80er Jahre von einer Unterfinanzierung nicht mehr sprechen. Ab 1983 trat eine Überfinanzierung ein, als die Erstattungskosten von 3,50 DM auf 4,50 DM pro Wähler erhöht wurden. 1983 erhielten die Parteien zusätzlich DM 5,– pro Wahlberechtigten für die Europawahl, was den Boom in den Parteikassen anheizte.

Der neue Populismus hat vorwiegend mit Zahlen aus Wahl- und Boom-Jahren gearbeitet. Zwischen 1984 und 1987 haben sich die Werte wieder eingependelt, und die Staatssubvention führte zu einer angemessenen Alimentierung. Dennoch hat man scharfe Kritik daran geübt, daß das Bundesverfassungsgericht nicht eine schärfere Eindämmungspolitik bei den Parteifinanzen betreibe. Es wurde sogar vermutet, daß das Gericht seine Funktion vor allem in der Verhinderung staatlicher Eingriffe in die Rechte der Bürger sehe und dabei die Kontrolle angemessener Leistungen zu kurz komme (v. Arnim 1991: 271). Dieses pauschale Verdikt ist spätestens durch das Urteil vom April 1992 falsifiziert worden. Wo das

Gericht es an schärferer Kontrolle fehlen ließ, ist die Frage erlaubt, ob ein Gericht überhaupt die Einrichtung sein kann, die in größerem Maßstab über die Zweckmäßigkeit von Staatsausgaben urteilen sollte, so sehr es sich auch immer wieder zum Grundsatz der sparsamen Verwendung von Haushaltmitteln bekannt hat.

Hans Herbert von Arnim hat als verdienstvoller Kämpfer gegen die Mißbräuche im Parteienstaat seit zwei Jahrzehnten zahlreiche Daten gesammelt. Wie bei anderen Datensammlungen schlug die Quantität ab einem bestimmten Zeitpunkt in eine neue Qualität um. Die Interpretationen des Materials wurden immer stärker zugespitzt, um den Daten einen Neuigkeitswert abzugewinnen. Ein amerikanischer Spaßvogel persiflierte einmal die Empiriker: »They torture the data until they confess.«

Arnim (1991: 78 f.) hat aus den Daten eine Staatsfinanzierungsquote von über 60% herausgerechnet, was anderen Studien klar widerspricht. Die Beiträge zur Finanzierung der Fraktionen und die Zuwendungen an Parteistiftungen fehlen noch in dieser Rechnung. Eine exakte Addition wird nicht angeboten. Es bleibt bei der vagen Angabe von »über 60%«. Dieser Modellrechnung zufolge müßte die Staatsfinanzierungsquote zwischen 70 und 80% liegen. Die Parteien reagierten auf solche Berechnungen allergisch und unsachlich. Das Gutachten sei wohl »in der Badewanne geschrieben« worden, urteilte ein Exponent des Parteienstaats. Die Zahlen sind aber nicht gezinkt, sondern nur im Sinne von Arnims eigener überzogener These zusammengerechnet. Die Ausgaben zur *Finanzierung der Fraktionen* müssen eher zu den Kosten des Parlamentarismus als der Parteien gerechnet werden. Auch die wissenschaftlichen Dienste und andere parlamentarische Einrichtungen kommen den Parteien zwar zugute, und dennoch werden sie nicht zur Parteienfinanzierung gerechnet. So mancher Abgeordnete benutzt die Dienste weniger für seine Gesetzgebungsarbeit als zur Hilfe für Reden auf Parteimeetings. Sind Leistungen für die Dienste deswegen schon verkappte Parteienfinanzierung?

Die *parteinahen Stiftungen* sind häufig in den Verdacht der verkappten Parteienfinanzierung gekommen. Sie sind aber nicht Kaderschmieden der Parteien; auch wenn diese gelegentlich aus ihnen Vorteile für die Fortbildung der Parteieliten ziehen. Die Hochbegabtenförderung, die Entwicklungshilfe und die transnationalen Aufgaben der Stiftungen haben wenig mit den Zwecken zu tun, welche die Parteien im Lande verfolgen. Man könnte die

Parteistiftungen eher als den in die Gesellschaft verlängerten Arm betrachten, der Aufgaben unauffälliger wahrnimmt, als der Staat es selbst könnte. Die Aufbauhilfe für Parteiorganisationen neuer Demokratien ist im Ausland gelegentlich angeprangert worden. Angehörige deutscher Botschaften im Ausland beklagen, daß die Leiter der Stiftungen in fremden Hauptstädten informierter und politiknäher arbeiteten als die Referate der Auslandsvertretungen. Aber gerade solche Klagen zeigen, wie effektiv die nichtstaatliche Form solcher Aktivitäten ist, weil die deutschen Vertretungen sich viel stärker aus dem politischen Leben anderer Länder heraushalten müssen.

Rechnet man die Mittel der parteinahen Stiftungen, die in die Hochbegabtenförderung, in die transnationale Politik und Entwicklungshilfe fließen, ab, so ist der Anteil, den man an verkappter Parteienfinanzierung im Stiftungshaushalt entdecken kann, verhältnismäßig gering. Nur funktionsblinde Demagogie könnte die Einbeziehung aller Ausgaben der Stiftungen in die Berechnung der Staatssubventionen fordern. Das Bundesverfassungsgericht hat im Urteil von 1992 (EuGRZ 1992: 160) erneut bekräftigt, daß es nicht gewillt ist, dieser Demagogie zu erliegen. Hans Herbert von Arnim (1991: 116) hat aber mit seiner Kritik gleichwohl auf ein Demokratiedefizit aufmerksam gemacht, das stärker durchleuchtet werden müßte. Die »Nebenaußenpolitik« und die »Nebenentwicklungspolitik« der Stiftungen mag effizient sein, aber sie ist nicht hinreichend demokratischer Kontrolle unterworfen.

Ein Verband wie der Bund der Steuerzahler ist auch hier nicht verpflichtet, differenzierte sozialwissenschaftliche oder staatsrechtliche Systemanalysen über den Stellenwert und Vergütungswert parteilicher Aktivitäten anzustellen. Aber vom Wissenschaftler darf dies verlangt werden. Staatliche Subventionen dürfen nicht nur im Hinblick darauf, wieweit sie der Förderung der Parteiorganisationen dienen, getestet werden. Vergleichende Betrachtungen werden nach Interessentenart nicht akzeptiert. Das ist in Ordnung bei einem Verband, der hier und heute Steuern sparen will. Ihn tröstet nicht, daß die Etatisierung des Parteiwesens in Spanien oder Italien noch weiter fortgeschritten ist. Bekennt sich ein Parteienstaatskritiker zu einer normativen Theorie, so kommt dem transnationalen Vergleich schon aus systematischen Gründen keine große Bedeutung zu. Aber der empirische

Wissenschaftler wird die deutschen Regelungen im internationalen Vergleich evaluieren und sich mit möglichen Alternativen auseinandersetzen. Die Verbreitung einer »Staatsfreiheit« der Parteien, wie sie in Amerika existiert, hätte Rückwirkungen auf das gesamte System, und diese könnten im Kontext der deutschen Politik durchaus unerwünscht sein.

Der Hüter der Verfassung, das Bundesverfassungsgericht, konnte seinen Nutzen hinsichtlich eines konfliktarmen politischen Prozesses auch bei der Eindämmung von Exzessen der politischen Klasse in der Erhöhung der Kosten des Parteienstaats offenbaren. Wiederum war die Initiative von den Grünen ausgegangen. Das Urteil des 2. Senats erging am 2. April 1992 (EuGRZ 1992: 153-171). Es wurde zu einer rechtspolitischen Sensation, weil der Senat auch eigene Fehlurteile zugunsten der Verselbständigungstendenzen der politischen Klasse freimütig zugab und sie revidierte.

– Die *Wahlkampfkosten* wurden in diesem Urteil nicht mehr von den allgemeinen *Organisationskosten* getrennt. Eine juristische Fiktion wurde der politischen Realität angepaßt. Der Degradierung der Parteien zu Wahlkampfmaschinen wurde eine Absage erteilt.

– Die relative Obergrenze der Staatssubventionierung – die Summe der Eigenmittel, die Parteien aufbringen – wurde bekräftigt.

– Der *Chancenausgleich* des Änderungsgesetzes zum Parteiengesetz von 1988 wurde als Verletzung des Gleichheitsgrundsatzes entlarvt, obwohl er seiner Realisierung hatte dienen sollen. Das Gericht kurierte nicht mehr an den Symptomen, sondern deckte durch Modellrechnungen neue Ungleichheiten auf; vor allem, wenn man die Grünen zu einer Modellrechnung heranzog, nachdem sie 1990 an der Fünfprozenthürde gescheitert waren. Nicht dem Ausgleich der Chancen hatte das Instrument gedient, sondern der linearen Erhöhung der Wahlkampfkostenausstattung um ca. 10% bei neuen Verteilungsungerechtigkeiten.

– Der *Sockelbetrag* wurde für verfassungswidrig erklärt, weil er Dotationen unabhängig von Eigenbemühungen um Mitglieder und Spenden gewährte. Der Sockelbetrag wurde auch nicht für eine Übergangszeit geschützt.

– In der Spendenpolitik kam es zu einem radikalen Kurswechsel. Die früher geltende *Höhe von Spenden* bis 60 000,– DM wurde als Prämierung einer politischen Meinung angesehen (EuGRZ

1992: 168). Die *Publizitätsgrenze* wurde auf 20 000,– DM herabgesetzt und schloß Sachleistungen ein. Das Problem der Spenden an einzelne Abgeordnete wurde freilich nicht hinreichend durchschaut. Die Publizitätpflicht ab 10 000,– DM nach den Verhaltensmaßregeln im Abgeordnetengesetz wird nur der eingeschränkten »Öffentlichkeit« des Bundestagspräsidenten bekannt gemacht. Eine Spende an den einzelnen Abgeordneten korrumpiert zweifellos leichter als ein ähnlicher Betrag ab 20 000,– DM für eine ganze Parteiorganisation. Juristische Personen können künftig Spenden nicht mehr von der Steuer absetzen.

– Eine *rasche Neuregelung wurde bis Ende 1993 verlangt,* damit die verfassungswidrigen Wettbewerbsverzerrungen im Wahlkampf von 1994 nicht mehr zu Buche schlagen könnten. Der Status quo sollte nicht »rückabgewickelt« werden. Er sollte bis zur Änderung »hinzunehmen sein« – mit Ausnahme des Sokkelbetrags. Aber auch damit wurde den Parteien nicht wehgetan. Eine Anhebung der Subvention auf 6,50 DM pro Wähler schien dem Gericht unbedenklich (EuGRZ 1992: 171).

In dem Urteil wurde der Begriff »politische Klasse« nicht verwendet. Es sprach von Führung, die sich der mitgliedschaftlichen Basis nicht entfremden dürfe. Verselbständigungstendenzen der politischen Klasse waren damit angesprochen. Das Gericht verpflichtete den Staat noch einmal zur Beachtung des *Gebots sparsamer Verwendung öffentlicher Mittel.* Einer Unterfinanzierungshypothese konnte sich das Gericht nicht anschließen, nachdem es die Daten von 1989-1992 studiert hatte (EuGRZ 1992: 160). Daß dieser Status quo keine Ewigkeitsdauer beanspruchen konnte, war dem Gericht klar. Anpassungen an Entwicklungen der Zukunft wurden in zweierlei Hinsicht nahegelegt. Einmal im Hinblick auf die jederzeit veränderbare wirtschaftliche Lage. Unter anderem wurde der Gesetzgeber auf den gefährlichen Weg der *Indexierung* der relevanten Preise verwiesen. Zum anderen wurde ein *Rat unabhängiger Sachverständiger* nahegelegt. Die Diätenfrage wurde als *obiter dictum* gleich *en passant* in analoger Weise gestreift.

Selten ist ein Urteil so enthusiastisch von allen Seiten gelobt worden. Die vielgerühmte Fähigkeit zur Selbstkorrektur des Gerichts ließ sich freilich auf »Wandel durch Personalwechsel« reduzieren. Nur ein Richter mußte sich 1992 bekehren. Zwei der Richter (Böckenförde, Mahrenholz) waren 1986 von der Mehrheitsmeinung durch ein *dissenting vote* abgewichen. Dennoch bleibt dieses Korrektiv im System gegen allzu unbekümmerte Selbstbedienung der politischen Klasse aus der Staatskasse bemerkenswert.

Einige Probleme blieben auch in diesem Urteil ungelöst: Die Fraktionsabgaben, längst als verfassungswidrig erkannt, wurden nicht angegangen. Die Spendenhöhe wurde nicht grundsätzlich begrenzt. Ein Fortschritt schien es, daß juristische Personen nicht mehr steuerabzugsfähig spenden dürfen. Aber es wurde befürchtet, daß statt der Unternehmen nun die Unternehmer spenden würden (Landfried 1992: 10). Die Direktspenden an die Politiker hat man ebenfalls übersehen. Im ganzen hat sich das Urteil jedoch der Neigung enthalten, Probleme allzu klein zu hacken, so daß mehr gelöst werden konnte, als ungelöst blieb.

Seit Gerhard Leibholz die Ideologisierung des Parteienstaats vornahm, waren starke theoretische Widersprüche in der theoretischen Abgrenzung von Staat und Gesellschaft angelegt (vgl. Kap. II, 1.). Diese konnten in einem solchen Urteil nicht beseitigt werden. Das Urteil hatte ohnehin weiter ausgegriffen, als es der engere Klagegrund erfordert hätte. Da wurde die Beschwörungsformel »Staatsfreiheit« an vielen Stellen repetiert. Sie klang wie das Pfeifen im Walde und paßte auch nicht ganz zu der Anpassung an die politischen Realitäten, welche der zweite Senat vorgenommen hatte. Daß zwischen Wahlkampf- und Organisationskosten nicht mehr unterschieden wurde, war realistisch. Aber zugleich war damit die Grenze zwischen »Staatsnähe« und »Staatsferne« weiter in Richtung »Nähe« gerückt. Die magische Fünfzigprozentgrenze für Staatssubventionen wurde erneut wacker verteidigt, aber alle Probleme der Kolonialisierung der Gesellschaft durch die Parteien mußten ausgeklammert werden. Die Fünfzigprozentbarriere steht seither wie ein einsamer Mauerrest in der Landschaft. Um ihn herum sind die Dämme längst von der Flut hinweggespült worden.

Was an theoretischer Widerspruchsfreiheit nicht geleistet werden konnte, weil die Fragestellung eines Gerichts begrenzt ist und auch durch »obiter dicta« nicht beliebig ausgeweitet werden kann, das wurde an methodischer Stringenz eingeholt. Selten hat einem Urteil ein solcher Aufwand an empirischer Arbeit mit Zahlen zugrundegelegen. Das Urteil hebt sich positiv von der summarischen Faktenanalyse ab, die früheren Entscheidungen zugrundelag – etwa bei den Kriegsdienstverweigerungs- und Abtreibungsentscheidungen. Für die Anerkennung einer beachtlichen wissenschaftlichen Leistung – neben der normativen – gehört eigentlich nur noch, daß das Gericht sich angewöhnt, die Quelle zu zitieren, aus denen es schöpft und die es in diesem Urteil gelegentlich sogar mit ihren kleinen Fehlern reproduziert. Aber das Gericht bleibt selbstreferentiell. Es zitiert vor allem sich selbst. Eine Literaturangabe tauchte auf. Sie verwies auf Dieter Grimm, Mitglied des Ersten Senats. Gut, daß nicht alle Richter vielschreibende Professoren sind. Die Gefälligkeitszitate könnten sonst ins Kraut schießen.

Auf der Grundlage dieses Urteils wird es dem Gesetzgeber möglich, die schwersten Gravamina der Parteienfinanzierung zu beseitigen. Das heißt nicht, daß die neopopulistische Kritik schon voll zufriedengestellt wurde. Wo die Kritik vergleichend wird, läßt sich nachweisen, daß es Parteiensysteme gibt, die billiger für die Staatskasse sind als das deutsche Parteiensystem. Aber selbst dann muß sorgfältig abgewogen werden, ob sie wünschenswerter wären als der deutsche Parteienstaat. Zwei Modelle bieten sich als Alternative an – ähnlich wie bei den Mediensystemen (vgl. Kap. ii, 3., b):

– *Das amerikanische Modell* loser Wahlkampforganisationen. Die Folge des Modells ist freilich, daß die politische Elite als Ganze und die einzelnen Abgeordneten stärker von großen Interessen abhängig sind als in Deutschland. Hier verselbständigt sich nicht die politische Klasse als Ganze, sondern der einzelne Abgeordnete im Netzwerk seiner Spendenbeziehungen.

– *Das französische Modell* mit losen Parteien, die nur in Allianzen an die Macht kommen können, die aber in der Gesellschaft eine ziemlich untergeordnete Rolle spielen. In diesem Modell ist die Elitenrekrutierung weitgehend an den Parteien vorbei in den »großen Schulen« organisiert. Die politische Klasse hat in diesem Modell nicht weniger Privilegien als in Deutschland. Sie festigt diese aber nicht in erster Linie über den Parteienstaat. Die Skandale von 1992 in Frankreich zeigen, daß dem traditionellen französischen Übel das deutsche Übel einer unsauberen Spendenpraxis hinzugefügt worden ist.

Daß eine der beiden Alternativen, gemessen an den Ausgaben der Gesellschaft für ihre jeweilige politische Klasse, billiger käme, hat auch der Bund der Steuerzahler bisher nicht nachgewiesen. In beiden Modellen wäre zu befürchten, daß ein kleiner und nicht besonders einflußreicher Verband wie der Bund der Steuerzahler im noch stärker vermachteten System der Großinteressen seine segensreichen Aktivitäten zugunsten des »kleinen Mannes« noch weniger gut entfalten könnte.

4. Netzwerke der politischen Entscheidung und der kooperative Parlamentarismus

Die Untersuchung der Mechanismen zur Festigung der politischen Klasse muß nicht alle Probleme der Elitenforschung lösen (vgl. Kap. 1). Für einen Vergleich von zeitlich und räumlich umfassenden Entscheidungsanalysen fehlt es an Vorarbeiten. Es gibt keine einzige Studie, die mehr als ein paar Fälle verglichen hätte. Günstigstenfalls werden die Schlüsselentscheidungen einer Legislaturperiode durchleuchtet. Gesetzgebungslehre ist in Kontinentaleuropa weitgehend eine Domäne der Juristen geblieben. Sie konzentriert sich auf Typologien der Normsetzungsprozesse (Hess 1983). Analysen des Vorfeldes, das Agenda-Setting, die Frage, wie ein Problem überhaupt auf die Tagesordnung der politischen Elite kommt, werden meist ausgeklammert. Juristen lehnen sich meist befriedigt zurück, wenn sie den Entscheidungsprozeß analysiert haben, der in ein Gesetz mündet. Sozialwissenschaftlich orientierte Verwaltungswissenschaftler unter den Juristen haben die Implementationsphase neuerdings stärker berücksichtigt. Aber wer könnte sich zur Zeit an eine Längsschnittanalyse der wichtigsten Entscheidungen des Deutschen Bundestages heranwagen? Und läge eine solche Studie vor – wo sind vergleichbar aufwendige Untersuchungen in bezug auf andere Systeme gemacht worden, die Generalisierungen über das Verhalten der politischen Klasse erlaubten?
Die Bedeutung der Netzwerke politischer Entscheidung für den Zusammenhalt der politischen Klasse kann daher nur sektoral beleuchtet werden, und zwar vor allem auf jenen Gebieten, für die zahlreiche Einzelstudien vorliegen, wie Sozial- oder Umweltpolitik. Dennoch kann man nicht nur darüber spekulieren, wie die politische Klasse sich im Entscheidungsbereich verhält. Es bleibt ein Traum, dem Kern der politischen Elite ein einheitliches Handeln nachzuweisen. Dies wäre mit einer pluralistischen Demokratie auch unvereinbar. Aber die institutionellen Randbedingungen,

die der politischen Klasse zur Herausbildung eines Wir-Gefühls verhelfen, sind hinreichend erforscht. In Deutschland sind dies vor allem der kooperative Parlamentarismus und die Mitregierung der Opposition.

Die Organisation der Politikfeldarenen im kooperativen Parlamentarismus hat den Zusammenhalt der politischen Klasse zunehmend verstärkt. Komplizierte Materien wie die Sozialpolitik werden von wenigen Experten durch die Lesungen des Bundestages gebracht. Selbst die Verfassungsgesetzgebung wurde 1991 zum Expertenproblem, das unter erstaunlich geringer Anteilnahme der Medien vor sich ging. Größe, Leitung und Arbeitsprogramm des Verfassungsausschusses, paritätisch aus Bundestag und Bundesrat gebildet, war ein Objekt der Verhandlung der parlamentarischen Geschäftsführer der Parteien und der Experten für Rechtspolitik in den Fraktionen.

Wo Interessengruppen parlamentarische Ausschüsse stark penetrieren, wird ein eisernes Dreieck zwischen Verwaltung, Parlamentsausschuß und Interessengruppen organisiert. In Amerika ist das noch stärker ausgebildet als in Europa, weil hier die Verbandsprüderie – wenigstens nach außen – noch stärker entwickelt ist und der staatliche Hoheitsnimbus gewisse Formen vordergründiger Kungelei noch nicht recht zuläßt.

Die Grenzen von »privat« und »öffentlich« haben sich jedoch auch in Europa verwischt. Wo der Staat korporatistisch die Interessengruppen an einen Tisch bringt, wurde eine andere Art von Dreieck sogar institutionalisiert. Diese Form der Kooperation ist jedoch eher in Übergangs- und Krisenzeiten effektiv gewesen. In Amerika fanden empirische Studien kein magnetisches Zentrum des Policy-making. Die Netzwerke sind fragmentiert und fragil. Regierungsvertreter versuchen nicht die Aspirationen der Interessen zu mildern. Das Elitennetzwerk wurde mit einer eliptischen Form verglichen, der das Zentrum fehlt. Das Zentrum ist hohl (Heinz u. a. 1990: 384). Europäische Forscher und Korporatisten dagegen unterstellen immer noch ein Steuerungszentrum, wenn es auch nicht über eine Art Überredungsdirigismus hinauskommt.

Ein solcher pluralistischer Befund kann kaum zu einer »politischen Klasse« begrifflich vorstoßen. Er zieht es vor, von sektoralen Elitenkonstellationen auszugehen. Kohäsion ist nicht naturwüchsig gegeben und aus sozial einheitlichen Hintergründen gespeist, sondern stellt sich *ad hoc* durch Kommunikation her.

Die Kommunikation erweist sich als eher einseitig. Die Einfluß-reichen pflegen meist nur mit den nahestehenden Gruppen zu kooperieren. Sie verständigen sich mit ihren Alliierten eher als mit ihren Feinden (Salisbury u. a. 1987). Aber solche Ergebnisse dür-fen auch für Amerika nicht überbewertet werden. Selbst in einer unkorporativen politischen Kultur findet eine Menge Bargaining auch mit fernstehenden Gruppen statt, weil man durch *logrolling* und Tauschgeschäfte die Zustimmung vordergründig uninteres-sierter Sektoren von Entscheidungsträgern erkaufen kann.

In Deutschland sind die Bürger überwiegend nicht sehr kon-fliktorientiert. Wenn Abgeordnete der Regierungs- und Opposi-tionsparteien nach hitziger Debatte untergehakt zusammen ins Bundestagsrestaurant gehen, so stößt das beim Bürger auf wenig Verständnis. Aber nicht diese informellen Bräuche eines Parla-mentarismus, der nur in Deutschland weitgehend auf Floskeln wie »ehrenwert« verzichtet, wenn ein Kollege in öffentlicher Rede angesprochen wird, erzeugen in der Außenwahrnehmung der Binnengruppe den Charakter einer »verschworenen Gemein-schaft«. Einst konnten aristokratische Höflichkeitsformeln die Schärfe der Konflikte kaum überdecken. Heute haben sich die Tendenzen zur Mitregierung der Opposition so verstärkt, daß die integrativen Floskeln funktionslos geworden sind. Die Koopera-tion der politischen Klasse in Regierungs- und Oppositionspar-teien hat zunehmend Nostalgie nach dem alten dualen Parlamen-tarismus mit fundamental unterschiedlichen Klassenparteien wachwerden lassen. Selbst die kommunistischen Parteien wurden nach dem Krieg in vielen Ländern – vor allem in Italien – soweit integriert, daß sie drei Viertel der Gesetzgebung der bürgerlichen Parteien mittrugen. Wo eine Opposition offen gegen ein wichtiges Sozialgesetz stimmt, wird ihr in der Öffentlichkeit nicht selten die Schuld für das Scheitern der Maßnahme zugewiesen. Die Oppo-sition wird daher auf den Weg der Amendementpolitik in den Ausschüssen verwiesen, um wenigstens eine in ihren Augen sub-optimale Lösung des Problems zu ermöglichen.

Scharfe Konflikte im Bundestag, die mit großem rhetorischen Aufwand ausgetragen werden, können nicht darüber hinwegtäu-schen, daß es in Deutschland einen »kooperativen Parlamentaris-mus« gibt. Selbst die außerordentlich scharfe Opposition der eben von der Macht verdrängten Unionsparteien stimmte im 6. Bun-destag 93% der verabschiedeten Gesetze zu. Nur vierzehn Gesetze wurden von ihr abgelehnt, in neun Fällen enthielt sie sich der Stimme. In der Ära Schmidt nahm die Zahl der kontrovers verabschiedeten Gesetze zu, blieb aber unter der 10%-Marke. Vor allem in Krisen infolge äußerer (Mauerbau in Berlin 1961) oder innerer Bedrohung (Schleyer-Entführung 1977, deutsche Einheit 1990/91, Asylpolitik 1992) kam es zur engeren Kooperation und manchmal sogar zu einem Krisenstab. 1990/91 hat Kohl diese Gemeinsamkeit jedoch auf niedriger Ebene gehalten. Viele Gespräche wurden von den stellvertretenden Fraktionsvorsitzenden abgewickelt. Grundsätzliche Änderungswünsche der Opposition – etwa im Eigentumsrecht – wurden von der Regierung abgelehnt. Nur in einigen Details der Vereinfachung der Verwaltung kam es zu Kompromissen mit der Opposition.

Die parlamentarische Mitregierung und Kooperation ist kein durchgängiges Verhaltensmuster. Neben zahlreichen Kooperationsangeboten der SPD standen problematische Alleingänge wie die Forderung nach Auflösung des Bundestages, obwohl die SPD-Führer Engholm und Vogel wußten, daß diese nur durch eine »Mogelpackung«, über die nicht ernstgemeinte Vertrauensfrage in bezug auf den Kanzler, zu erreichen war. Das Vorbild 1982 für ein solches Vorgehen lud nicht eben dazu ein, ein solches Manöver zu wiederholen. Auch die Forderungen nach dem Rücktritt des Bundeskanzlers hatten wenig Verankerung in den parlamentarischen Bräuchen der Republik. Als schädlich für die Kooperation erwies sich auch, daß die Opposition nicht mit einer Zunge sprach. Lafontaine nannte die Verhandlungen im Mai 1991 Showveranstaltungen, auf die man verzichten könne. Andere Teile seiner Partei wählten den Kurs der offenen Drohung gegen die Regierung mit der neuen SPD-Bundesratsmehrheit. Die List der Unvernunft verhindert zugunsten des parlamentarischen Wettbewerbs, daß das Einverständnis der politischen Klasse quer durch die Parteien sich zu einem lähmenden Immobilismus verdichtet.

Aber selbst, wenn die Kooperation auf höchster Ebene immer wieder an Grenzen stößt, wächst doch die Kooperation von Mitgliedern der politischen Klasse im weiteren Sinne. In der Ära des Klassenkampfes hatten diese außer der rhetorischen Feindberührung in der Plenardebatte und in den Ausschüssen kaum Kontakte. Die Riten der Ausgewogenheit in Rundfunkräten und parastaatlichen Unternehmen, schaffen im neueren Parlamentarismus zahlreiche Berührungspunkte für Parlamentarier, die sich in den

Gremien treffen. Die permanente Kooperation auf zahlreichen Ebenen außerhalb des Parlaments stärkt das Zusammengehörigkeitsgefühl der politischen Klasse.

Resümee:
Die politische Klasse im Parteienstaat

1. Die politische Klasse als Netzwerk

In der klassischen Elitentheorie des frühen 20. Jahrhunderts wurde unter »politische Klasse« eine Gruppe von Spitzenpolitikern verstanden. Man unterschied bereits äußere und innere Zirkel: *classe politica* und *classe dirigente*. Der engere Zirkel wird auch künftig weiterhin unter dem Elitenbegriff behandelt werden. Die politische Elite ist einerseits ein weiterer Begriff, da sie auch Exponenten anderer Sektoren (z. B. Wirtschaft, Interessengruppen) umfassen kann. Andererseits ist sie ein engerer Begriff, da sie nur jene Politiker umfaßt, die an wichtigen Entscheidungen im System teilhaben.

Ältere Theorien der politischen Klasse sahen diese durch Interessen, *folkways* und soziale Herkunft verbunden. Die politische Klasse war auch schon in Parteien organisiert, aber diese hatten noch ein vergleichsweise geringes Gewicht als organisatorisches Substrat der Elite. Erst mit Analytikern wie Ostrogorski, Weber und Michels wurden die Mechanismen bürokratischer Parteiorganisation aufgedeckt, die zum Zusammenhalt der politischen Klasse beitrugen und ein parteienübergreifendes Interesse der Führungsgruppen entstehen ließen.

Zwischen den Weltkriegen war die Spaltung der ideologisierten Lager noch so groß, daß zwischen Regierungs- und Oppositionsparteien nur ein paar Grundregeln des parlamentarischen Komments verbindend wirkten, und auch diese wurden häufig durch Turbulenzen im Parlament verletzt. Erst mit der Entideologisierung der Parteien und der Annäherung der Organisationsmuster im Typ der Volksparteien entwickelten sich zusätzliche Momente der Integration der ganzen politischen Klasse. Im Bereich des sozialen Hintergrunds waren das vor allem die Angleichung der Lebensstile, das gemeinsame Interesse an der Sicherung der Parteiorganisationen durch öffentliche Parteienfinanzierung. Im Bereich der Aktionen der politischen Klasse spielte die Kooperation mit den Medien eine wachsende Rolle.

Politische Klasse als Analysekonzept erscheint nur dort sinnvoll, wo es um solche Angleichungstendenzen der parteigebundenen Eliten aller Lager geht. Das bedeutet aber nicht, wie in einer radikalen Parlamentarismuskritik der 6oer Jahre behauptet wurde, daß die politische Klasse sich nur noch zum Schein in Mützen und Hüte aufteilt, wie in absolutistischen Ständeparlamenten mit geringer parlamentarischer Autonomie.

Die Existenz einer politischen Klasse kann nicht von übergeordneten wirtschaftlichen Faktoren abgeleitet werden. Die Ähnlichkeit der Revenuen der Mitglieder der politischen Klasse im Parteienstaat wird überwiegend durch politische Entscheidungen hergestellt.

Wenn von politischer Klasse gesprochen wird, unterstellt man meist eine gewisse *soziale Abgehobenheit* der Eliten von ihren Wählern. Einerseits ist diese im Lebensstil kaum festzustellen, denn der Lebensstil deutscher Politiker reizt schwerlich zum »Klassenneid«. Andererseits nehmen die Ansprüche an soziale Repräsentanz der Eliten bei den Wählern sogar ab. Worin liegt dann also diese Abgehobenheit?

Sie liegt in erster Linie an der Abgehobenheit des Parteienstaats von Wählern und Parteimitgliedern. *Etatisierung, Kommerzialisierung, Professionalisierung* lockern die Bande der politischen Klasse zu ihren Wählern. Sie kompensiert diese politische Distanz durch Verbesserung der *Responsivität* für Wählerwünsche in der Stimmungsdemokratie.

Ist die politische Klasse auch als einheitlicher Akteur nachweisbar? Theorien der politischen Elite entstanden entweder als Systemtheorie, wie in der Parsons-Schule (Keller 1963), oder traten mit einem handlungstheoretischen Entscheidungsansatz auf. Beide Ansätze haben gelegentlich einen einheitlichen Akteur unterstellt. Inzwischen aber ist zweifelhaft geworden, ob selbst gefestigten Institutionen ein einheitliches Handeln unterstellt werden kann (Majone 1986: 67). Die politische Elite im Entscheidungssystem ist nur selten eine Akteurseinheit, solange das Wechselspiel zwischen Regierung und Opposition funktioniert. Die politische Klasse hingegen entwickelt als Interessengruppe für sich selbst einheitliche Interessen. Einstimmigkeit bei Diätenentscheidungen ist nicht selten.

Die politische Klasse ist nicht – wie in älteren politökonomischen Ansätzen – nur eine Marionette von kapitalistischen Akteuren. Sie ist – im Gegenteil – eine politische Führungsgruppe, die ihre Autonomie auch finanziell und ökonomisch abzusichern trachtet, um in der Eigenschaft als politische Elite im verkleinerten Kreis sinnvoller handeln zu können. Nicht ein geheimer Macht- oder Besitzwille motiviert die politische Klasse. Ihre Autonomiepolitik wird – systemisch gesehen – durch den demokratischen Prozeß, der immer stärkere Responsivität von ihr verlangt, erzwungen. Das Kartell der Parteien muß sich zudem bei abnehmender Mobilisierungskraft institutionell absichern, um die Funktionen in der politischen Willensbildung noch zu erfüllen.

Der Verselbständigungsprozeß ist kein einsinniger Depravationsprozeß. In Wellen verstärkt sich der Druck der Bürger gegen die Verselbständigung: in den 70er Jahren durch die Demokratisierungsbewegung, in den 80er Jahren durch die neuen sozialen Bewegungen, in den 90er Jahren durch neopopulistische Angriffe auf die politische Klasse.

Die Antwort auf die Frage: »Brauchen wir eine politische Klasse?«, die Herzog (1991: 12) aufgeworfen und nach einiger Abwägung bejaht hat, muß differenziert werden. Die politische Klasse braucht in erster Linie sich selbst. Der Bürger ist *prima vista* gegen ihre Autonomisierungstendenz. Aber nach Abwägung funktionaler Gesichtspunkte wird der Bürger in einer zweiten Überlegung zum Schluß kommen, daß »wir« eine politische Klasse brauchen, falls sie sich nicht zur Machtelite verfestigt. Ein anderes Organisationsmodell politischer Führung ist angesichts der sozialen Differenzierungsprozesse in einer fragmentierten nachmodernen Welt nicht in Sicht. Die Alternative, eine strikte Mandatskonzeption in einem radikalen Demokratiemodell, wird der modernen ausdifferenzierten Gesellschaft nicht mehr gerecht.

2. Das Prestige der politischen Klasse

Die Verselbständigungsprozesse in der politischen Klasse haben auf die Dauer Rückwirkungen auf das Verhältnis zu den Bürgern. Die Grenze zwischen funktionsnotwendiger Abgehobenheit und ungerechtfertigten Privilegien wird nicht zu allen Zeiten in der gleichen Weise wahrgenommen. In Zeiten, da die politische Elite an den Opferwillen der Bevölkerung appelliert, wird mangelnde Opferbereitschaft der politischen Klasse wesentlich kritischer wahrgenommen als in Schönwetterperioden der Politik, die einen Nutzenzuwachs für Eliten und Nichteliten erlauben. Einige Punkte der neopopulistischen Kritik an der politischen Klasse haben nur indirekt etwas mit dieser selbst zu tun. Sie betreffen eher die Entscheidungsfähigkeit des politischen Systems. Es kommt dabei zu Kurzschlüssen zwischen sozialen Eigenschaften der politischen Klasse und ihrer Handlungsfähigkeit als politische Elite. Ins Visier der Kritik gerät die Professionalisierung der Politik. Der Generalist ohne Spezialwissen und Berufserfahrung wird für die Verselbständigungs- und Selbstbedienungstendenzen verantwortlich gemacht.

Die Untersuchungen zum Prestige der politischen Klasse zeigen freilich, daß die Mehrheit der Bürger die Kritik an Generalisten nicht innerlich akzeptiert hat. Der politische Prozeß ist so komplex geworden, daß der Bürger überhaupt nur den multifunktionalen Generalisten wahrnehmen kann. Umfragen produzieren monatlich Momentaufnahmen der öffentlichen Meinung. Bei der Suche nach den beliebtesten Politikern waren 1991/92 unter den ersten zehn meist Engholm, Schäuble, Süssmuth, Rau, Kohl, früher auch Waigel. 1992 schoben sich Biedenkopf, Diepgen, Stolpe, Seiters und Kinkel nach vorn (*Der Spiegel* 27/1992: 40). Die Namen sind austauschbar. Es zeichnet sich jedoch die Regel ab, daß eher die Generalisten beliebt sind als verdienstvolle Politiker mit einem politikfeldbezogenen Spezialwissen. Zwei Personen unter den ersten vier (Süssmuth, Biedenkopf) brachten als Professoren hohen Sachverstand mit in ihr Amt. Aber sie wurden nicht als Fachpolitiker wahrgenommen. Die Mehrheit der Bürger hat vergessen, daß es sich bei ihnen einmal um Hochschullehrer handelte.

Die Kommerzialisierung der Politik (Kap. IV, 2.) entwickelt die Tendenz, Prestige als »machbar« erscheinen zu lassen. In reißerischen Darstellungen werden Minister durch Werbung »gemacht« (Gayer 1963: 85 ff.). Aber die Realität zeigt, daß auch die größte Publizität auf Grenzen stoßen kann. Bundeskanzler Kohl hat wie kein Kanzler vor ihm die politische Werbung organisiert und kam dennoch niemals auf einen der ersten Plätze in der Beliebtheitsskala. Sinnlose Aktivitäten im Leerlauf des Dabeigewesenseins zahlen sich nur als symbolische Politik aus: Mitterrands Flug nach Sarajewo konnte den Bürgerkrieg nicht beenden. Der Präsident gefährdete sich sogar selbst. Aber die Geste hatte symbolische Bedeutung für die entmutigte Bevölkerung in Bosnien.

Der »Generalist mit dem Spezialwissen, wie man politische Gegner bekämpft«, wie ihn Bundespräsident von Weizsäcker (1992: 150) abqualifizierte, ist ein Zerrbild. Selbst Konfliktfähigkeit gehört zu seinen erwünschten professionellen Eigenschaften, wenn sie nicht vorwiegend zum Schlag unter die Gürtellinie eingesetzt wird. Die Schauseite der Wahlkämpfe verrät zudem, daß selbst die überwiegend nicht sehr konfliktorientierten Bürger Durchsetzungsstärke honorieren (Kap. IV, 2.).

Das Prestige der politischen Klasse scheint im Laufe der Jahre abzunehmen. 66% stimmten dem Satz zu: »Die Politiker kümmern sich nicht viel darum, was der kleine Mann sagt und denkt.« 60% fühlten sich ohne Einfluß in der Politik (Wildenmann 1989: 48). Wo die Fragen weniger pauschal ausfielen, waren auch die Urteile der Bürger differenzierter. Erfahrenheit und Redegewandtheit sind bei den vier etablierten Parteien die meistgenannten Eigenschaften, welche die Politiker auszeichnen. Nur bei den Grünen stand »leeres Gerede« an erster Stelle. Verantwortungsbewußtsein bewerteten die SPD-Sympathisanten etwas höher als die Anhänger der bürgerlichen Parteien. Unionsanhänger waren eher durch »Bildung« beeindruckt (*Emnid-Informationen* 1990, Nr. 5/6: 16; vgl. Tabelle 9). Das Negativimage »verlogen, gewissenlos, egoistisch und machtgierig« tauchte nur bei einer Minderheit der Bürger als Wahrnehmung auf.

Vom Auf und Ab des Prestiges der politischen Klasse auf die Legitimität des Systems zu schließen, ist ein weitverbreiteter Irrtum. Prestigeeliten werden – in Anwendung des Parsonsschen Schemas der Subsysteme des Gesellschaftssystems – schon lange als eigenständige Größe gewürdigt. Sie spielen in der Phantasie des Publikums eine größere Rolle als die Exponenten der politischen Klasse. Bei der Frage nach den beliebtesten Staatsbürgern rangieren Filmstars und Sportler weit vor Politikern. Am krassesten zeigte sich dies in Ostdeutschland (Noelle-Neumann 1992). Unter den Ostdeutschen lagen Jens Weißflog, Kurt Masur, Katrin Krabbe, Stefan Heym und Christa Wolf auf der Beliebtheitsskala vor den wenigen Politikerinnen, die genannt wurden (Regine Hildebrandt, Bärbel Bohley oder Angela Merkel).

Selbst wo nur das Prestige der politischen Elite getestet wird, sollten keine übertriebenen Schlüsse gezogen werden. Die Unterstützung für ein System ist weitgehend »diffus«. Kritiker, und sogar Zyniker, können wegen ihres Moralismus die Werte des

Tabelle 9: Eigenschaften der Politiker in der Perzeption der Wähler

	CDU 1984 %	CDU 1990 %	CSU 1984 %	CSU 1990 %	FDP 1984 %	FDP 1990 %	SPD 1984 %	SPD 1990 %	Grüne 1984 %	Grüne 1990 %
Gute persönliche Ausstrahlung	30	35	24	26	14	31	25	31	9	6
Erfahren	43	53	40	40	29	41	43	41	6	6
Verantwortungsbewußt	30	34	25	30	17	29	26	32	18	15
Gebildet	34	37	31	33	23	36	25	31	18	14
Redegewandt	43	44	48	44	32	42	39	44	23	22
Populär	29	31	24	21	13	23	26	34	19	10
Überzeugend	25	32	22	21	11	23	26	29	21	12
Vertrauenswürdig	27	26	19	17	13	24	25	29	14	10
Bürokratisch	27	22	23	26	22	18	23	23	7	9
Eingebildet, überheblich	29	24	33	26	25	14	22	17	22	20
Leeres Gerede	29	25	26	28	34	19	28	21	42	46
Egoistisch, machtgierig	24	26	29	27	26	18	21	23	18	20
Verlogen	13	11	14	11	19	9	12	6	14	15
Gewissenlos	14	9	14	10	19	6	14	7	15	12
Stur	16	15	26	24	16	9	14	13	16	23
Keine Angabe	2	4	2	5	3	6	2	4	4	6

Quelle: *Emnid-Informationen* 1990 Nr. 5/6: 16

politischen Systems besonders stark internalisiert haben. Zwischen der Entfremdung vom System und seiner politischen Klasse und der Aufkündigung der Loyalität liegt ein weiter Weg. Der entfremdete Bürger kann sich loyal verhalten – der kaum entfremdete illoyal (Sniderman 1981: 170). Legitimität, die unter der Illoyalität eines Teils der Bürger zu leiden scheint, kann wieder »beschafft« werden – vor allem durch wirtschaftliche Erfolge des Systems zugunsten bestimmter Gruppen. Durch Pakte mit dissentierenden Gruppen kann die Unzufriedenheit eine ganze Weile vom Umschlag in Illoyalität ferngehalten werden, wie vor allem die neuen Demokratien vor ihrer Konsolidierung immer wieder erfuhren (DiPalma 1990: 144 ff.). Sie hätten sonst schwerlich ihre Startschwierigkeiten überlebt.
Kritik und Zynismus gegenüber der politischen Klasse sind nicht nur dysfunktional. Einerseits sind sie Ausdruck abnehmender Erwartungen gegenüber der politischen Klasse. Diese wird nicht mehr substanz- und werthaft überhöht wahrgenommen, ihre funktionale Notwendigkeit aber wird akzeptiert. Politik ist

»schmutzig«, aber einer muß die Dreckarbeit leisten. Andererseits ist die laut geäußerte Entfremdung funktional, weil sie die politische Klasse zur Reaktion zwingt: Sie muß ihre Responsivität wieder steigern.

Die Führung als politische Klasse ist, was die Verteidigung ihrer Privilegien angeht, ohne Bundesgenossen in der Gesellschaft. Sie kann die Wähler gelegentlich für politische Programme mobilisieren – nicht aber für die Steigerung ihrer Einkünfte. Daher ist dieser Aspekt einer Verselbständigung der politischen Klasse relativ rasch unter Kontrolle zu bringen. Die innerparteiliche Sensibilisierung für die Schmerzgrenze der Wähler wächst nach Skandalen nicht weniger rasch als die Skandale selbst. Walter Momper hat dies in Berlin 1992 erfahren. Als Parteivorsitzender wurde er zum Geschäftsführer einer Immobilienfirma. Die SPD geriet in die Schwierigkeit, ihren Wählern zu erklären, wie ein Führer der Partei für niedrige Mieten kämpfen soll, wenn sein berufliches Interesse gerade auf hohe Mieten gerichtet sein muß. In einer solchen Zwickmühle konnten sich die zerstrittenen Flügel der Partei leicht auf einen Kurs einigen: Verzicht auf die lukrative Beschäftigung oder Rücktritt vom Parteivorsitz.

Wenn Skandale der politischen Klasse bereinigt erscheinen, beginnt für ihren inneren Zirkel, die politische Elite, jedoch erst das eigentliche Problem: Die Responsivität der politischen Klasse wird langfristig an der Fähigkeit der Führung gemessen, die anstehenden Wohnungsbauprobleme zu lösen. Die Statusbedrohung, die viele Wähler infolge unkontrollierter Einwanderung empfinden, läßt sich mit dem Verzicht der politischen Klasse auf Privilegien noch nicht aus der Welt schaffen. Bei den Verselbständigungstendenzen dieser Privilegien zeigt sich zudem eine starke Abhängigkeit von der wirtschaftlichen Lage: In Boomzeiten sind die Wähler geneigt, der Devise »Leben und leben lassen« zu huldigen. In Zeiten der wirtschaftlichen Stagnation aber werden höhere Anforderungen an die Responsivität der Eliten gestellt.

3. Der Populismus von oben und von unten: Die Kampagne gegen die Privilegien der politischen Klasse

Mit dem Klassenbegriff ist von seiner Entstehung her ein dichotomisches Konfliktmodell verbunden – stärker als bei anderen Grundbegriffen wie Gruppen, Bewegungen und Parteien. Der Begriff der politischen Klasse, der in Italien entwickelt wurde, hat die Vorstellung eines Klassenantagonismus bewußt aus dem Marxismus übernommen und ins Politische gewendet. Wegen dieser dichotomischen Konnotationen schien der Klassenbegriff in der Elitenforschung lange Zeit wenig brauchbar zu sein. Mit dem Zerfall des realen Sozialismus und der Erosion marxistischen Denkens schon vor 1989 wurden ideologische Vorbehalte gegen die Verwendung des Klassenbegriffs für Machthierarchien abgebaut. Es ist schwerlich ein Zufall, daß der Begriff der politischen Klasse Anfang der 90er Jahre das Ghetto der romanischen Sprachen verließ und universal verwendet wurde. Ein entzauberter Klassenbegriff wurde im Kontext politischer Machtanalyse eingeführt. Eine Gefahr teilt er mit den älteren Klassenbegriffen aber noch immer: Vielfach wird er nicht empirisch-analytisch, sondern normativ-denunziatorisch eingesetzt.

Der Populismus der 90er Jahre von oben und der von unten arbeiteten einander in die Hand. Der Begriff politische Klasse wurde zum Inbegriff etatistischer Verirrungen der modernen Demokratie. Der Klassenkampfjargon ist mit dem realen Sozialismus untergegangen. Aber das Bedürfnis nach ein »bißchen Klassenkampf« lebte dort wieder auf, wo neue Privilegienstrukturen zum Widerstand reizten.

Nach dem Untergang des realen Sozialismus genoß die politische Klasse in westlichen Demokratien nur eine kurze Schonzeit. In gewisser Hinsicht wurde sie vom Untergang der Nomenklaturklasse in Mitleidenschaft gezogen. Im Vergleich zu ihr waren die Eliten in der westlichen Demokratie immer gut weggekommen. Nach dem Ende der Vergleiche werden die Maßstäbe der Beurteilung härter. Hatten einst viele Autoren den Untergang der Demokratie befürchtet, weil sie sich des Totalitarismus nicht zu erwehren wußte, so folgte nach dem lautlosen Sieg der Demokratie die Selbstzerfleischung der Eliten des Westens. Eine Grüne wie Antje

Vollmer (1992: 4) mußte nun dem Establishment wieder Mut zu-
sprechen: »Das populistische Gerede richtet im Augenblick mehr
Schaden an als mancher noch so aufdeckungswürdige Skandal.«
Systeme in der Krise entwickeln eine Tendenz zum Verschleiß von
Eliten. Die Demontage zahlreicher Politiker im Jahre 1992 scheint
einen solchen Prozeß anzudeuten.
In Italien ist die populistische Kampagne schon von einer breiten
Bewegung der Ligen getragen, und der Parteienstaat ist erodiert.
In Deutschland wird die Kampagne – trotz mancher Unzufriedenheit an der Basis – noch weitgehend als »Populismus von
oben« geführt. Die »Komitees für Gerechtigkeit« in Ostdeutschland könnten aber rasch einen ähnlichen Flächenbrand hervor-
bringen.
In Deutschland und Italien ist der Populismus von oben sogar
durch die Staatspräsidenten gefördert worden. Weizsäcker war in
seinem Urteil differenziert, aber der italienische Präsident Cossiga
hat sich 1991 in einem solchen Ausmaß in die Kampagne gegen
den Parteienstaat einspannen lassen, daß seine Position unhaltbar
wurde. Der Parteienstaat schlug zurück und sabotierte die Bemü-
hungen des Präsidenten um eine Regierungsbildung. Nach der
alten französischen Devise hieß es: »se soumettre ou se demettre«
(sich unterwerfen oder zurücktreten). Der Präsident trat die
Flucht in die Demission an.
Der Populismus von oben wird vornehmlich von einigen Intellektuellen in Wissenschaft und Medien geschürt. Es lassen sich zwei
Typen unterscheiden: der Verbandsgesteuerte und der »enttäuschte Parteianhänger«.
In einer fragmentierten Gesellschaft mit geringer Steuerungsfähigkeit der Politik entwickelt sich die Neigung zur Verselbständigung von Prozessen. Die politische Klasse begann sich zu verselb-
ständigen. Eine Gegenbewegung wurde überfällig. Aber auch die
Gegenbewegung verselbständigte sich rasch. Die Medien bedien-
ten sich der kritischen Intellektuellen und funktionalisierten sie in
einer Kampagne, die das Mißtrauen schürte und mehr Schaden für
die Demokratie anrichtete als mancher Skandal. In der Neigung
zur Personalisierung wurden Helden und Schurken gesondert.
Politischer Kitsch blühte bei der Beschreibung der Helden. *Bild
am Sonntag* (17. 5. 1992: 14) ermittelte den »Gewinner der Wo-
che«: Hans Herbert von Arnim. Da entsteht das Wildwestimage
des einsamen Rächers, der einer Welt von Ungerechtigkeit trotzt.

Ein Schuß aus seiner Pistole – und ein Diätenskandal ist erledigt. Aber auch die seriöse Presse (R. Leicht 1992) verbreitete politischen Kitsch. Daß der einsame Rächer von einem Verband gefördert wird, blieb unterbelichtet. Selbst die Verwandtschaft mit Bismarck wurde zum Aktivposten, als ob der Alte im Sachsenwald nicht vielfach mit dem Vorwurf politischer Vorteilsnahme zu kämpfen gehabt hätte. Die verdienstvollen Kritiker der politischen Klasse im Parteienstaat könnten an die Bismarcksche Version eines antiken Stoßgebetes denken, wenn sie erbarmungslos von den Medien eingespannt werden: »Gott schütze mich vor meinen Freunden. Gegen meine Feinde will ich mir schon selber helfen!«

Eine funktionalistische Analyse kommt ohne Helden und Schurken aus. Die Helden werden entmystifiziert. Ein Professor an einer Hochschule mit geringer Lehrbelastung findet die Zeit, sein Einkommen durch eine Kampagne zur Minimisierung des Einkommens der politischen Klasse zu maximieren. Individueller Eigennutz bekämpft in verdienstvoller Weise den Eigennutz einer machtvollen Führungsgruppe. Das ist in Ordnung in einer Marktwirtschaft – bedarf aber keiner normativen Überhöhung der Motive.

Auch die Hilfe eines Verbandes ist verdienstvoll. Ohne diese könnte ein Einzelkämpfer die mannigfaltigen Anfeindungen, die eine solche Kampagne mit sich bringt, schwerlich durchstehen. Die Idee blamiert sich ohne das Interesse, weiß man seit Marx. Der Verband der Steuerzahler hat das Recht und die Pflicht (gegenüber seinen Mitgliedern), einseitig das Ziel zu verfolgen, die Privilegien der politischen Klasse klein zu halten. Der Bund der Steuerzahler ist nicht die Verkörperung des Gemeinwohls. Aber seine einseitigen Stellungnahmen werden durch andere organisierte Interessen ausbalanciert. Ein Verband ist Partei unter Parteien. Allenfalls ein Wissenschaftler kann hoffen, als Sprecher des Gemeinwohls Gehör zu finden, aber nur, wenn er eine allzu enge Verquickung mit Verbandsinteressen vermeidet. Theodor Eschenburg war einmal eine solche Gestalt in Wissenschaft und Medien.

Neben der verbandsgesteuerten Kritik an der politischen Klasse gibt es das Interesse des *enttäuschten Anhängers*. Erwin Scheuch steht in der Tradition großer Parteienkritiker, die ihre persönlichen Enttäuschungen wissenschaftlich verarbeitet haben: So ist Michels mit einer Kandidatur in der SPD gescheitert, Ostrogorski war als Abgeordneter der russischen Duma frustriert über die Parteienwirtschaft. Die biographische Genesis diskreditiert eine Idee nicht automatisch, aber sie relativiert sie in den Augen der Gegenkritik.

Im Vergleich zu den freischwebenden Intellektuellen der frühen Parteienkritik haben die heutigen beamteten Professoren es schwer, persönlich glaubwürdig aufzutreten. Auch sie sind staatlich alimentierte Privilegierte mit einem hohen Gehalt und der Möglichkeit, staatliche Ressourcen in Anspruch zu nehmen. Assistenten helfen bei der Materialsammlung, eine Sekretärin tippt den kritischen Text. Der Professor kostet bezahlte Stunden, in denen er – mit Nebeneinnahmen – der Öffentlichkeit seinen Standpunkt nahebringt. Naturwissenschaftler müssen dafür Abgaben an die Staatskasse entrichten. Geistes- und Sozialwissenschaftler bleiben wegen der Geringfügigkeit der Beträge meist von fiskalischer Begehrlichkeit verschont.

Professoren haben ein weiteres Privileg: Sie unterliegen nicht den gleichen strikten Regeln der Zurückhaltung in der politischen Argumentation wie Richter, Lehrer und Verwaltungsbeamte. Daher müssen sie auf ihre Art »Responsivität« einsetzen. Es gilt eine besondere Verantwortungsethik des wissenschaftlichen Kritikers der Politik, weil das Publikum schwer unterscheiden kann, was politische Aussage und was gesicherter Forschungsstand ist.

Andererseits darf diese Verantwortungsethik nicht beschworen werden, um wissenschaftliche Kritik an der Politik mundtot zu machen. »Schönhuber wird sich freuen«, konterte ein Minister 1992 die Kritik des Bundespräsidenten. Wissenschaft kann aber nicht wegen möglicher Mißbräuche von Argumenten auf die Wahrheitsfindung verzichten. Aber sie wird mit dem Gemeinwohlanspruch in bezug auf die eigene Ansicht pfleglich umgehen müssen. Auch die Wissenschaft selbst ist privilegiert und nicht über den Vorwurf der Verschwendung öffentlicher Mittel erhaben. Der einzige Vorteil der Wissenschaftler ist es, daß sie nicht – wie die Politiker – selbst über die Höhe ihrer Einkünfte befinden.

In den Kommissionen des Bundespräsidenten und vor allem in der des Bundestages für die Diätenfrage ist die Wissenschaft eher unterrepräsentiert.

Die deutsche Kritik an den Kommissionen, die vom Bundespräsidenten (für die Parteienfinanzierung) und vom Ältestenrat des

Bundestages (zur Durchleuchtung der Diätenfrage) eingesetzt wurden, ist ihrerseits meist interessengebunden aufgetreten. Da wurde an einzelnen Personen Kritik geübt – mit Recht bei der Hamburger Kommission nach dem Diätenskandal. Gegen den Willen des linken Parteiflügels der SPD waren zwei Politiker hineindelegiert worden, die nennenswerten Anteil an der beanstandeten Privilegienschaffung gehabt hatten. Es wurde mit Recht moniert, daß zu viele gut Verdienende die bescheidenen Einkünfte der politischen Klasse allzu milde beurteilen würden. Die mangelnde Repräsentation von Frauen und Ostdeutschen ist übel vermerkt worden (Vesper 1992). Aber garantiert eine vielfach verschachtelte Proporzkommission eine bessere Kontrolle? Der deutschen etatistischen Tradition getreu, hat der entschiedenste Kritiker sich in die Kommission des Bundespräsidenten berufen lassen – ein Vorgang, für den es etwa in den USA kaum eine Parallele geben dürfte.

Kaum jemand dachte über das Grundproblem nach, wer am sinnvollsten in welcher organisatorischen Form die Privilegien der politischen Klasse evaluieren solle. Drei Modelle sind denkbar:

– Kontrolle durch Experten,
– interne Kontrolle im Parlament,
– Kontrolle durch die Adressaten und Klienten.

Die *Expertenkontrolle* wird in Deutschland in der Regel bevorzugt. Sie hat aber den Nachteil, daß sie ihrerseits von den Politikern als »abgehoben« und fern der Realität empfunden wird. Die *interne Kontrolle* ist für ein Parlament, das seine Autonomie bewahren will, die angemessenste. Aber sie hat zweifellos in den letzten Jahren versagt.

Eine *Klientenkontrolle,* wie man sie zur Verhinderung von parteilichen Einflüssen in den Medien und im Erziehungssystem vorgeschlagen hat (Kap. II, 3., b), ist in diesem Falle schwer zu realisieren. Wer ist hier das Volk? Wieder wird sich der Bund der Steuerzahler dem Volk am nächsten fühlen, denn Steuern zahlen schließlich fast alle Bürger.

Angesichts der Schwierigkeiten, ein Prinzip der Kontrolle integral anzuwenden, kommt es zu einer proportionalistischen Vermischung aller drei Kontrollmodelle. Wiederum haben die Parteien ihre Vertrauensleute benannt, selbst in der Kommission des Bundespräsidenten. Allzu kritische Experten – mit Ausnahme Arnims – wurden vom Präsidialamt nicht berufen.

Das Problem, ein geeignetes Kontrollmodell zu finden, ist um so delikater, als der Abbau ungerechtfertigter Privilegien der politischen Klasse im Zusammenhang mit generellen Deregulierungstendenzen in der Gesellschaft steht. Ohne Vergleich mit anderen Sektoren ergibt sich kein faires Bild des Erträglichen. Die Medien, die Unternehmen der öffentlichen Hand, die Wissenschaft, die Wohlfahrtseinrichtungen sind im Hinblick auf überflüssige Regulierung zu durchleuchten.

Idealtypisch stehen *Markt* und *Hierarchie* als Organisationsprinzipien einander gegenüber.

Die politische Klasse kann aber nicht völlig den Marktprinzipien überlassen werden, wenn man nicht – wie in Amerika – eine Politik à la Ross Perot anstrebt. Die Politiker werden an der Spitze einer Hierarchie bleiben, aber unter sorgfältiger Regulierung ihrer Grenzen. Moderne Demokratien sehen sich dem Dilemma gegenüber, den Teufel des Mißbrauchs regulierter öffentlicher Macht mit dem Beelzebub einer strikten Regulierung des Handlungsspielraums der politischen Klasse austreiben zu müssen.

Die radikale Kritik an der politischen Klasse hat das Motto ausgegeben: »Demokratie rein – Parteien raus«. Demokratisierung aber ist nicht das Ziel des Neopopulismus von oben und von unten. Bei Erwin Scheuch (1992: 123) klingen die Heilmittel für den verrotteten Parteienstaat eher ständisch-technokratisch: Um Experten ohne Bindung an die Basis eine vorübergehende Mitwirkung als Politiker zu ermöglichen, sind die Listen zu einem Fünftel mit Kandidaten zu besetzen, die nicht lokal kandidieren. Sie sollen von Vereinigungen vorgeschlagen werden. Wie bei Arnim eine unbekümmerte Förderung bestimmter Verbandsinteressen unter dem Deckmantel des Gemeinwohls! Nur die vorgeschlagene Direktwahl der Kandidaten durch die Parteimitglieder eines Wahlkreises erscheint demokratisch. Die Begrenzung der Mandate auf drei Legislaturperioden dürfte selbst bei den Grünen Anklang finden, die im übrigen Scheuchs Rolle im »Bund Freiheit für die Wissenschaft« zur Zeit des Professoren-Poujadismus nicht vergessen können und seine späteren Vorschläge durch die Brille der alten Konflikte sehen.

Auch die Präsidenten, die den Populismus von oben förderten, könnten zum Typ des »enttäuschten Parteianhängers« gerechnet werden. Beide verdankten ihre Karriere den Parteien, auch wenn Weizsäcker (1992: 180) betonte, daß er erst mit fast 50 Jahren in die Parteipolitik eingetreten ist. Die Häme der Interessenten des Parteienstaats gegen die Präsidentenschelte weist gern auf diesen Umstand hin. Aber auch Medien- und Verwaltungseliten, ja sogar Verfassungsrichter können ihr Amt einer Partei verdanken und dennoch mit Recht Unabhängigkeit für ihre späteren Entscheidungen im Amt beanspruchen. Die Frage ist weniger, ob Präsidenten in dieser Form in den politischen Prozeß eingreifen dürfen, sie lautet eher: Welches ist die zweckmäßigste Form? Cossiga hat sich in improvisierten Reden zu mancher undifferenzierten Äußerung hinreißen lassen. Weizsäcker wählte die Form des Interviews. Auch diese hat ihre Gefahren. Manche zugespitzte Formulierung wurde dem Präsidenten durch bohrendes Nachfragen entlockt, die er in einer kühl vorbereiteten Rede vielleicht vermieden hätte.

Die Gefahr des Populismus von oben liegt in den Verselbständigungstendenzen der Kampagne gegen die politische Klasse. Die Entlegitimierung bezieht sich weniger auf die Privilegien der politischen Klasse als auf die Unfähigkeit der politischen Elite, gewisse anstehende Probleme zu lösen. Die Kritik meint den »Esel« des Entscheidungssystems, haut aber auf den »Sack« der Accessoires der politischen Klasse. Dabei kann die Kampagne verzerrend einseitig werden. Der Kampf gegen die Etatisierung der Parteien und gegen Wucherungen des Parteienstaats sind ein Nebenkriegsschauplatz der eigentlichen Schlacht gegen den Moloch Staat.

Die deutsche Vereinigung hat den Staat in immer weitere Bereiche hineingezogen. Die Regierung wollte Deregulierung und Entstaatlichung – mußte aber eine Politik des Gegenteils betreiben. Die Arbeitsmarktpolitik für Ostdeutschland wurde etatistischer, als diejenige, die Schweden in seinen sozialdemokratischsten Zeiten betrieben hat. Der Teufel des Staatszentralismus der DDR mußte mit dem Beelzebub einer Superbürokratie »Treuhand« ausgetrieben werden. Die DDR-Kirchen wären gern vom Staat unabhängig geblieben. Da sie aber finanziell am Tropf der Westkirchen hingen, mußten sie die staatliche Kirchensteuererhebung auf sich nehmen. Gesellschaftliche Organisationen, die in Ostdeutschland tätig werden, beziehen ihre Mittel fast ausschließlich aus der Staatskasse. Verglichen mit all diesen Problemen ist der Kampf um die Diäten ein fiskalisch unergiebiger Nebenkriegsschauplatz.

Zu all diesen Problemen hat der wissenschaftliche Populismus geschwiegen. Arnim ist nur als Anwalt von Grundbesitzerinteressen aufgefallen, welche die Enteignung der Rittergüter in der SBZ vor Gericht anfochten – kein sehr gemeinwohlträchtiges Partialanliegen! Mit dem Handfeuerlöscher einer Diätenbegrenzung soll der Waldbrand der Staatsverdrossenheit bekämpft werden. Es fehlt dem Neopopulismus jedes Augenmaß für Proportionen und ein theoriegeleitetes Konzept für die Gesamtproblematik.

Die Etatisierungstendenzen in der modernen Demokratie sind nicht auf die politische Klasse beschränkt:

– Im Volk wächst die Neigung, das *soziale Netz als Hängematte* zu benutzen. Sie wird durch die Selbstbedienungsmentalität der politischen Klasse verstärkt. Die politische Klasse reagiert uneinsichtig, wie der Populismus von unten: Die Bekämpfung von Mißbräuchen wird auf isolierbare Gruppen begrenzt (Asylanten, Ausländer, Sozialhilfeempfänger). Der Versuch, neue Projekte, wie die Pflegeversicherung, in erster Linie auf Kosten der sozial Schwachen zu finanzieren (Karenztage, neue Abgaben), stärkt nicht eben die Bereitschaft der Mehrheit, den populistischen Feindbildproduzenten in der Kampagne gegen die politische Klasse zu widerstehen.

– Die *Entbeamtung* vieler Bereiche wird seit den 70er Jahren diskutiert. Sie scheiterte aber an unheiligen Allianzen vom Beamtenbund bis zur ÖTV.

– Die *Deregulierung* der öffentlichen Unternehmen und Medien stößt auf erbitterten Widerstand von Teilinteressen. Es muß schon der Bankrott von Bahn oder Post drohen, ehe ein Konsens zum Handeln möglich wird. Die Monopolkommission hat in ihrem Gutachten 1992 die weitere Privatisierung öffentlicher Unternehmen angemahnt. Die politische Klasse ist mit anderen Vordringlichkeiten beschäftigt. Schließlich kann man zeigen, daß in Ostdeutschland fleißig privatisiert wird.

Da die Änderung von Eigentumsverhältnissen erfahrungsgemäß schwer durchzusetzen ist, wird es um so wichtiger, daß die politische Klasse im Bereich ihrer autonomen Entscheidungsfähigkeit im Parteienstaat Zeichen setzt:

– *Änderungen des Abgeordnetengesetzes* stehen an. Die Abgeordnetenbestechung sollte endlich auch in Deutschland unter Strafe gestellt werden.

– Die *Parteienfinanzierung* muß bis Ende 1993 an das Urteil des

Bundesverfassungsgerichts von 1992 angepaßt werden. Der Gesetzgeber sollte die Problematik auch in den Bereichen regeln, die in dem Urteil nicht angesprochen werden konnten (vgl. Kap. IV, 3.).

– Die *Entflechtung der Eliten in den öffentlichen Bereichen* muß vorangetrieben werden. Die Bestimmungen über eine Unvereinbarkeit von Mandat und Aufsichtsratsposten müssen verschärft werden. Die Wahrnehmung von Aufsichtsratsfunktionen in der privaten Wirtschaft kann jedoch vermutlich nicht generell untersagt werden. Es gibt keinen Grund, der politischen Klasse als einzigem Sektor der Eliten zu verbieten, Erfahrungen in der Wirtschaft zu sammeln, die auch für die politische Tätigkeit von Nutzen sein können. Transparenz und Offenlegung dieser Verbindungen und der Einkünfte, die sie nach sich ziehen, müssen verbessert werden. Es reicht nicht, hierüber allein den Bundestagspräsidenten zu informieren und die Materie in den »Verhaltensregeln« zu behandeln. Eine gesetzliche Regelung könnte hier die Offenheit schaffen, die nötig ist, um für den innerparteilichen Willensbildungsprozeß bei der Kandidatenauslese die nötigen Informationen beizusteuern.

– Die *Zahl der Mandate* in den Landtagen und im Deutschen Bundestag sollte verringert werden. Die lineare Vermehrung der Mandate durch die deutsche Vereinigung ist vielfach kritisiert worden. Die Symmetrie von Listen- und Direktmandaten wird schwer aufzubrechen sein. Die Anzahl der Direktmandate kann kaum verringert werden. Deutsche Wahlkreise sind im Vergleich zu Ländern mit einem relativen Mehrheitswahlrecht ohnehin schon unangemessen groß. Gerade eine Reduzierung der Listenmandate dürfte aber die Interessen der politischen Klasse am empfindlichsten treffen. Schon die Planungen für den Ausbau des Reichstages zeigten, daß es schwer sein wird, am gegenwärtigen Umfang des Bundestages zu rütteln.

– Die *Zahl der Parlamentarischen Staatssekretäre* ist ins Kraut geschossen. Die Frage ist nicht mehr – wie zur Zeit der Großen Koalition –, ob sich ein Amt als Bindeglied zwischen Exekutive und Legislative bewährt. Die Frage lautet inzwischen, ob mehr als ein Parlamentarischer Staatssekretär pro Ressort erforderlich ist. Die Vermehrung dieser Ämter in Deutschland ist der Proliferation der Unterstaatssekretäre gefolgt; mit diesen Stellen treibt etwa die italienische Regierung seit langem Patronagepolitik. Was dort aber noch funktional vertretbar ist, um die *correnti*, die Flügel der Parteien, zu befriedigen, hat für die Schaffung der inneren Kohäsion der Regierungsfraktionen in Deutschland keine Funktion.

- Am leichtesten sind die Vorschläge zu realisieren, die *innerparteilich* durchgesetzt werden können. Die Kontrolle der Mitglieder der politischen Klasse von außen durch politische Mittel wie Offenlegung bleibt unvollkommen. Es läßt sich kaum nachweisen, daß die Wähler Parteien mit Stimmentzug bestrafen, bei denen die Offenlegung (disclosure) unangemessene Interessenverflechtungen zutage gefördert hat (Kulitz 1983: 72; Zisk 1987: 262). In Amerika ist die Kontrolle durch Vorwahlen (primaries) vergleichsweise größer als in Europa. Hier könnten allenfalls die Parteimitglieder, die als Delegierte bei der Kandidatenaufstellung mitwirken und die auch über Interessenverflechtungen und unerwünschte Nebenbetätigungen informiert sind, eine Kontrolle ausüben. In Europa müßte eine verbesserte innerparteiliche Demokratie die Mängel der rechtlichen Kontrolle von außen ausgleichen.

Aber nicht jeder Ausbau der plebiszitären Komponente ist geeignet, die Privilegierung der politischen Klasse abzubauen. Die plebiszitäre Wahl des Kanzlerkandidaten, die in der SPD von Klose vorgeschlagen wurde, würde nur den Populismus innerhalb der Parteien schüren, der außerparteilich durch solche Vorschläge eingedämmt werden soll.

Die Vorschläge zum Abbau ungerechtfertigter Privilegien der politischen Klasse und zur Eindämmung der Etatisierungstendenzen im Parteienstaat können nicht alle in nur einer Kommission beraten werden. Aber die Arbeitsteilung zwischen mehreren Kommissionen schließt die Arbeit an einer Konzeption nicht aus, welche die vielfältigen Aspekte koordiniert. Die Evaluation der Befunde und das Erteilen von Handlungsanleitungen wird noch schwieriger sein als die Beurteilung einzelner Gesetze im nachhinein. Hier liegen verschiedene Ethiken im Widerstreit:

- Die *ökonomische Ethik* der liberalen Populisten bevorzugt die Maximierung eines Ziels sowie die Minimierung der Kosten des Parteienstaats. Politische Funktionserwägungen kommen dabei regelmäßig zu kurz.
- Die *moralisierende Ethik* mißt den politischen Prozeß an einem Konzept von Gewaltenteilung mit kleinlichen Unvereinbar-

keitsbestimmungen, das der Vergangenheit angehört. Was an Kontrolle gegenüber den Verselbständigungstendenzen gewonnen wird, geht durch Erschwerung der Kooperation der politischen Eliten mit anderen Elitensektoren wieder verloren. Ohne diese Kooperation aber sind bindende Entscheidungen in einem pluralistischen System nicht möglich.

– Die *juristische Ethik* wird alles für erlaubt halten, was nicht verboten ist. Wo keine Verfassungs- oder Gesetzeswidrigkeit nachweisbar ist, plädiert sie im Zweifel für den Status quo.

– Eine *politisch-funktionale Ethik* wird nicht ausschließlich – aber doch auch – den Gesichtspunkt der Funktionstüchtigkeit der politischen Elite im Auge behalten müssen.

Noch ist in Deutschland kein Flächenbrand der Parteiverdrossenheit entstanden. Der Poujadismus in Frankreich und der Glistrupismus in Dänemark waren frühpopulistische Vorboten einer Systemverdrossenheit. In Italien ist mit der Lombardischen Liga eine politische Kraft entstanden, die das gesamte Parteiensystem durcheinanderwirbelte und die Regierungsbildung stark erschwerte. Die Ligen attackierten 1992 Etatisierungstendenzen in allen Bereichen im Namen des Marktes. Was einst als eine elitäre neoklassische Wirtschaftsphilosophie erschien, ist als »gesunkenes Kulturgut« in den politischen Bewegungen angelangt. Sogar der Wohlfahrtsstaat ist zusammen mit der politischen Klasse in Verruf gekommen; ihm werden immer neue Aspekte entlockt, die weniger der Versorgung der Nichteliten als der Patronagepolitik der Eliten dienen.

Die politische Klasse Italiens wurde in der populistischen Polemik mit der Nomenklaturaklasse der Sowjetunion gleichgesetzt. Der Untergang der Nomenklatura wird der politischen Klasse als Menetekel vorgehalten. Ihr wird ein ähnliches Schicksal prophezeit (Savelli 1992: 180 ff.). Falls diese Kampagnen sich zu einem gesamteuropäischen Flächenbrand ausweiteten, wäre zu befürchten, daß im Namen einer altliberalen Idee in Verbindung mit neuliberalen Minimalstaatsideen eine Fülle demokratischer und sozialstaatlicher Errungenschaften in ganz illiberaler Weise geopfert würden.

Die politische Klasse eignet sich schlecht als Sündenbock, weil sie mit den Wählern und ihrer Lebenseinstellung viel zu eng verbunden ist, als daß ihre Verselbständigung bestimmte Grenzen überschreiten könnte. Selbst die »Responsivität«, die von der demokratischen Theorie als Trostpflaster für die Aufgabe der Idee eines imperativen Mandats aufgelegt wurde, hat negative Seiten. Politiker werden gezwungen, den Launen hedonistischer Wähler mit wachsendem Anspruchsdenken nachzugeben. Responsivität wird zur flatternden Kompaßnadel im Wellengang der Stimmungsdemokratie.

Die mangelnde Bereitschaft der politischen Klasse, für einen Abbau ihrer ungerechtfertigten Privilegien aktiv zu werden, ist nicht auf ihre Korruptheit zurückzuführen. Gesellschaftskritiker diagnostizieren eine Verschiebung der öffentlichen Standards (Blankenburg in: Heidenheimer u. a. 1989: 928 f.). Die Beschwörer von *Legitimationskrisen* haben aber aus verschiedenen Korruptionsskandalen nur sehr kurzfristig einen Nutzen ziehen können. Eine Legitimationskrise stellte sich allenfalls ein, wenn der kollektive Nutzenzuwachs der Massen sank. Sie stellte sich zur Enttäuschung der Moralisten kaum ein, wenn die politische Klasse den Erwartungen ihrer Wähler nicht entsprach. Dennoch wurde der Kampf gegen die Verselbständigung der politischen Klasse angesichts der mangelnden Fähigkeit zur Lösung von Problemen zum Ersatzkriegsschauplatz gemacht. Die politische Klasse trifft auf Ressentiments, die sich eigentlich gegen die politische Elite angesammelt haben, und sie hat sich auf dieses Verwechselspiel eingelassen. Hilflose Verteidigungsversuche verdunkeln die Handlungsdefizite, welche auch in der politischen Elite als solche empfunden werden. Hauptproblem dieser Situation ist es, daß eine große Koalition die Handlungsfähigkeit der politischen Elite vorübergehend zurückbringen könnte. Da aber gerade große Koalitionen der weiteren Integration der Führung in ihrer Eigenschaft als politische Klasse dienen, wäre ein solches Experiment äußerst gewagt.

Die populistische Welle der Kritik an der politischen Klasse bleibt erstaunlich folgenlos für die Legitimation des politischen Systems. Einer der Gründe dafür könnte sein, daß auch die Nichteliten an der Korrumpierung der öffentlichen Standards teilhaben. Es droht sich eine »treulose Gesellschaft« zu entwickeln (Zielcke 1992). War die Unbestechlichkeit noch vom Grundkonsens des Glaubens an ein Allgemeininteresse getragen, so haben Bestechende und Bestechliche den demokratischen Kreislauf verkürzt. Sie partialisieren das Mandat und richten sich nur noch auf bevorzugte Gruppen aus – ganz ohne nennenswert schlechtes Gewissen. Nicht wenige Gruppen der Gesellschaft haben sich vom universalistischen Grundkonsens der Werte der klassischen Moderne verabschiedet. Wo Autonomie statt Partizipation verlangt wird, droht die partikularistische Gesinnung selbst in die neuen sozialen Bewegungen einzuziehen, die Hoffnungsträger einer neuen, nicht korrumpierbaren Politik gewesen sind. Vorteilsnahme und Korruption entwickeln Nachahmungseffekte weit unterhalb jener Ebene, auf der die politische Klasse haust. Statt *Kollision* zwischen Eliten und Nichteliten kommt es zur *Kollusion,* zu einem geheimen Einverständnis, das über korrupte Praktiken hinwegsehen läßt.

Ein verurteilter Politiker muß nicht mehr zur Pistole greifen. Er kann aus Partei- und Koalitionsräson darauf verzichten, wieder Minister zu werden. Aber er kann Vorsitzender einer angesehenen Partei bleiben. Es kommt nicht zu einem Aufschrei seines Parteivolks. Die Schatzmeister der Parteien fühlen sich als Märtyrer ihrer Organisation. Sie haben die Dreckarbeit geleistet und wurden verurteilt für Praktiken, die schließlich »alle« anwandten. In dieser Atmosphäre konnte die Idee aufkommen, den Rechtsstaat zu beugen. Mit knapper Not ist die Bundesrepublik einem rückwirkenden Amnestiegesetz für Verfehlungen in der Spendenpolitik der Parteien entgangen. In einer solchen Atmosphäre ist es nicht verwunderlich, daß die politische Klasse »keinen Handlungsbedarf« sieht, wie es im Hauptstadtdeutsch gerne heißt. Möglich ist diese Haltung freilich nicht durch die »Chuzpe« der politischen Klasse, wie die populistische Kritik unterstellt. In einer Zeit, da die *»deference«,* die Ehrerbietung gegenüber der Elite, abgenommen hat, hat paradoxerweise die *Indifferenz* gegenüber korrupten Praktiken bei den Nichteliten zugenommen. Vielleicht gerade weil diese keine überhöhten Erwartungen an substanzhaft verehrte Führungskräfte mehr haben, können sie die politischen Funktionseliten so gelassen und indifferent betrachten wie diejenigen in anderen Sektoren der Gesellschaft. Die »deference« hat jedenfalls den politischen Sektor verlassen. Allenfalls Prestigeeliten in Sport und Glamourwelt können noch Verehrung bei den Nichteliten hervorrufen.

Der Neopopulismus operiert gern mit dem Schreckgespenst der *Legitimationskrise.* Vielfach werden normative Bilder der Vergangenheit beschworen, die nicht restaurierbar sind.

Seit Murray Edelman (1976: 35 f.) wird die »Politik als Ritual« im Vergleich zur völligen Apathie der Nichteliten als das kleinere

Übel dargestellt. Durch »Stereotypisierung, Simplifizierung und Beschwichtigung« werden Gruppen der Gesellschaft leidlich eingebunden, die ohne solche manipulativen Mittel der politischen Klasse mit komplexen politischen Situationen kaum fertig würden und von denen andernfalls noch irrationalere Reaktionen drohten. Schaupolitik und Entscheidungspolitik werden in einem solchen Modell getrennt. *Entscheidungspolitik* bleibt weitgehend unbeeinflußt von den Wechselfällen der *Schaupolitik*. Die expressiven Seiten der Politik sind von einstigen rationalen Demokratiemodellen übersehen worden. Der Ruf nach »panem et circenses« schien einer vormodernen Entwicklungsstufe anzugehören, bis man entdeckte, daß er mit der Ausbreitung der Massenmedien sein modernes Äquivalent bekam.

Selbst Skandalen und Korruptionsfällen kommt in dieser funktionalistischen Sichtweise nicht nur negative Bedeutung für die Demokratie zu (Käsler 1989: 327 ff.). Die Inszenierungen der Macht erhalten ihre Gegeninszenierung. Sie führt im günstigsten Falle nach schweren Krisen zur Selbstreinigung des Systems. Personalisierung und Mythenbildung spielen bei Kampagne und Gegenkampagne eine Rolle. Gerade der Neopopulismus arbeitet mit solchen Mythen einer völlig »sauberen Gegenpolitik«. Darin liegt auch die eigentliche Gefahr einer kühlen systemtheoretischen Betrachtungsweise: Sie nimmt die symbolische, inszenierte Politik als das kleinere Übel in Kauf und liefert damit der populistischen Mythenbildung die Rechtfertigung. Will man diesem Dilemma ausweichen, muß neben die rein funktionale Betrachtungsweise doch wieder eine *normative Theorie der Demokratie* treten, um die Analyse nicht im blanken Zynismus enden zu lassen.

Die Legitimitätsdiskussion, die in den 90er Jahren eher von konservativer Seite aufgeworfen wird, muß zwischen der Szylla eines funktionalistischen Zynismus und der Charybdis eines antiquierten Normativismus hindurchsteuern.

In der politischen Theorie konkurrieren noch immer die drei Schichten neuzeitlichen Denkens miteinander, die als Grundlage jeder normativen Diskussion dienen (vgl. v. Beyme 1992: 329 ff.):

– *Normativ-ontologische Theorien,* die der prämodernen Theoriebildung verhaftet bleiben, suchen noch immer nach dem »guten Staat«. Dieses normative Bild des Staates ist jedoch kaum noch religiös-ontologisch fundiert, sondern ist mannigfaltige Kompromisse mit liberalen Minimalstaatstheorien eingegangen.

– *Rationalistische Theorien* der klassischen Moderne suchten den »legitimen Staat«. Unter dem Einfluß des Behavioralismus in den Sozialwissenschaften reduzierte sich diese Suche jedoch weitgehend auf die Quantifizierung eines bloßen Legitimitätsglaubens in der Gesellschaft.

– *Postmoderne Theorien* haben die Suche nach einem legitimen Staat weitgehend aufgegeben. Ihr azentrisches Weltbild reduzierte die Legitimationsfrage in der pluralistischen Gesellschaft zu einer gruppenspezifischen (»Laßt uns in Ruhe spielen«, Jean-François Lyotard). Legitimität kann nicht mehr mit wissenschaftlichen Verfahren »festgestellt« werden. Die Fragmente der Gesellschaft, die in dieser Frage höchst unterschiedlicher Meinung sind, können darüber höchstens noch in einen »Diskurs« eintreten. Bei den unpolitischen Varianten dieses Paradigmas wird übersehen, daß niemand »in Ruhe spielen« kann, wenn es in einer Gesellschaft nicht wenigstens einen Minimalkonsens über die Spielregeln gibt. Dieser muß wenigstens »Legitimation durch Verfahren« (Luhmann) für möglich halten.

Noch hat sich kein nachmoderner »Konsensus des Nichtkonsenses« als Leitbild ganzer Demokratien herausgebildet. Noch sind solche Szenarien Möglichkeitsentwicklungen einer theoretischen Diskussion. Aber die neue Kulturkritik kann sich auf immer mehr Elemente in der realen Gesellschaft stützen, die ihren theoretischen Konstrukten Plausibilität verleihen. Hier soll nicht der Zynismus der Beliebigkeit nachmoderner Theorieansätze propagiert werden. Aber die Andeutung von möglichen Entwicklungen schärft den Blick dafür, daß mit der Rückwendung zu normativen Theorien der Vergangenheit die Tendenzen einer Verselbständigung der politischen Klasse nicht bekämpft werden können.

Verzeichnis der Tabellen

S. 46: *Tabelle 1:* Politisches Engagement bei Westdeutschen immer unbeliebter

S. 61: *Tabelle 2:* Parteineigungen in einzelnen Sektoren der Eliten

S. 62: *Tabelle 3:* Karrieremerkmale der politischen Elite der Bundesrepublik Deutschland in der NS-Zeit (bis 1969)

S. 63: *Tabelle 4:* Die deutsche Beamtenhierarchie und ihr britisches Äquivalent

S. 112: *Tabelle 5:* Berufsstruktur der parlamentarischen Elite

S. 114: *Tabelle 6:* Sozialstrukturelle Merkmale der politischen Elite

S. 141: *Tabelle 7:* Abgeordneteneinkünfte im internationalen Vergleich

S. 170: *Tabelle 8:* Einnahmen und Ausgaben der Bundestagsparteien

S. 193: *Tabelle 9:* Eigenschaften der Politiker in der Perzeption der Wähler

Bibliographie

Abkürzungen
APuZG   Aus Politik und Zeitgeschichte
APSR   American Political Science Review
BGBl   Bundesgesetzblatt
DÖV   Die öffentliche Verwaltung
EuGRZ   Europäische Grundrechte Zeitschrift
FAZ   Frankfurter Allgemeine Zeitung
FR   Frankfurter Rundschau
ZParl   Zeitschrift für Parlamentsfragen

Aberbach, J. B., u. a. (1981): *Bureaucrats in Western Democracies*, Cambridge/Mass., Harvard University Press.

Apel, H. (1990): *Der Abstieg*, München, Knaur.

Arlacchi, P. (1989): *Mafiose Ethik und der Geist des Kapitalismus*, Frankfurt, Cooperative Verlag (ital.: *La mafia imprenditrice*, Bologna, Mulino, 1983).

Armingeon, K. (1986): »Die Bundesregierung zwischen 1949 und 1985. Eine Forschungsnotiz über Ausbildung und Beruf der Mitglieder der Bundeskabinette in der Bundesrepublik Deutschland«, in: *Zeitschrift für Parlamentsfragen*, 25-40.

Arnim, H. H. von (1983): »Zur Neuordnung der Parteifinanzierung«, in: *DÖV*, 486-493.

– (1988): *Macht macht erfinderisch. Der Diätenfall: ein politisches Lehrstück*, Zürich, Interfrom.

– (1991): *Die Partei, der Abgeordnete und das Geld*, Mainz, v. Hase & Köhler.

– (1991a): »Die Bonner Beutemacher«, in: *Die Zeit* 48, 7.

– (1992): »Verdienen die Politiker, was sie verdienen?«, in: *FAZ* 16.6. 1992, 36.

– (1992a): »Deutschland – eine Demokratie der Funktionäre?«, in: *Die Zeit* 27, 4.

Aufermann, J., u. a. (Hg.) (1981): *Fernsehen und Hörfunk für die Demokratie*, Opladen, Westdeutscher Verlag, 2. Aufl.

Bachrach, P./Baratz, M. S. (1970): *Power and Poverty*, Oxford, Oxford University Press.

Badura, B./Reese, J. (1976): *Jungparlamentarier in Bonn – ihre Sozialisation im Deutschen Bundestag*, Stuttgart, Frommann-Holzboog.

Banfield, E. C. (1961). *Political Influence*, New York, Free Press.

Barnes, S. H./Kaase, M., u. a. (1979): *Political Action. Mass Participation in Five Western Democracies*, Beverly Hills, Sage.

Bausch, H. (1986): »Wir haben die Unterhaltung überdreht«, in: *Der Spiegel* 23, 206-210.

Becker, J. (1992): »Gigantischer Club Mediterranée. Über Politikverdrossenheit und Anspruchsdenken«, in: *Der Spiegel* 33, 77-79.

Bellers, J. (Hg.) (1989): *Politische Korruption*, Münster, Lit.

»Beratungen und Empfehlungen zur Verfassungsreform. Teil 1: Parlament und Regierung«, in: *Zur Sache* 3, 1976.

Bergsdorf, W. (1980): *Die vierte Gewalt. Einführung in die Massenkommunikation*, Mainz, v. Hase & Köhler.

»Bericht zur Neuordnung der Parteienfinanzierung. Vorschläge der vom Bundespräsidenten berufenen Sachverständigenkommission«, Köln, *Bundesanzeiger*, 1983.

Beyme, K. von (1973): *Die parlamentarischen Regierungssysteme in Europa*, München, Piper, 2. Aufl.

– (1974): *Die politische Elite in der Bundesrepublik Deutschland*, München, Piper, 2. Aufl.

– u. a. (1974a): *Wahlkampf und Parteiorganisation. Eine Regionalstudie zum Bundestagswahlkampf 1969*, Tübingen, Mohr.

– (1978): »Partei«, »Fraktion«, in: O. Brunner u. a. (Hg.): *Geschichtliche Grundbegriffe. Historisches Lexikon zur politisch-sozialen Sprache in Deutschland*, Bd. 4, S. 677-733, Stuttgart, Klett-Cotta.

– (1984): *Parteien in westlichen Demokratien*, München, Piper. 2. Auflage.

– (Hg.) (1988): *Rightwing Extremism in Western Europe*, London, Frank Cass.

– (1992): *Theorie der Politik im 20. Jahrhundert. Von der Moderne zur Postmoderne*, Frankfurt, Suhrkamp, 2. Aufl.

– (1992a): »Auf dem Weg zur Wettbewerbsdemokratie«. Der Aufbau politischer Konfliktstrukturen in Osteuropa«, in: Kohler-Koch (Hg.): *Staat und Demokratie in Europa*, Opladen, Leske & Budrich, 149-167.

– (1992b): *Die politischen Theorien der Gegenwart*, Opladen, Westdeutscher Verlag, 7. Aufl.

Blüm, N. (1992): »Ich bin mein Geld wert«, in: *Der Spiegel* 26, 20 f.

Bobbio, N. (1962): »Gaetano Mosca und die Theorie der herrschenden Klasse«, in: *Der Staat*, 133-156 (engl. in: Banca Nazionale del Lavoro, *Quarterly Review* 1962, 3-23).

Böckenförde, E. W. (1964): *Die Organisationsgewalt im Bereich der Regierung*, Berlin, Duncker & Humblot.

– u. a. (Hg.) (1981): *Extremisten und öffentlicher Dienst*, Baden-Baden, Nomos.

Böhret, L. (1970): *Entscheidungshilfen für die Regierung*, Opladen, Westdeutscher Verlag.

Bonacidi, Ph. (1987): »Power and Centrality. A Family of Measures«, in: *American Journal of Sociology*, 1170-1182.

Borghorst, H. (1976): *Bürgerbeteiligung in der Kommunal- und Regionalplanung*, Köln, Heggen.

Brauswetter, H. H. (1976): *Kanzlerprinzip, Ressortprinzip und Kabinettsprinzip in der ersten Regierung Brandt*, Bonn, Eichholz Verlag.

Brügge, P. (1968): »Mit Quark und Brot, aber gemütlich. Wie Bonns Minister wohnen«, in: *Der Spiegel* 37, 66-70.

Brunner, Ch. (Hg.) (1981): *Korruption und Kontrolle*, Wien, Böhlau.

Burdeau, G. (1968): *Traité de science politique*, Paris, Bd. 3, 65-79.

Burt, R/Minor, M. (1983): *Network Analysis*, Beverly Hills, Sage.

Carstens, K. (1971): *Politische Führung. Erfahrungen im Dienst der Bundesregierung*, Stuttgart, DVA.

Cassese, S. (1983): *Il sistema amministrativo italiano*, Bologna, Il Mulino.

Cazzola, F. (1988): *Della corruzione*, Bologna, Il Mulino.

Clausen, L. (1978): »Netzwerk«, in: W. Fuchs u. a. (Hg.): *Lexikon zur Soziologie*, Opladen, Westdeutscher Verlag, 2. Aufl.

Clement, W. (1992): »Staatstragend, tabubeschwert, proporzbewußt«, in: *5 Thesen zu den Perspektiven des öffentlich-rechtlichen Rundfunks* 1, 20-27.

Cook, K. S., u. a. (1983): »The Distribution of Power in Exchange Networks«, in: *American Journal of Sociology*, 275-305.

Cotta, M. (1979): *Classe politica e parlamento in Italia. 1946-1976*, Bologna, Il Mulino.

– (1982): »The Italian Political Class in the 20th Century«, in: M. Czudnowski (Hg.): *Does who governs matter?*, DeKalb, Northern Illinois UP, 154-187.

Dahl, R. (1989): *Democracy and its Critics*, New Haven, Yale UP.

Dahrendorf, R. (1965): *Gesellschaft und Demokratie in Deutschland*, München, Piper.

Derlien, H.-U./Pippig, G. (1990): »Die administrative Elite«, in: *Eliten in der Bundesrepublik Deutschland. Der Bürger im Staat* 1, 32-35.

Dichgans, H. (1968): *Unbehagen in der Bundesrepublik*, Düsseldorf, Econ. »Die Partitocrazia als Nährboden der Mafia«, in: *Neue Zürcher Zeitung* 17. 6. 1992, 5.

DiPalma, G. (1990): *To Craft Democracies*, Berkeley, University of California Press.

Dohnanyi, K. von (1969): *Japanische Strategien*, München, Piper.

Dorso, G. (1949): *Dittatura, classe politica e classe dirigente*, Turin, Neuaufl. Bari, Laterza 1986.

Dyson, K. (1977): *Party, State and Bureaucracy in Western Germany*, London, Sage.

Eberwein, W./Tholen, J. (1990): *Managermentalität. Industrielle Unternehmensleitung als Beruf und Politik*, Frankfurt, Blick durch die Wirtschaft.

Ebbighausen, R./Neckel, S. (Hg.) (1989): *Anatomie des politischen Skandals*, Frankfurt, Suhrkamp.

Edelman, M. (1976): *Politik als Ritual*, Frankfurt, Campus.

Eisermann, G. (1987): *Vilfredo Pareto. Ein Klassiker der Soziologie*, Tübingen, Mohr.

Ellwein, Th./Zoll, Thomas, R. (1973): *Berufsbeamtentum – Anspruch und Wirklichkeit*, Düsseldorf, Droste.

Enke, E. (1974): *Oberschicht und politisches System der Bundesrepublik Deutschland*, Frankfurt, Lang.

Erster Bericht zur Reform der Struktur von Bundesregierung und Bundesverwaltung, Bonn 1969.

Eschenburg, Th. (1959): *Der Sold des Politikers*, Stuttgart, Seewald.

– (1961): *Ämterpatronage*, Stuttgart, Schwab.

Falke, W. (1982): *Die Mitglieder der CDU*, Berlin, Duncker & Humblot.

Faltin, I. (1990): *Norm – Milieu – Politische Kultur*, Wiesbaden, DUV.

Feick, J./Mayntz, R. (1982): »Bürger im bürokratischen Staat: Repräsentative Beurteilungen und Handlungseinschätzungen«, in: *Die Verwaltung*, 409-434.

Feist, U./Liepelt, K. (1983): »Neue Eliten in alten Parteien. Anmerkungen zu einer Nebenfolge der Bildungsreform«, in: M. Kaase/H. D. Klingemann (Hg.): *Wahlen und politisches System*, Opladen, Westdeutscher Verlag, 81-100.

Fenske, H. (1985): *Bürokratie in Deutschland. Vom späten Kaiserreich bis zur Gegenwart*, Berlin, Colloquium.

Fichter, T. (1991): »Implosion im Hauptdorf. Oder es ist Zeit für eine neue Elite?«, in: *Frankfurter Rundschau* 17. 8. 1991.

Fogt, H. (1983): »Die Grünen in den Parlamenten der Bundesrepublik«, in: *Zeitschrift für Parlamentsfragen*, 550-557.

Folgen des Bürokratismus. Einstellungen der Wahlbevölkerung zur öffentlichen Verwaltung in der BRD (1978), München, Sinus (hektographiert).

Follath, E. (1974): *Ein internationaler Vergleich von Rundfunksystemen*, Diss. Stuttgart-Hohenheim.

Fraser, J. (1976): *L'intellettuale amministrativo*, Neapel, Liguori.

Frauen in der Bundesrepublik Deutschland, Bonn, Bundesministerium für Jugend, Familie und Gesundheit (1989).

Friedrich, C. J. (1972): *Die Pathology of Politics*, New York, Harper & Row.

Fromme, F. K. (1969): »Kein Bedarf an Sonderzügen«, in: *FAZ* 5. 1. 1969: 1.

– (1972): »Die personalpolitische Beute der Sieger«, in: *FAZ* 11. 4. 1972: 2.

Frowein, J. (1967): *Die politische Betätigung des Beamten*, Tübingen, Mohr.

Fücks, R. (Hg.) (1991): *Sind die Grünen noch zu retten?*, Reinbek, Rowohlt.

Fürstenberg, F. (1962): *Das Aufstiegsproblem in der modernen Gesellschaft*, Stuttgart, Enke.

Gayer, K. (1963): *Wie man Minister macht. Politik und Werbung*, Stuttgart, Seewald.

Gellner, W. (1990): *Ordnungspolitik im Fernsehen. Bundesrepublik Deutschland und Großbritannien*, Frankfurt/M., Lang.

Gouldner, A. (1979): *The Future of Intellectuals and the Rise of the New Class*, New York, Seabury Press.

Grauhan, R.-R. (1969): *Modelle politischer Verwaltungsführung*, Konstanz, Universitätsverlag.

Greven, M. T. (1987): *Parteimitglieder. Ein empirischer Essay*, Opladen, Leske & Budrich.

Grottian, P. (1974): *Strukturprobleme staatlicher Planung*, Hamburg, Hoffmann & Campe.

Guggenberger, B. u. a. (Hg.) (1976): *Parteienstaat und Abgeordnetenfreiheit*, München, Vögel.

Handbuch für Rundfunk- und Fernsehen 90/91, Baden-Baden, Nomos, 1990, 20. Aufl.

Harasymiw, B. (1982): »Mosca and Moscow: Elite Recruitment in the Soviet Union«, in: M. Czudnowski (Hg.): *Does who governs matter?*, DeKalb, Northern Illinois UP, 265-293.

Haungs, P. (1983): »Die Christlich-Demokratische Union und die Christlich-Soziale Union in Bayern«, in: H.-J. Veen (Hg.): *Christlich-demokratische und konservative Parteien in Westeuropa*, Paderborn, Schöningh, Bd. 1: 9-194.

Heidenheimer, A. u. a. (Hg.) (1989): *Political Corruption*, New Brunswick, Transaction.

Heinz, J. P. u. a. (1990): »Inner Circles or Hollow Cores? Elite Networks in National Policy Systems«, in: *Journal of Politics*, 356-360.

Herzog, D. (1975): *Politische Karrieren. Selektion und Professionalisierung politischer Führungsgruppen*, Opladen, Westdeutscher Verlag.

– (1982): *Politische Führungsgruppen. Probleme und Ergebnisse der modernen Eliteforschung*, Darmstadt, Wissenschaftliche Buchgesellschaft.

– (1989): »Politische Klasse«, in: D. Nohlen (Hg.): *Wörterbuch zur Politik*, Bd. 1, München, Piper, 746-747.

– u. a. (1990): *Abgeordnete und Bürger*, Opladen, Westdeutscher Verlag.

– (1991): »Brauchen wir eine politische Klasse?«, in: *APuZG*, B 50, 3-13.

Highley, J. u. a. (1976): *Elite Structure and Ideology. A Theory with Applications to Norway*, Oslo, Universitetsforlaget; New York, Columbia UP.

– (1991): »Elite Integration in stable democracies: a reconsideration«, in: *European Sociological Review*, 35-53.

Hoecker, B. (1987): *Frauen in der Politik*, Opladen, Leske & Budrich.

Hoffmann-Lange, U. (1976): *Politische Einstellungsmuster in der westdeutschen Führungsschicht*, Diss. Mannheim.

– (1983): »Eliteforschung in der Bundesrepublik Deutschland«, in: *APuZG*, 11-25.

– (1990): »Wer gehört zur Machtelite der Bundesrepublik? Eliten in der Bundesrepublik Deutschland«, in: *Der Bürger im Staat*, 1, 54-60.

Hoffmann-Riem, W. (1992): *Rundfunkneuordnung in Ostdeutschland*, Baden-Baden, Nomos.

Hofmann, G. (1991): »Vom Wahlforscher zum Politikberater«, in: *Die Zeit* 30, 2.

Hohm, H. J. (1987): *Politik als Beruf. Zur soziologischen Professionalisierungstheorie der Politik*, Opladen, Westdeutscher Verlag.

Holzer, H. (1972): *Gescheiterte Aufklärung? Politik, Ökonomie und Kommunikation in der Bundesrepublik Deutschland*, München, Piper, 2. Aufl.

Huntington, S. P. (1968): »Modernization and Corruption«, in: ders.: *Political Order in Changing Societies*, New Haven, Yale UP, 59-71.

– (1981): *American Politics: The Promise of Disharmony*, Cambridge/Mass., Belknap.

Jaide, W./Veen, H.-J. (Hg.) (1989): *Bilanz der Jugendforschung*, Paderborn, Schöningh.

Jank, K. P. (1967): *Die Rundfunkanstalten der Länder und des Bundes*, Berlin.

Jarren, O. (1988): »Politik und Medien im Wandel: Autonomie, Interdependenz oder Symbiose?«, in: *Publizistik*, 619-632.

Kaack, H. (1988): »Die soziale Zusammensetzung des Deutschen Bundestages«, in: U. Thaysen u. a. (Hg.): *US-Kongreß und Deutscher Bundestag*, Opladen, Westdeutscher Verlag, 128-152.

Kadushin, Ch. (1968): »Power, Influence and Social Circles: A New Methodology for Studying Opinion Makers«, in: *Am. Sociol. Review*, 685-699.

Käsler, D: (1989): »Der Skandal als ›Politisches Theater‹«, in: Ebbighausen/Neckel (1989) 307-331.

Kaltefleiter, W./Wildenmann, R. (Hg.) (1973): *Westdeutsche Führungsschicht*, Kiel/Mannheim (hektographiert).

Kaufmann, K./Kohl, H./Molt, W. (1961): *Auswahl der Bundestagskandidaten*, Köln, Westdeutscher Verlag.

Keller, S. (1963): *Beyond the Ruling Class*, New York, Random House.

Klatt, H. (1971): »Die finanzielle Stellung des Abgeordneten«, in: *ZParl*, 344-364.

Klingemann, H. D. u. a. (Hg.) (1991): *Politische Klasse und politische Institutionen*, Opladen, Westdeutscher Verlag.

Klitgard, R. (1988): *Controlling Corruption*, Berkeley, Univ. of California Press.

Knight, M. (1955): *The German Executive 1890-1933*, Stanford UP.

Köcher, R. (1992): » Wieviel Politikverachtung verträgt ein Staat? Das Vertrauen in die Repräsentanten ist dramatisch gesunken«, in: *FAZ* 11.6.1992, 5.

Köttgen, A. (1928): *Das deutsche Berufsbeamtentum und die parlamentarische Demokratie*, Berlin, Duncker & Humblot.

Kostede, N. (1991): »Der blinde Leviathan. Ist die politische Klasse dieses Landes denkfaul?«, in: *Die Zeit* 43, 12.

Kriesi, H. (1989): »New Social Movements and New Classes in the Netherlands«, in: *Am. Journal of Sociology*, 1078-1116.

Kugele, D. (1976): *Der politische Beamte. Eine Studie über Genesis, Motiv, Bewährung und Reform einer politisch-administrativen Institution*, München, Tuduv.

Kulitz, P. (1983): *Unternehmerspenden an politische Parteien*, Berlin, Duncker & Humblot.

Landfried, Ch. (1985): »Legal Policy and Internal Security«, in: K. von Beyme/M. G. Schmidt (Hg.): *Policy and Politics in the Federal Republic of Germany*, New York, St. Martins, 198-221.

– (1989): »Korruption und politischer Skandal in der Geschichte des Parlamentarismus«, in: Ebbighausen/Neckel, 130-148.

– (1990): *Parteifinanzen und politische Macht*, Baden-Baden, Nomos.

– (1991a): »Frauenpolitik«, in: dies.: *Politikorientierte Folgenforschung*, Speyer, Forschungsinstitut für öffentliche Verwaltung, 28-53.

– (1991b): »Die Macht des Fernsehens: Inszenierung statt Kontrolle von Politik«, in: H.-H. Hartwich/G. Wewer (Hg.): *Systemsteuerung und Staatskunst*, Opladen, Leske & Budrich, 193-214.

– (1992): »Das Urteil des Bundesverfassungsgerichts zur Parteienfinanzierung vom 9. April 1992«, in: *ZParl*, 1-10.

Larson, M. S. (1977): *The Rise of Professionalism*, Berkeley, University of California Press.

Laumann, E. O./Knoke, D. (1987): *The Organizational State. Social Choice in National Policy Domains*, Madison, Univ. of Wisconsin Press.

Leibholz, G. (1967): »Volk und Partei im neuen deutschen Verfassungsrecht«, in: ders.: *Strukturprobleme der modernen Demokratie*, Karlsruhe, C. F. Müller, 3. Aufl., 71-77.

Leicht, R. (1992): »Als Ein-Mann-Instanz gegen die Parteien«, in: *Die Zeit* 2, 2.

Leif, Th. u. a. (Hg.) (1992): *Die politische Klasse in Deutschland. Eliten auf dem Prüfstand*, Bonn, Bouvier.

Leisner, W. (Hg.) (1975): *Das Berufsbeamtentum im demokratischen Staat*, Berlin, Duncker & Humblot.

Lepsius, R. M. (1990): »Soziale Ungleichheit und Klassenstrukturen in der Bundesrepublik Deutschland«, in: ders.: *Interessen, Ideen und Institutionen*, Opladen, Westdeutscher Verlag, 117-152.

Loewenberg, G. (1969): *Parlamentarismus im politischen System der Bundesregierung Deutschland*, Tübingen, Wunderlich.

Loewenstern, E. von: »Die Mauer in den Köpfen – das gilt nur für gewisse Leute«, in: *Die Welt* 2./3. 10. 1991, 2.

Lösche, P. (1984): *Wovon leben die Parteien?*, Frankfurt, S. Fischer.

Loomis, B. (1988): *The New American Politician. Ambition, Entrepre-*

neurship and the Changing Face of Political Life, New York, Basic Books.

Lübbe, H. (1965): Säkularisierung. Freiburg, Alber.

Luhmann, N. (1971): »Öffentliche Meinung«, in: ders.: *Politische Planung*, Opladen, Westdeutscher Verlag, 9-34.

– (1974): »Öffentliche Meinung«, in: W. Langenbucher (Hg.): *Zur Theorie politischer Kommunikation*, München, Piper.

Luntz, F. L. (1988): *Candidates, Consultants, and Campaigns*, Oxford, Blackwell.

Marin, B. (Hg.) (1990): *Generalized political exchange*, Frankfurt, Campus/Boulder, Westview.

Majone, G. (1986): »Policy Science«, in: F.-X. Kaufmann u. a. (Hg.): *Guidance, Control, and Evaluation in the Public Sector*, Berlin, De Gruyter, 62-70.

Mann, G. (1984): »Parteienkonzepte zur Kontrolle der Staatsbürokratie«, in: *Zeitschrift für Parlamentsfragen*, 494-505.

Mayntz, R. (1978): *Soziologie der öffentlichen Verwaltung*, Karlsruhe, C. F. Müller.

– (1980): »Executive Leadership in Germany: Dispersion of Power or ›Kanzlerdemokratie‹?«, in: R. Rose/E. Suleiman (Hg.): *Presidents and Prime Ministers*, Washington, 139-170.

– (1985): »I quadri direttivi dell'amministrazione Federale Tedesca«, in: *Quaderni costituzionali*, 521-538.

Mayntz, R./Feick, J. (1982): »Gesetzesflut und Bürokratiekritik. Das Problem der Überregelung im Spiegel der öffentlichen Meinung«, in: *Die Verwaltung*, 281-299.

Mayntz, R./Scharpf, F. (1975): *Policy-Making in the German Federal Bureaucracy*, Amsterdam, Elsevier.

McCarthy, J. D.:/Zald, M. N. (1977): »Resource Mobilization and Social Movements«, in: *American Journal of Sociology*, 1212-1241.

Meisel, J. (1962): *Der Mythos der herrschenden Klasse*, Düsseldorf, Econ (engl. Original: The Myth of the Ruling Class. Annar Arbor, University of Michigan Press, 1958).

Mensing, W. (1989): *Wir wollen unsere Kommunisten wieder haben. Demokratische Starthilfen für die Gründung der DKP*, Zürich, Interfrom.

Mettke, J. R. (Hg.) (1982): *Die Grünen*, Reinbek, Rowohlt.

Merten, K. (1991): »Django und Jesus. Verbal-nonverbales Verhalten der Kanzlerkandidaten Kohl und Rau im Bundestagswahlkampf 1987«, in: Opp de Hipt/E. Latniak (Hg.): *Sprache statt Politik*, Opladen, Westdeutscher Verlag, 188-210.

Michels, R. (1989): *Soziologie des Parteiwesens*, Stuttgart, Kröner, 4. Aufl.

Mills, C. W. (1956, 1959): *The Power Elite*, Oxford, Oxford UP.

Mintzel, A. (1983): *Die Volkspartei. Typus und Wirklichkeit*, Opladen, Westdeutscher Verlag.

Morsey, R. (1977): »Personal- und Beamtenpolitik 1847-1950«, in: ders. (Hg.): *Verwaltungsgeschichte*, Berlin, Duncker & Humblot, 191-238.

Mosca, G. (1949): *Partiti e sindacati nella crisi del regime parlamentare*, Bari, Laterza.

– *Elementi di szienza politica*, Bari, Laterza, 4. Aufl. 1953, 2 Bde. (deutsche Ausgabe: *Die herrschende Klasse*, Bern, Francke, 1950).

Nader, R. (1973): *The Hidden Government*, New York, Doubleday.

Narr, W. D. (1966): *CDU – SPD. Programm und Praxis seit 1945*, Stuttgart, Kohlhammer.

– (Hg.) (1977): *Auf dem Weg zum Einparteienstaat*, Opladen, Westdeutscher Verlag.

Neumann, H. (1979): *Zur Machtstruktur in der Bundesrepublik*, Melle, Knoth.

Niedermayer, O. (1989): *Innerparteiliche Partizipation*, Opladen, Westdeutscher Verlag.

Noack, P. (1987): *Korruption. Die andere Seite der Macht*, München, Knaur.

Noelle-Neumann, E. (1980): *Die Schweigespirale*, München, Piper.

– (1992): »Aufarbeitung der Vergangenheit«, in: *FAZ* 6.8.1992, 8.

– (1992): »Nur noch jeder vierte ein Christ«, in: *Der Spiegel* 25, 36-57.

Offe, C. (1983): »Competitive Party Democracy and the Keynesian Welfare State«, in: *Policy Science*, 225-246.

Ostrogorski, M. (1964): *Democracy and the Organization of Political Parties*, Chicago, Aldine, Quadrangle, 2 Bde. (frz. Original 1901).

Ott, M. (1900): *Die Liberalisierung des französischen Rundfunks unter François Mitterrand. 1981-1988*, Frankfurt, Lang.

Panebianco, A. (1982): *Modelli di partito*, Bologna, Il Mulino.

Pappi, F. U. (1984): »Boundary Specification and Structural Models of Elite Systems: Social Circles revisited«, in: *Social Networks*, 79-95.

– (Hg.) (1987): *Methoden der Netzwerkanalyse*, München.

Pareto, V. (1916, 1964): *Trattato di sociologia generale*, Mailand, Comunità, 2 Bde.

– (1946): *Trasformazioni della democrazia*, Modena, Guanda.

– (1955): *Allgemeine Soziologie*, Tübingen, Mohr (gekürzte Übers.).

Pasquino, G. (1980): *Crisi dei partiti e governabilità*, Bologna, Il Mulino.

Pippke, W./Wolfmeyer, P. (1976): *Die berufliche Mobilität von Führungskräften in Wirtschaft und Verwaltung*, Baden-Baden, Nomos.

Pünder, H. (1968): *Von Preußen nach Europa. Lebenserinnerungen*, Stuttgart, DVA.

Puhe, H./Würzberg, H. G. (1989): *Lust und Frust. Das Informationsverhalten des Deutschen Abgeordneten*, Köln, Infomedia.

Purr, R./Reinecke, S. (1992): »Faszinationsenergie«, in: *Medium* 1, 6-9.

Putnam, R. D. (1973): »The Political Attitudes of Senior Civil Servants in Britain, Germany, and Italy«, wiederabgedruckt in: M. Dogan (Hg.):

The Mandarins of Western Europe. The Political Role of Top Civil Servants, New York, Wiley, 87-127.

– (1976): *The Comparative Study of Political Elites*, Englewood Cliffs, Prentice Hall.

Radunski, P. (1980): *Wahlkämpfe. Moderne Wahlkampfführung als politische Kommunikation.* München, Olzog.

Rebenstorf, H. (1990): »Frauen im Bundestag – anders als Männer?«, in: *Eliten in der Bundesrepublik. Der Bürger im Staat*, 1, 17-24.

Rebenstorf, H./Weßels, B. (1989): »Wie wünschen sich die Wähler ihre Abgeordneten?«, in: *ZParl*, 408-424.

Reicherzer, J. (1992): »Wenn Chefs verzichten sollen. Managergehälter: Alle reden vom Maßhalten«, in: *Die Zeit* 20, 27.

Rinardi, L. (1988): *Il bilancio del partito politico nel quadro della legge sul finanziamento pubblico*, Mailand, Giuffrè.

Röhl, J. C. G. (1970): »Beamtenpolitik im Wilhelmischen Deutschland«, in: M. Stürmer (Hg.): *Das Kaiserliche Deutschland*, Düsseldorf, Droste, 287-311.

Röhrich, W. (1991): *Eliten und das Ethos der Demokratie*, München, Beck.

Roitsch, J. (1992): »Die politische Klasse«, in: *FR* 16. 4. 1992.

Roth, R. (1989): »Eine korrupte Republik? Konturen politischer Korruption in der Bundesrepublik«, in: Ebbighausen/Neckel (1989), 201-233.

– (1992): »Eliten und Gegeneliten«, in: Leif u. a. (Hg.) (1992), 364-390.

Runge, W. (1965): *Politik und Beamtentum im Parteienstaat. Die Demokratisierung der politischen Beamten in Preußen zwischen 1918 und 1933*, Stuttgart, Klett.

Sabato, L. (1981): *The Rise of Political Consulants. New Ways of Winning Elections*, New York, Basic Books.

Sahner, H. (1975): *Führungsgruppen und technischer Fortschritt*, Meisenheim, Hain.

Salisbury, R. H., u. a. (1987): »Who Works with Whom? Interest Group Alliances and Opposition«, in: *APSR*, 1217 ff.

Sartori, G. (1987): *The Theory of Democracy Revisited*, Bd. 1, Oxford, Chatham House, 141-176.

Savelli, G. (1992): *Che cosa vuole la lega?*, Mailand, Longasi.

Schafer, E. (1991): »Roberto Michels, Vilfredo Pareto and Henry Jones Ford: Classical Insights and the Structure of Contemporary American Politics«, in: *International Political Science Review*, 185-218.

Schäfer, I. (1984): *Politisch-administratives System und Massenmedien in der Bundesrepublik Deutschland*, Frankfurt, Lang.

Schatz, H. (1970): *Der Parlamentarische Entscheidungsprozeß*, Meisenheim, Hain.

Scheuch, E. (1992): *Cliquen, Klüngel und Karrieren. Über den Verfall der politischen Parteien*, Reinbek, Rowohlt.

Schlesinger, J. A. (1966): *Ambition and Politics*, Chicago, Aldine.

Schleth, U. (1973): *Parteienfinanzen*, Meisenheim, Hain.

Schmädeke, J. (1981): *Der deutsche Reichstag*, Berlin, Haude & Spencer, 3. Aufl.

Schmid, G./Treiber, H. (1975): *Bürokratie und Politik. Zur Struktur und Funktion der Ministerialbürokratie in der Bundesrepublik Deutschland*, München, Fink.

Schneider, K. H./Watrin, Ch. (Hg.) (1973): *Macht und ökonomisches Gesetz*, Berlin, Duncker & Humblot.

Schönbohm, W. (Hg.) (1979): *Verfassungsfeinde als Beamte?*, München, Olzog.

Schulze-Fielitz, H. (1988): *Theorie und Praxis parlamentarischer Gesetzgebung*, Berlin, Duncker & Humblot.

Seeliger, R. (1970): *Bonns Graue Eminenzen. Aktuelle Beiträge zum Thema Ministerialbürokratie und sozialdemokratische Reformpolitik*, München, Seeliger.

Seemann, K. (1978): *Abschied von der klassischen Ministerialverwaltung*, München, Vahlen.

– (1980): »Die Politisierung der Ministerialbürokratie in der Parteiendemokratie als Problem der Regierbarkeit«, in: *Die Verwaltung*, 137-156.

– (1981): »Gewaltenteilung und parteipolitische Ämterpatronage«, in: *Die Verwaltung*, 133-155.

Shils, E.: »The Political Class in the Age of Mass Society«, in: M. Czudnowski (Hg.): *Does Who Governs Matter?*, DeKalb, Northern Illinois UP, 13-32.

Smith, A. (1978): »The BBC. A Pioneer of Public Corporation«, in: *Public Administration*, 25-34.

Sniderman, P. M. (1981): *A Question of Loyalty*, Berkeley, University of California Press.

Sontheimer, K./Bleek, W. (1973): *Abschied vom Berufsbeamtentum? Perspektiven einer Reform des öffentlichen Dienstes der Bundesrepublik Deutschland*, Hamburg, Hoffmann & Campe.

Southern, D. (1979): »Germany«, in: F. F. Ridley (Hg.): *Government and Administration in Western Europe*, New York, St. Martin's, 107-155.

Steinbach, H. (1977): »Der Beamte und die Partei«, in: *Die Personalvertretung*, 135.

Steinberg, R. (1979): *Politik und Verwaltungsorganisation*, Baden-Baden, Nomos.

Steinkemper, B. (1974): *Klassische und politische Bürokraten in der Ministerialverwaltung der Bundesrepublik Deutschland*, Köln, Heymann's.

Steinkemper, H. G. (1980): *Amtsträger im Grenzbereich zwischen Regierung und Verwaltung*, Frankfurt, Lang.

Streeck, S. u. W. (1972): *Parteiensystem und Status quo*, Ffm., Suhrkamp.

Therborn, G. (1980): *What Does the Ruling Class Do When It Rules?*, London, Verso.

Trevès, R., u. a. (1961): *Le élites politiche*, Bari, Laterza.

Tunstall, J. (1983): *The Media in Britain*. London, Routledge.

Uehlinger, H. M. (1988): *Politische Partizipation in der Bundesrepublik*, Opladen, Westdeutscher Verlag.

Vesper, M. (1992): »Kritik an der Kommission. Brief an von Weizsäcker«, in: *Frankfurter Rundschau* 29. 6. 1992, 4.

Vollmer, A. (1992): »Vom Menschenrecht, sich selbst zu schonen«, in: *Die Zeit* 28, 4.

Wassermann, R. (1986): *Die Zuschauerdemokratie*, Düsseldorf, Econ.

Weber, M. (1958): *Politische Schriften*, Tübingen, Mohr.

Weege, W. (1992): »Zwei Generationen im SPD-Vorstand. Eine empirische Analyse«, in: Th. Leif u. a. (Hg.): *Die politische Klasse in Deutschland*, Bonn, Bouvier, 191-222.

Weischenberg, S. (1987): »Diener des Systems. Wenn Journalisten den Politikern zu nahe kommen«, in: *Die Zeit* 14, 13-17.

Weischenberg, S. (1990): »Gladiatoren und Propagandisten? Die Akteure politischer Kommunikation in einer medialen Streitkultur«, in: U. Sarcinelli (Hg.): *Demokratische Streitkultur. Theoretische Grundpositionen und Handlungsalternativen in Politikfeldern*, Bonn, Bundeszentrale für politische Bildung, 101-120.

Weizsäcker, R. von (1992): *Richard von Weizsäcker im Gespräch mit Gunther Hofmann und Werner A. Perger*, Frankfurt, Eichborn.

Welsh, W. A. (1979): *Leaders and Elites*, New York, Holt, Rinehart & Winston.

Wessels, B. (1991): *Erosion des Wachstumsparadigma: Neue Konfliktstrukturen im politischen System der Bundesrepublik*, Opladen, Westdeutscher Verlag.

Westle, B. (1989): *Politische Legitimität*, Baden-Baden, Nomos.

Wewer, G. (Hg.) (1990): *Parteienfinanzierung und politischer Wettbewerb*, Opladen, Westdeutscher Verlag.

Wiesendahl, E. (1989): *Moderne Demokratietheorie*, Frankfurt, Campus.

Wildenmann, R. (1989): *Ratlose Riesen*, Baden-Baden, Nomos.

Wunder, B. (1979): *Rekrutierung der Beamtenschaft in Deutschland*, Konstanz, Universitätsverlag.

Zapf, W. (1966): *Wandlungen der deutschen Elite*, München, Piper, 2. Aufl.

Zeh, W. (1984): *Wille und Wirkung der Gesetze*, Heidelberg, v. Decker, Schenk.

Zeuner, B. (1970): *Kandidatenaufstellung zur Bundestagswahl 1965*, Den Haag, Nijhoff.

Zielcke, A. (1992): »Treulose Gesellschaft. Regelverletzungen als Grundrecht des Wirtschaftsbürgers. Über den Siegeszug der Korruption«, in: *FAZ* 4. 7. 1992.

Zisk, B. H. (1987): *Money, Media and the Grass Roots*, Beverly Hills, Sage.

Zoll, R/Hennig, E. (1970): *Massenmedien und Meinungsbildung*, München, Juventa.